Charlotte Roche · Martin Keß-Roche

PAARDIOLOGIE

Das Beziehungs-Buch

PIPER

Mehr über unsere Autoren und Bücher:
www.piper.de

Von Charlotte Roche liegen im Piper Verlag vor:
Schoßgebete
Mädchen für alles
Paardiologie

Paardiologie ist ein Spotify Original Podcast

ISBN 978-3-492-07030-0
© Piper Verlag GmbH, München 2020
Satz: Kösel Media GmbH, Krugzell
Gesetzt aus der Quadraat und Myriad
Litho: Lorenz & Zeller, Inning am Ammersee
Druck und Bindung: CPI books GmbH
Printed in the EU

Inhalt

Vorwort **7**

Verliebtsein und Kennenlernen **19**

Hochzeit **51**

Liebe **81**

Leidenschaft und Sex **97**

Offene Beziehungen, Affären, Fremdgehen **127**

Autonomie und Abhängigkeit **157**

Gesehenwerden und Anerkennung **173**

Kinder **185**

Nähe und Distanz **207**

Eifersucht **223**

Kränkungen und enttäuschte Erwartungen **241**

Streiten **267**

Krisen **277**

Nachwort **295**

Folgenverzeichnis **299**

Vorwort

> »Eine Frage ist keine gute Frage,
> wenn es keine Antwort gibt.«

Wenn man so alt ist wie ich, passiert es nicht mehr oft, dass man sich selbst überrascht. Als meine Frau mich gefragt hat, ob ich diesen Podcast mit ihr machen möchte, und ich Ja gesagt habe, ist mir das noch einmal gelungen. Und *Paardiologie* ist seitdem die beste Surprise-Party meines Lebens. Also danke für die Einladung, Charlotte!

Ich habe in meinem Leben schon an vieles geglaubt. An Gott, die Familie, Geld, Erfolg und den FC Schalke 04. Das meiste davon ist mir abhandengekommen. Was bleibt, ist die Liebe. Und die ist auch eine ziemliche Zumutung. Oder wie mein Lieblingscomedian Osho sagen würde: »Relationship is the only ship that's always sinking.« Vielleicht hilft uns Paardiologie dabei, den Kopf über Wasser zu halten. Ich wünsche es uns und allen Paardiolog*innen da draußen. Danke fürs Zuhören, und danke für so wunderbare Sätze wie diesen von stadt_land_im_fluss auf Instagram: »Ihr macht den Soundtrack für meine Gefühle!« Let love rule.

Martin

Dieser Mann, Martin, ist meine große Liebe des Lebens. Ich habe für ihn und diese Liebe so viel gekämpft wie für nichts in meinem ganzen Leben. Habe hieran so viel gearbeitet wie an nichts anderem. Den Kopf zerbrochen, das Herz gebrochen und wieder zusammengeflickt. Diese Beziehung zu dir: *This is my Masterpiece*. Liebe, eine Beziehung, eine lange, ist sehr viel Arbeit. Aber eben auch sehr viel Vertrauen und Geborgenheit und Witz und Zuhause. Wir passen überhaupt nicht zusammen, und deswegen passen wir so gut. Finde ich. Ich werde immer bei dir bleiben, Martin. Bitte bleibe du auch bei mir. Bitte. Ich kann mir ein Leben ohne dich nicht vorstellen. Unsere Beziehung wird sicher auch bald mal leichter. Du bist der beste Stiefvater, den ich mir vorstellen kann. Auch der beste erzwungene Hundevater. Genau seit ich mit dir zusammengekommen bin, bin ich mutig geworden in meiner Kunst, in der Abgrenzung zu meiner für mich schlechten Familie, du lässt mich fliegen, so hoch ich will, du gibst mir Wurzeln, die ich vorher nicht hatte, du bist der, der am meisten an mich glaubt, und ersetzt einfach komplett meine ganze verlorene Familie. Ich will mit dir alt werden. Und entweder du stirbst in meinen Armen oder ich in deinen. So wird das sein. Ich liebe dich von ganzem Herzen, Martin.

Charlotte

Die Dr.-Amalfi-Texte in diesem Buch stammen von der Paartherapeutin Ursula Nuber, nicht zu verwechseln mit der Therapeutin von Charlotte und Martin, die im Podcast den Tarnnamen »Dr. Amalfi« trägt.

Podcast 1

CHARLOTTE: Martin, große Liebe meines Lebens, wie geht es dir?

MARTIN: Krass.

CHARLOTTE: Du atmest auf jeden Fall anders als sonst.

MARTIN: Ja, das ist, weil ich so nahe am Mikro bin. Also, wir machen das jetzt den ganzen Sommer, 15 Mal hintereinander? Immer einmal treffen, aufnehmen, fertig? Das ist *Paardiologie?*

CHARLOTTE: Das ist *Paardiologie.* Wie findest du denn den Titel, Martin?

MARTIN: Ich finde den super. Wir hätten den ja sonst nicht ausgewählt. Da klingt so viel mit. Also, die Leute verstehen den zum Teil auch falsch. Aber alles, was man falsch versteht, ist super. Weil das gehört da mit rein. Wenn da einer Ideologie hört, gehört das auch mit rein. Oder Dialog.

CHARLOTTE: Ja, und das Allerwesentlichste ist doch Kardiologie. So wie die Wissenschaft vom Herzen, im übertragenen Sinne.

MARTIN: Aber was mir am besten gefällt, ist, dass in dem Titel »Ehe« nicht vorkommt und dass »Mann/Frau« nicht vorkommt. Die Leute setzen Beziehung mit »Mann/Frau« gleich, weil das die häufigste Variante ist. Und dann sagen die, das klappt nicht, weil: Der ist ein Mann und die ist eine Frau. Und das geht nicht. Daran liegt das doch gar nicht. Das liegt an der Partnerschaft, an dieser total engen Beziehung, die zwei Menschen eingehen. Da ist völlig wurscht, ob das Männer, Frauen, wer auch immer ist. Das ist immer schwierig, weil es so eng ist.

CHARLOTTE: Ich gebe dir einfach recht, Martin. Ich sitze

hier und nicke. Du willst niemanden ausschließen, meinst du das?

MARTIN: Das ist automatisch mit drin. Neulich hat ein Bekannter zu mir gesagt: »Wenn ich mit den Kumpels zusammen Urlaub mache, da ist alles toll. Da funktioniert alles. Da gibt es keinen Stress.« Ich finde, das ist ein Fehler, zu sagen, das liegt daran, dass das Kumpels sind. Das liegt daran, dass die Beziehung eine andere ist. Wenn er mit einem Kumpel die Beziehung hätte, die er mit seiner Frau hat ... also das ganze Leben, die ganzen Ansprüche. Man muss sich glücklich machen, man muss zusammenleben, man muss zusammen organisieren, man muss für den anderen zurückstehen, man darf sich nicht verwirklichen, bla, bla, bla. All das wäre doch genauso daneben, genauso schwierig, wenn er das mit seinem Kumpel machen würde.

CHARLOTTE: Voll gut. Ja, das ist die Erklärung von unserem Titel: *Paardiologie.*

Podcast 15

MARTIN: Wenn ich daran denke, muss ich an meinen Sohn denken. Der war total geschockt, als er gehört hat, dass wir 15 Folgen machen. Als wir dem die Idee erzählt haben, da hat er gedacht, wir machen das ein einziges Mal. Das fand er schon langweilig, dass wir einmal eine Stunde über unsere Beziehung reden. Und dann hat er irgendwann gesagt: »Hä, Papa, wie? 15 Mal? Wer soll das denn hören? Das ist doch total langweilig.«

Podcast 1

MARTIN: Und wir sollten vielleicht auch noch mal für alle sagen, die das nicht wissen, wer wir sind. Wenn die sich uns vorstellen: Charlotte, 41. Martin, fast 56. Deswegen auch 15 Folgen, weil: Es sind ja auch 15 Jahre ...

CHARLOTTE: ... Altersunterschied.

MARTIN: Du bist jetzt so alt, wie ich war, als wir uns kennengelernt haben.

CHARLOTTE: Das ist richtig lustig.

MARTIN: Ja, aber ich kann nie diesen romantischen Satz sagen: »Ach, Charlotte, hätten wir uns bloß zehn Jahre vorher kennengelernt.« Da war ich 30 und du 15.

CHARLOTTE: Okay, das wäre illegal. Aber du hättest nur drei Jahre warten müssen, oder? ... Ich glaube, wir müssen auch noch mehr erklären, weil ein paar Sachen haben wir uns überlegt.

MARTIN: Zuerst das Lustige: Wir müssen unsere Therapeutin mit einem Alias ausstatten. Und dann habe ich gesagt, wir nennen die Amalfi, weil doch die Therapeutin bei der Serie *Sopranos* so heißt. Und das stimmt überhaupt nicht, aber trotzdem heißt die bei uns jetzt so. Ich habe nachgeguckt, die heißt Melfi, Jennifer Melfi. Aber ich kann jetzt nicht mehr anders.

CHARLOTTE: Das ist doch ein Ort in Italien?

MARTIN: Ja, Küste. Schöne Gegend.

CHARLOTTE: Ah ja, was weiß ich.

MARTIN: Bei der haben wir viel gelernt. Wir haben uns das nicht selbst beigebracht. Sondern das hat die uns erklärt.

MARTIN: Was wir auch erklären müssen, ist, wie wir mit den Leuten umgehen, über die wir zwangsläufig sprechen, ohne dass wir die ans Messer liefern wollen.

CHARLOTTE: Aber nicht nur zwangsläufig. Also ich zum Beispiel rede auch sehr gerne über die anderen Leute. Es geht nicht nur um uns. Ich finde ja, dass man sich total stark definiert als Paar in Abgrenzung zu anderen Paaren. Weißt du, diese typischen Abendessen, wenn Freunde von uns da sind. Und dann gehen die weg. Und kaum ist die Tür zu, da geht das Gehacke los: »Wie die sich gegenseitig behandelt haben ...« Oder: »Hast du den Blick gesehen, als er ... gesagt hat?«

MARTIN: Also, du meinst jetzt Markus und Barbara.

CHARLOTTE: Richtig. Wir wollen ja die Leute schützen. Niemanden vorführen und fertigmachen. Weil das am Ende nur Hass sät und Rache bringt. Ich finde, dass das hier ein positiver Podcast sein soll, wo es mehr um Liebe als um Hass geht, bitte.

MARTIN: Kein Hatespeech! Genau, deswegen Markus und Barbara. Wir nennen alle Paare mit den gleichen Namen. Wir sagen, wir waren mit Markus und Barbara im Urlaub. Auch wenn wir in Wirklichkeit mit jemand ganz anderem im Urlaub waren.

CHARLOTTE: Ich dachte, du sagst jetzt echt Namen.

MARTIN: Nein, wenn wir mit Soundso und Soundso geredet haben, dann wären das Markus und Barbara. Und wenn wir mit vier Leuten zu Abend essen, dann waren das Markus und Barbara und Markus und Barbara.

CHARLOTTE: Sagen wir einfach mal, du würdest etwas sagen über Markus und Barbara. Oder Barbara und Barbara oder Markus und Markus. Dann müsste ich trotzdem einen Tipp bekommen, ohne dass die anderen merken, wer das ist. Wie: »Das sind die, die im fünften Stock wohnen.« Damit ich weiß, welchen Markus und welche Barbara du meinst.

MARTIN: Oder ich fange an, die Geschichte zu erzählen. Und anhand dessen merkst du, um wen es sich handelt.

CHARLOTTE: Ja, okay. Danke.

MARTIN: Sonst schreibe ich einen Zettel und reiche dir den rüber. Weil – das muss man ja auch sagen: Wir sitzen uns tatsächlich gegenüber.

CHARLOTTE: Ja, ich sehe dich. Wir sind bei uns zu Hause. Wir sind in einem kleinen Kabuff. Ich glaube, deswegen ist es auch so warm. Hitze steigt nach oben. Wir treffen uns jede Woche zu Hause und sind zusammen mit beiden Mikrofonen in einem Raum.

MARTIN: Du hast diesen Raum ausgesucht. Und du kannst in dem Raum stehen. Aber ich kann in diesem Raum nicht stehen und muss hier auf Knien rumkriechen. Kennst du Idi Amin? Das ist der ehemalige Diktator von Uganda. Und neulich hat mir einer aus Uganda erzählt, dass der einen super Trick hatte. Wenn die ehemaligen Kolonialherren aus Europa zu Gast waren, dann hat er die gezwungen, in so ein kleines traditionelles afrikanisches Rundhaus zu gehen, wo die Türöffnung nur circa 60 Zentimeter hat. Und dann hat er denen scheinbar höflich den Vortritt gelassen. Die mussten sich quasi runterbeugen und auf die Knie gehen. Und Amin hat dann den Umstehenden gesagt: »Guckt mal, die Europäer verbeugen sich vor uns.« Und das hast du dir auch so gedacht. Deswegen bin ich hier auf Knien, erniedrigt.

CHARLOTTE: Du hast ja tatsächlich gesagt, nachdem wir die Mikros aufgebaut haben, du hast Rückenschmerzen von dieser gebückten Haltung. Und dann habe ich gesagt: »Martin, versuch nicht zu stehen, lauf doch die ganze Zeit im *Squat*. Das ist auch gut für die Pomuskeln.«

MARTIN: Ja, und wie bei Metallica treffen wir uns nur für diese Showtime, oder?

CHARLOTTE: Im Moment ist es ja wirklich leider so. Weil ich so viel weg bin, weil ich so viel Werbung gemacht habe für diesen Podcast. Weil da mein Herzblut drinsteckt, weil ich dich ja wirklich ganz lange nicht gesehen habe. Außer jetzt, wo wir aufnehmen.

MARTIN: Und – wir haben so eine Art Rubrik. Wir haben uns vorgenommen, eine Sache in diesen 15 Folgen immer wieder zu machen. Das musst du sagen.

CHARLOTTE: Meinst du das mit der Frage? Und zwar wollen wir uns abwechselnd fragen. Beispielsweise eine Sache, die man den anderen schon immer mal fragen wollte.

MARTIN: Genau. Oder eine Sache, die den einen an der anderen oder die die eine an dem anderen total nervt. Also so richtig nervt. Wo man richtig abkotzt und sagt: »Charlotte, du bist meine Frau. Ich liebe dich mehr als mein eigenes Leben, aber ...«

Podcast 5

CHARLOTTE: Man soll fragen, was einen interessiert.

MARTIN: Aber ich habe die ganze Zeit darüber nachgedacht, was ist die nächste Frage, die ich dir stelle? Man will ja nicht so was Banales fragen. Und außerdem ist mir aufgefallen bei der Konstruktion dieser Fragen, dass ich dazu neige, Fragen aufzuschreiben, wo ich deine Antwort schon weiß. Das heißt, das ist dann wie eine These. Im Grunde will ich deine Antwort schon kennen, und wenn du die dann sagst, dann kann ich in irgendeiner Form eine Widerrede halten.

CHARLOTTE: Das ist ja voll verkehrt.

MARTIN: Genau. Oder ich stelle eine Frage, die ich vielleicht gerne selber beantworten würde. Zum Beispiel folgende Frage: »Würdest du gerne mit mir auf einer einsamen Insel wohnen?« Ich weiß, du würdest natürlich Nein sagen.

CHARLOTTE: Nein, da vertust du dich. Erzähl weiter.

MARTIN: Du würdest nachdenken und feststellen, dass für dich soziale Kontakte über mich hinaus total wichtig sind und dass die dich total ausmachen. Und wenn du mir die Frage gestellt hättest, dann hätte ich spontan und groß und romantisch gesagt: »Natürlich möchte ich mit dir auf einer einsamen Insel wohnen.« Und damit werte ich das. Und das ist doof.

Podcast 6

CHARLOTTE: Ich möchte dich was fragen. Wenn ich mir die Fragen ausdenke, dann habe ich ganz viele im Kopf. Dann mache ich das einfach nach dem Feeling, was passt. Und so rutscht eine automatisch nach vorne. Ich liebe einfach, wenn ich denke: »Was wollte ich Martin schon immer mal fragen?« Das Verrückte ist, mir fallen so viele Fragen ein, das kann nicht sein. Ich glaube, weil wir so lange zusammen sind, fragen wir uns eigentlich nichts mehr. Man denkt einfach: »Ja, ich kenne dich.« Aber wenn man die Möglichkeit hat, wie hier, wie in einem Spiel Fragen zu stellen, dann kommen so viele auf. Da habe ich ein bisschen das Gefühl, man hätte auch früher mal bisschen mehr fragen können. In den letzten Jahren.

MARTIN: Das war vielleicht auch das Problem an dieser Konstruktion Zwiegespräch, die wir davor mal gemacht haben, aber nicht so lange und nicht so gerne, weil diese Monologform für uns vielleicht nicht getaugt hat. Also dieses eine Viertelstunde lang widerspruchslos Zuhören, dann eine Viertelstunde sprechen. Da gab es kein »Ich wollte dich immer schon mal was fragen«.

CHARLOTTE: Darf man aber, weißt du? Man darf auch bei Zwiegesprächen etwas fragen in seinen 15 Minuten, und dann kann der andere darauf reagieren.

MARTIN: Aber eigentlich geht es doch immer darum, dass man bei sich bleibt und von sich erzählt.

CHARLOTTE: Ich finde, dass wir mit den Zwiegesprächen einfach zu faul waren. Doktor Amalfi hat gesagt, man muss sich Mühe geben. Am Anfang ist das sehr schwierig, viermal 15 Minuten hinzukriegen. Man muss sich da durchbeißen. Und wenn man das gemacht hat, flowt das. Übung macht den Weltmeister.

MARTIN: Das hast du sehr gut gesagt. Weißt du, ich liebe das aber, wenn wir uns ins Wort fallen oder wenn wir was zu lachen haben.

Podcast 2

CHARLOTTE: Darf ich noch was Sexuelles sagen?

MARTIN: Ja klar.

CHARLOTTE: Mehrere Leute haben geschrieben, dass sie, während sie unseren Podcast hörten, Sex hatten. Oder danach Sex hatten. Und sie bedanken sich, dass das angeregt hat, so wie ein Aphrodisiakum.

MARTIN: Ein schönes Ergebnis.

CHARLOTTE: Total. Ja, es ist schön. Es ist Romance, Sex-Romance.

Podcast 1

CHARLOTTE: Ich bin so entspannt im Reden mit dir wie die ganze Woche nicht. Ich komme in so einen Trancezustand von Ehrlichkeit. Auf dem Weg hierhin haben wir ja telefoniert, und wir haben ja teilweise richtig Angst gehabt, bevor wir losgelegt haben. Die Gedanken flippen aus. Man hat Angst vor der eigenen Courage. Aber jetzt macht mir das richtig Spaß.

Verliebtsein und Kennenlernen

»Die Utopie einer vollkommenen
Harmonie.«

Dr. Amalfi

»Das erste Mal, als wir uns trafen, habe ich dich gehasst.« »Du hast mich nicht gehasst. Ich habe dich gehasst.« »Bei unserer zweiten Begegnung hast du mich vergessen.« »Bei unserer dritten Begegnung sind wir Freunde geworden.« »Wir waren sehr lange Freunde.« »Und dann waren wir es nicht mehr.« »Dann haben wir uns verliebt.« Wie *Harry und Sally*, deren Film-liebesgeschichte wohl jeder kennt, erinnern sich Paare gerne an ihre Anfänge. Und zwar unabhängig davon, wie glücklich oder unglücklich sie momentan miteinander sind. Die Frage »Wie habt ihr euch eigentlich kennengelernt?« bringt sie schnell ins Erzählen. Weißt du noch, als wir uns zum ersten Mal trafen? Es war Liebe auf den ersten Blick! Du hast mich sofort fasziniert! Und war es nicht seltsam, dass wir beide das Gefühl hatten, einander schon sehr lange zu kennen? Auch Jahr-zehnte nach dem schicksalhaften Ereignis kann sich ein Paar noch an kleinste Details erinnern und vergisst darüber sogar aktuelle Konflikte.

Kein Wunder, dass die Erinnerungen so positiv sind, denn Verliebtsein ist ein wunderbarer, verrückter Zustand. Dieses »Ich kann nur noch an dich denken«-Stadium lässt alles andere in den Hintergrund rücken. Nichts ist mehr wichtig, die Arbeit nicht, die Freunde nicht. Der Appetit verschwindet, man kann tatsächlich nur von Luft und Liebe leben. Ständig möchte man den anderen berühren, ihr oder ihm nahe sein. Jede Trennung ist schmerzhaft und wird so schnell wie möglich aufgehoben. Die Grenzen verschwimmen – eins plus eins ergibt nun tatsächlich eins. Und: Verliebte reden und reden. Sie erzählen sich ihr Leben, gestehen einander ihre Sehnsüchte und Hoffnungen. Endlich fühlt man sich verstanden, endlich gibt es jemanden, der immer für einen da sein wird. Endlich fühlt man sich »ganz«. Diese Erfahrung macht Verliebte regelrecht verrückt vor Glück.

Nun begegnet man im Laufe des Lebens vielen Menschen, die sympathisch sind, mit denen man sich gut unterhalten kann, mit denen man auf einer Wellenlänge ist. Trotzdem verliebt man sich nicht. Warum nicht? Was braucht es, damit der Funke überspringt? Es ist das Gefühl der Vertrautheit. Man verliebt sich, wenn man den Eindruck hat, den anderen bereits zu kennen. Die Art, wie sie lacht, die Ruhe, die er ausstrahlt, die Farbe der Augen, die Stimme … Merkmale wie diese und noch sehr viel mehr sind auf einer inneren »Liebeslandkarte« verzeichnet, die jeder Mensch besitzt und die von frühester Kindheit an gestaltet wird. Alle Erfahrungen, die wir von klein auf machen, sind in dieser Karte eingezeichnet: die Strenge des Vaters, die Regeln und Vorlieben der Familie, das Temperament der Eltern. Sehr viele solcher Details wirken zusammen, wenn man einen Menschen anziehend findet. Stimmt die eigene Liebeslandkarte weitgehend mit der des anderen überein, fühlt man sich zu ihm in besonderer Weise hingezogen.

Allerdings springt der zündende Funke erst über, wenn sich neben der Vertrautheit noch ein anderes Gefühl einstellt: die Hoffnung, dass mit diesem Menschen eine Entwicklung, ja vielleicht sogar eine Heilung alter Wunden möglich ist. Es ist ein unbewusster Prozess, der die Sehnsucht weckt, dass der geliebte Mensch zum Beispiel wichtige Bedürfnisse, die in der Kindheit und im bisherigen Leben nicht erfüllt wurden, ernst nimmt und befriedigen kann. Vielleicht sehnt man sich nach bedingungsloser Liebe, vielleicht fehlen bislang Anerkennung und Wertschätzung, vielleicht hofft man auf Sicherheit, vielleicht gibt es im Leben zu wenig Leichtigkeit.

Verliebtsein setzt ungeahnte Kräfte in Gang. Kräfte, die alles Trennende aus dem Weg schaffen. Gerät die Liebe später in Turbulenzen, ist es fast immer hilfreich, sich gemeinsam an ihren Beginn zu erinnern.

Podcast 1

MARTIN: Also, wenn wir uns heute kennenlernen würden. Also, wenn du mich heute kennenlernen würdest. Glaubst du, wir würden uns ineinander verlieben? Du kannst ruhig sagen: »Nein, ich glaube nicht.«

CHARLOTTE: Was, wieso? Ich habe doch noch gar nichts gesagt.

MARTIN: Aber du hast so getan. Sag mal.

CHARLOTTE: Ich möchte nachdenken. Weil man schießt manchmal auf Fragen einfach raus aus Angst vor der Lücke. Vor der Stille. Ich horche erst in mein Herz rein. Und das ist sehr klein, darum muss man gut horchen. Ich habe nämlich gedacht: Ich kenne dich schon, ich würde mich noch mal in dich verlieben. Und dann habe ich gedacht: Du dich in mich nicht. Und weißt du auch, warum? Weil das am Anfang so krass war, weil ich so traumatisiert war. Und dadurch so durch den Wind und so kaputt und so zerstört. Wie so ein Vogel ohne Federn, der aus dem Nest geklatscht ist aus viereinhalb Metern und schwere innere Verletzungen davongetragen hat. Psychisch auf jeden Fall, wo wir zusammengekommen sind. Wo man auch fragen könnte: Was ist eigentlich mit dir los, dass du dich in so einen Haufen Elend verliebst? Und du hast mich über die Jahre quasi emotional mit der Flasche aufgepäppelt.

MARTIN: Aber ich kann dich beruhigen, das war überhaupt nicht so. Du hast dich vielleicht so gefühlt. Oder denkst vielleicht im Nachhinein so darüber. Aber ich habe dich überhaupt nicht so gesehen. Also, ich habe dich total stark gesehen. Ich habe gedacht: Boah, das ist die stärkste Frau der Welt. Und da wusste ich noch nicht, dass du schwere Tische hochstemmen kannst.

CHARLOTTE: Ich habe immer Angst. Ich glaube, ein Grund, warum du dich in mich verliebt hast, ist dein Helferkomplex. Und es ist für dich blöd bis heute, dass ich immer weniger Hilfe brauche.

MARTIN: Aber ich gehe ja nicht weg. Sie geht ja nicht auf, diese Rechnung. Dass nur bestimmte Lebensumstände dafür sorgen ... Ich finde, das ist so ein romantisches Bild. Weißt du, natürlich will man sagen: Egal wo, wie, wann, ich hätte mich immer in dich verliebt und so. Ich glaube aber, das ist nicht so. Ich glaube, das hat was mit Lebensphasen zutun. Ob man offen ist, ob plötzlich was aufeinanderknallt, was bei beiden offen ist.

CHARLOTTE: Willst du die Hängebrückentheorie erklären?

MARTIN: Das machen wir in einer der nächsten Folgen. Wenn wir darüber reden, wie wir uns ... Wie du denkst, wie wir uns kennengelernt haben. Und wie ich denke, dass wir uns kennengelernt haben.

Podcast 7

CHARLOTTE: Ich möchte heute erzählen, wie wir uns kennengelernt haben.

MARTIN: Gut, das finde ich super. Also du möchtest mir erzählen, wie wir uns kennengelernt haben?

CHARLOTTE: Ich möchte, dass du mir in deinen eigenen Worten erzählst, woran du dich erinnern kannst. Der Anfang ging von dir aus.

MARTIN: Total unromantisch. Also, meistens lernt man sich doch so kennen, dass man sich einfach irgendwie sieht, trifft, begegnet in irgendeiner Gruppe.

CHARLOTTE: In einem Club.

MARTIN: Du in einem Club, ich in der Kirche oder bei der Arbeit. Und dann merkt man: Okay, es gibt irgendeine Form von Attraktion, Spannung, was auch immer. Und dann ist man aufmerksamer miteinander, fängt plötzlich an, über etwas zu reden, oder setzt sich dahin, wo die andere auch sitzt. So geht das doch häufig, oder? Also, wenn es nicht über Tinder geht.

CHARLOTTE: Das gab es damals nicht.

MARTIN: Und das stimmt, der Ursprung liegt bei mir, aber eben total bei der Arbeit. Du warst Fast Forward-Ikone, also VIVA Zwei-Moderatorin. Ich war bei Brainpool und habe TV total gemacht. Und deine Firma VIVA und unsere

Firma Brainpool hatten ein gemeinsames Meeting von Producern, wo man sich darüber ausgetauscht hat, wie man sich gegenseitig unterstützt. Zauberwort Synergie.

CHARLOTTE: Das ist gut, das ist der Anfang unserer Beziehung. Wie bei VIVA und Brainpool. Gibt es da ein Verb dafür? Synergieren?

MARTIN: Jedenfalls sitzen wir da in diesem Meeting, und plötzlich sagt mein lieber Kollege Markus: »Hört mal, die Charlotte von VIVA Zwei, mit der müsste man doch mal was machen.« Und dann habe ich da spontan – ungefähr so spontan wie jetzt, als du mich gefragt hast, ob wir beide das hier machen wollen – aufgezeigt.

CHARLOTTE: Ah, das hier, den Podcast.

MARTIN: Also habe ich meinen Arm hochgehoben und gesagt: »Ich mache das.« Und danach habe ich erst überlegt: Warum eigentlich? Ich kannte dich überhaupt nicht. Ich habe deine Sendung nicht geguckt. Ich kannte im Prinzip nur dieses Image von dir, das alle hatten. Ich glaube, das war so ein Romeo-und-Julia-Moment, weil das, was du gemacht hast, am weitesten weg von dem war, was ich zu der Zeit gemacht habe. Also, wenn man sich das als Schulhof vorstellt, dann standest du in der coolen Raucherecke, und ich stand bei den Bullys. Das war einfach so ein Gefühl: Ich will auch mal in die Raucherecke. Verstehst du das?

CHARLOTTE: Ja, klar verstehe ich das.

MARTIN: Wir waren megabig und erfolgreich und präsent – und du warst mit deinem Programm ... Also, wenn wir männlich waren, dann warst du zu der Zeit schon divers, obwohl es das vielleicht noch gar nicht gab. Also ihr wart einfach unglaublich cool und korrekt.

CHARLOTTE: Ich heul jetzt, tut mir leid.

MARTIN: Und dann nahm das Schicksal seinen Lauf. Willst du übernehmen?

CHARLOTTE: Dass du den Arm hochgemacht hast, wusste ich ja nicht. Ich wusste nichts von diesem Treffen und davon, dass ihr da so die Moderatoren verschachert. Wir waren ja in Nachbargebäuden, ne? Da kam von meinem damaligen Chef Markus die Assistentin. Früher war das noch so, dass Männer Chefs waren, und die hatten dann weibliche Assistentinnen. Das hat sich ja jetzt geändert. Und die kam an und hat gesagt, dass ein Produzent von Brainpool gerne mit mir sprechen will, und ich solle in sein Büro gehen, es ginge um Ideen für neue Sendungen oder so. Und als ich gehört habe, TV total und Brainpool, habe ich gesagt: »Da gehe ich auf gar keinen Fall hin. Fertig, ab.« Und dann hat die Assistentin von meinem Chef gesagt: »Ey, Charlotte, die Firmen sind jetzt zusammen, du musst jetzt da hingehen, du kannst da nicht nicht hingehen.« Und dann habe ich einfach gesagt: »Ich gehe aber nicht da hin. Ich finde das, was die machen, scheiße.« Damals haben wir bei VIVA Zwei in ganz flachen Hierarchien gearbeitet. Pro Sendung waren, wenn überhaupt, drei Mitarbeiter oder was im Raum. Man war immer richtig eng befreundet, die besten Freunde waren alle Mitarbeiter der Sendung, Redakteur und Producer. Und ich bin dann in die Redaktion von Fast Forward gegangen und habe gesagt: »Die Leute von Brainpool und TV total wollen, dass ich da hingehe.« Und die alle: »Auf gar keinen Fall, da gehen wir nicht hin.« Aber die Assistentin hat alle paar Tage gesagt: »Der fragt schon wieder nach, dieser Typ, Martin heißt der.«

MARTIN: Der ist hartnäckig, ne?

CHARLOTTE: »Geh bitte jetzt da hin. Charlotte, es ist nicht im Bereich des Möglichen, dass du da nicht hingehst. Nur weil dir die Sendung nicht gefällt. Dein Chef verlangt von dir, dass du da hingehst.« Und dann habe ich gedacht: »Okay, dann gehe ich halt da hin.« Ich war richtig genervt und sauer und fremdbestimmt. Und bin da hingeschlappt.

MARTIN: Und ich wusste dann ja, dass du kommst: Montag um elf, Tischkalender, Charlotte Roche. Ich wusste zwar nicht, wie sehr du dich gesträubt hast, aber ich hatte eine Ahnung davon, dass du das nicht gerade cool findest. Mir war klar, ich will dich in irgendeiner Form für mich einnehmen, beeindrucken. Eigentlich ist das genauso, als würde man ein privates Date vorbereiten, komischerweise. Also, ich habe das ja nicht benutzt als Vorwand, um dich kennenzulernen, sondern es ging wirklich nur um die Arbeit. Und trotzdem habe ich gedacht: Okay, oh, was mache ich? Also, die kommt jetzt gleich hier rein, wie kann ich der zeigen, dass ich auch cool bin oder auch zu den Guten gehöre. Ich hatte so einen Mini-Konferenztisch. Da wusste ich, da setze ich dich hin. Und dann habe ich gedacht, ich lege da was hin, wo die denkt: Oh, das ist aber cool. Also so, wie wenn du sonst überlegst, welche Musik du anmachst oder so. Zu der Zeit habe ich eine Helge-Schneider-Show gemacht, und da habe ich gedacht: Okay, das ist cool, ich lege diese VHS-Kassette – das war zu der Zeit noch so – auf den Tisch. Also, ganz zufällig liegt die da. Dann, habe ich mir vorgestellt, kommt die Charlotte rein und sagt: »Oh, der Helge, was ist das denn?« Und dann würde ich so sagen: »Ja, ich habe mit dem ...« Dazu ist es aber gar nicht gekommen, sondern du bist reingeschlappt bei uns in deiner ausgewetzten pinken Cordhose mit einem blauen verwaschenen T-Shirt drüber und so Schläppchen ...

CHARLOTTE: Ja, genau, wir sagen immer »reingeschlappt«, weil ich wirklich Schlappen anhatte. Und ich hatte so eine tief sitzende Hose, die fast runterfällt. Und ich war noch richtig gut dabei, weil ich gerade entbunden hatte. Polly war drei Monate. Und saß dann da und dachte: Ja, was willst du? An das Gespräch genau kann ich mich nicht erinnern. Was ich aber weiß, ist, dass das viel zu lange gedauert hat. Das klingt jetzt schon so wie Liebe auf den ersten Blick. Ich würde sogar sagen, das war so, aber dass ich das nicht gemerkt habe und du erst recht nicht, weil du hattest eine Frau mit einem Kind unterwegs, und ich hatte einen Mann mit einem Kind gerade auf der Welt. Meine Erklärung ist, dass das nicht sein durfte, und deswegen konnte das nicht sein. Aber ich würde trotzdem sagen, unterbewusst ist das schon der Moment gewesen. Ich weiß noch, dass ich dachte: Ist der nett, der ist so nett. »Nett« ist natürlich ein Scheißwort, aber das habe ich gedacht. Wieso ist denn der so nett? Und ich war so überrascht und dachte: Boah, der ist cool. Was du gesagt hast, das war der Grund, dass ich nicht wegwollte. Ich wollte für immer bei dir in diesem Büro sitzen und mit dir reden. Wir haben uns extrem gut verstanden. Man könnte sagen wie Seelenverwandte. Das ist so ein scheiß ausgelullertes Wort, aber wie soll man es denn sonst nennen?

MARTIN: Ich weiß es nicht.

CHARLOTTE: Ich will ja nicht sagen, dass geil auf jemanden sein dreckig oder schuldbehaftet ist, aber das war so weit weg von allem, was man so denkt, was mit Liebe auf den ersten Blick, Sexualität ... Es hatte nichts damit zu tun. Das war auf einer extrem hohen Ebene, irgendwas total Geistiges. Es hat so extrem Klick gemacht, dass ich dachte: Oh Gott, wir werden beste Freunde, wir sind *best friends forever*, so richtig doll. Das war eine total schockierende Erkenntnis, dass ich gerne mit dem Produzenten von TV total befreundet sein wollte. Aber niemals in hundert Jahren – doch, in hundert schon – hätte ich gesagt, das ist Verliebtsein oder Liebe auf den ersten Blick. Gar nicht, ich habe nichts gecheckt, das war nur auf der Schiene: Oh, ein netter Mensch. Oh, der ist aber cool. Oh, der ist lustig. Und: Boah, kann ich gut mit dem reden. Das war schon so, dass das niemals hätte zu Ende gehen sollen.

MARTIN: Dann war das ja irgendwann zu Ende, und du hättest einfach zurückgehen können, und ich habe gesagt: »Ich bring dich.« Was total absurd ist, als ob du den Weg nicht findest. Also, ich habe dich dann durch die Flure gebracht, dann sind wir Aufzug gefahren und bis zum feindlichen Flügel habe ich dich gebracht. Wir haben das hinausgezögert, solange es geht, jeden Moment genutzt, noch stehen zu bleiben, noch weiterzureden. Und dann haben wir uns direkt am nächsten Tag unter dem Vorwand, dass ...

CHARLOTTE: Warte, ich muss noch eine Sache einschieben. Als ich zurückkam in meine Redaktion, haben die alle gesagt: »Wo warst du so lange?« Die wussten ja, wo ich war, und die wussten, dass ich vorher abgekotzt habe. Ich weiß noch ganz genau, dass ich unbedingt Werbung für dich machen und denen allen klarmachen wollte ... Mir fehlten die Worte, ich konnte nicht richtig erklären, warum du so ein toller Mensch bist und dass die auch mit dir befreundet sein müssen. In der Redaktion waren ja auch mein damaliger Mann und meine besten Freunde und engsten Mitarbeiter, und ich habe zu denen gesagt: »Ich weiß, ihr findet das scheiße, was der arbeitet, und wir fanden das blöd, dass ich da hinmuss, aber der will mit mir zusammenarbeiten, und ich habe mit dem geredet, der ist so nett. Ihr könnt euch gar nicht vorstellen, der ist so cool. Der ist ganz anders, als ihr denkt. Ihr vertut euch voll.« Und die alle so wie ich vorher: »Nein, Quatsch, wir sind gegen den.« Ich war richtig verzweifelt, dass ich denen nicht erklären kann, wie toll du bist und wie schön das ist, mit dir zu reden. Im Prinzip hätten da schon alle wissen müssen, wie das endet. Ich war wie gehirngewaschen. Ich war vollkommen auf einem Martin-Trip, und das ab dem ersten »Hallo«.

MARTIN: Aber auf so einer total heiligen, ungeilen, unsexuellen, unkörperlichen Ebene, ne? Das war bei mir auch so. Das klingt jetzt fast beleidigend, weil das so klingt, als fände ich dich gar nicht geil.

CHARLOTTE: Nein, das wäre anders gewesen, wenn wir nicht in Beziehungen gewesen wären oder Kinder gehabt hätten. Ich glaube, weil das nicht sein durfte, war das auch nicht so. Und deswegen kam das Gefühl praktisch von hinten durch die Brust ins Auge, über etwas, was erlaubt ist, nämlich Freundschaft.

MARTIN: Ja, ich habe dann auch gedacht, das ist meine neue Freundin fürs Leben. In meiner Erinnerung haben wir uns natürlich direkt am nächsten Tag wiedergesehen und haben über dieses Konzept weitergesprochen, was wir machen wollten, oder? So war das doch?

CHARLOTTE: Ja, und dann kam uns das vor wie das Wichtigste im ganzen Leben, dass wir zusammen eine Sendung machen. Das war dann unsere Erlaubnis. Wir haben gedacht: Wir müssen uns treffen, wir müssen über die Sendung reden, wir verbringen gerne Zeit miteinander, wir können gut zusammenarbeiten, wir unterhalten uns gut, und das matcht irgendwie auf einer kreativen Ebene. Und dann haben wir uns zum beruflichen Mittagessen verabredet – jeden Tag. Meine Erinnerung daran ist, dass jedes Mittagessen etwa viereinhalb Stunden gedauert hat. Wir saßen auf der Keupstraße im Doy Doy und haben uns nicht verliebt angeguckt, sondern haben uns unser ganzes Leben erzählt. Wir haben ganz viel gelacht und uns auch ganz viele traurige Sachen erzählt aus unserem Leben. Das war ein bisschen wie Therapie oder Speeddating, dass man ganz, ganz schnell alles erzählen muss, damit der andere einen so schnell wie möglich kennenlernt.

MARTIN: Ja, aber wir haben uns total vertan, ne? Natürlich waren wir vom ersten Augenblick an total verloren füreinander.

CHARLOTTE: Aber wir haben es nicht gemerkt.

MARTIN: Na ja, wir haben es nicht nicht gemerkt, sondern ich glaube, wir haben es weggeschoben, weggedrängt, weil das ging ja nicht, das war unmöglich. Also für mich in meiner Welt, in meiner Ehe, wenige Wochen vor der Geburt meines ersten Kindes. Das war absolut undenkbar. Aber als mein Sohn geboren wurde, habe ich gedacht: Wen rufe ich jetzt an, um das zu sagen? In welcher Reihenfolge? Da warst du die Erste, und ich kannte dich ja erst ein paar Wochen. Dann war das alles okay und schön und gut, weil wir waren ja befreundet. Wir haben uns nur bei der Arbeit getroffen. Irgendwann kam dann dieser Punkt, dass du das beendet hast ...

CHARLOTTE: Indem ich das ausgesprochen habe. Ich bin da stolz drauf, und alle paar Jahre sage ich zu dir: »Wer hat es zuerst gesagt? Wer hat es zuerst gesagt, Martin?«

MARTIN: Du hast es zuerst gesagt.

CHARLOTTE: Ich habe in einem der türkischen Restaurants, wo wir immer essen waren, gesagt: »Martin, ich weiß ja nicht, wie das für dich ist, aber ich möchte dir sagen, dass ich in dich verliebt bin.« Und dann hast du mich angeguckt wie ein Auto und hast gesagt: »Dann dürfen wir uns nicht mehr sehen.«

MARTIN: Das war nicht, was du hören wolltest. Das war auch nicht, was ich sagen wollte. Das war einfach das, was da rauskam. Weil ich dachte, wir müssen das verhindern.

CHARLOTTE: Ja, und dann haben wir uns nicht mehr gesehen. Ich habe da erst gemerkt, dass wir uns total selbst verarschen, so aus Selbstschutz oder als Schutz für die Familie oder so. Ich hatte richtig körperliche Schmerzen, dass du mich nicht mehr treffen willst. Ich lag immer in Embryonalstellung bei uns zu Hause auf dem Boden rum und habe geweint. Das hat so im ganzen Körper richtig wehgetan, richtig schlimm. Ich dachte: Oh, ich hätte das nicht sagen dürfen, dann hätte ich den weiter treffen können und weiter mit dem reden, aber es stimmt doch. Und ich war mir so sicher, dass du mich auch liebst, aber dass es das jetzt war. Weil ich es ausgesprochen habe, ist alles im Arsch.

MARTIN: Ich habe dann immer deine Sendung heimlich geguckt, um die Verbindung aufrechtzuerhalten, wenigstens so.

CHARLOTTE: Das wusste ich aber nicht. Ich hatte nichts

davon. Bei mir war einfach nichts, gar nichts mehr. Kein Treffen, keine SMS. Früher gab es ja nur SMS.

MARTIN: Ich war so überzeugt davon, dass du nur eine Freundin für mich bist, dass ich auch meiner Frau davon erzählt habe, dass wir zusammenarbeiten wollen, dass du nett bist, bla, bla, bla, so was alles. Du hast uns sogar besucht, und danach hat meine Frau gesagt: »Aber du hast nichts mit der, oder?« Zu dem Zeitpunkt – wenn man die klassische Definition nimmt – hatten wir wirklich nichts miteinander.

CHARLOTTE: Gar nichts.

MARTIN: Und dann haben wir uns nicht gesehen, viele Wochen. Aber dann ging das nicht mehr.

CHARLOTTE: Da gab es definitiv viele Wochen keinen Kontakt. Weil du dich komplett zurückgezogen hast und richtig so ein Alles-auf-Stopp und Alles-auf-Null, in der Hoffnung vermutlich, dass das abstirbt.

MARTIN: Ja, ich wollte meine Ehe und meine Familie retten. Wir haben auch Gespräche geführt, und ich habe gesagt: »Okay, ich sehe die nicht mehr.« So war der Stand, aber ich war sehr unglücklich damit.

CHARLOTTE: Ich habe natürlich weitergearbeitet, was man halt als VIVA Zwei-Moderatorin macht im Sommer: Man hängt auf Festivals rum, beruflich. Dann war ich auf, was weiß ich, wie die alle heißen, *South-by-south*, *West*, *Hurricane* ...

MARTIN: *Southside* und *Hurricane*.

CHARLOTTE: Ja, *Southside* oder *Hurricane* oder irgendein *Rock am Ring* oder was. Und dann war ich im Publikum, um Interviews zu drehen mit den ganzen Leuten vor der Bühne, und Coldplay hat gespielt, und dann hat mein Telefon vibriert, und ich habe da draufgeguckt, und du rufst an. Nach wochenlangem Leiden wie ein Schwein war das der erste Kontakt ...

MARTIN: Das ist aber peinlich, dass das bei Coldplay passiert ist. Kannst du nicht eine coolere Band da reintun?

CHARLOTTE: Amy Winehouse war da noch am Leben. Nein, es war Coldplay. Es war unfassbar laut. Und dann habe ich nur abgehoben und in das Telefon reingeschrien: »Ich kann dich nicht hören, warte, ich kann dich nicht hören.« Und dann war es wie im Film, dass ich alles in Zeitlupe sehe. Das hat sich richtig in mein Gehirn eingebrannt, dass ich durch diese Hunderte, Tausende Leute durchrennen musste, weil ich hinter die Boxen musste. Ich hatte meinen Backstage-Pass, weil wir ja auch hinten gedreht haben, und ich musste einfach hinter die Bühne, weil ich wissen wollte, was du sagst. Und dann bin ich wie ein Irre durch die ganze Menschenmenge bis zur Bühne gelaufen, und du warst die ganze Zeit am Telefon, und ich habe mir ein Ohr zugehalten und geschrien: »Was denn, was denn, was denn?« Und du hast gesagt, du bist richtig betrunken.

MARTIN: Das stimmt. Ich war verzweifelt und betrunken. Ich habe mich so betrunken, dass ich mir einbilden konnte, dass nicht ich das Telefon bediene und dich jetzt anrufe, weil ich das ja nicht durfte. Ich konnte mir einbilden, dass eine fremde Macht mit meinen Fingern auf dieses Telefon tappt und dich anruft, um dir zu sagen ... Was habe ich dir gesagt?

CHARLOTTE: Du hast mir erst gesagt, dass du so betrunken bist, dass du gerade in den Glastisch gefallen bist bei dir im Wohnzimmer und alles kaputt gemacht und dich verletzt hast. Als du das gesagt hast, habe ich gedacht: Oh, okay, und weiter? Weil man wollte ja die Erlösung. Dass das, was man die ganze Zeit so gefühlt und die ganze Zeit gehofft und gebetet hat, obwohl man nicht an Gott glaubt ... Dass du ähnliche Gefühle für mich hast wie ich für dich. Und dass das nicht klappt, dass man das abtöten kann, durch Nichttreffen und Nichtreden. Und dann hast du zu mir gesagt, dass du mich liebst und dass du nicht ohne mich leben kannst.

MARTIN: Das war jetzt die schöne Seite. Das damit Zusammenhängende, dich zu lieben und mit dir zusammen zu sein, hieß auch, was anderes beenden zu müssen. Das war sehr blöd. Ich will ja nicht für mich Mitleid, das wäre ja Quatsch. Das war kaum zu schaffen und natürlich für meine Frau auch eine absolute Katastrophe.

CHARLOTTE: Also, für alle eigentlich.

MARTIN: Bei dir ja genauso.

CHARLOTTE: Für alle drum herum, vor allem unsere Partner. Die Kinder waren zu klein, das haben die nicht so richtig mitbekommen. Aber alle Leute um uns herum, alle haben gedacht, wir sind verrückt geworden. Es war ein massiver Gegenwind gegen alle Moves von uns, ne? Dass du mich angerufen und das gesagt hast, hieß auch: *We act on it.* Dass wir jetzt alles einleiten, dass wir unsere Partner verlassen, um zusammen sein zu können. Und dann ging natürlich die Luzie ab. Alle hatten Angst, dass denen die Kinder weggenommen werden, was natürlich nie die Absicht war. Es ist wahnsinnig schwer, jemandem, den man verlässt, zu erklären, dass man zwar die Person nicht mehr liebt oder dass man jemand anderen mehr liebt, aber nicht das Kind wegnehmen will.

MARTIN: Oder, dass man das Kind nicht im Stich lassen will. Bei mir ging es ja mehr darum, dass das nichts mit dem Kind zu tun hat und dass das Kind weiter mein Kind ist und dass ich das Kind nicht verlasse. Das war total schwer auseinanderzuhalten. Meine komplette Erziehung, mein gesamtes Wertesystem, alles hat natürlich gesagt, das darfst du nicht, das darfst du nicht machen.

CHARLOTTE: War das die erste Scheidung in eurer Familie?

MARTIN: Ja.

CHARLOTTE: Überhaupt?

MARTIN: Ja. Und, ich mein, ich war 40 und du warst 25. Was original klingt wie ein Songtitel von Peter Maffay.

CHARLOTTE: Ich glaube, es sind zu viele Zahlen in einer Zeile für ein Schlagerlied.

MARTIN: Da lag es nahe, dass alle drum herum gesagt haben: »Ja klar, Midlife-Crisis, ne?« Das passte total gut.

CHARLOTTE: Außer dass ich ein Kind hatte, das war ein bisschen nicht so passend dazu.

MARTIN: Ja, aber so eine tätowierte englische Punk-Moderatorin ...

CHARLOTTE: Bitch.

MARTIN: Crazy bitch und so, genau. Und der Druck war natürlich groß, weil alle gedacht haben: Alles klar, der ist verrückt geworden. Der wird schon sehen, was er davon hat. Der wird auch ganz schnell langweilig.

CHARLOTTE: Alle haben gedacht bei dir, dass ich nur mit deinen Gefühlen kurz spiele oder dass das irgendwas Sexuelles ist und dass das dann vorbei ist. Und bei mir haben sich alle geekelt, weil die dachten, du bist altersmäßig näher an meinen Eltern dran als an mir. Also meine Eltern fanden das zum Beispiel überhaupt nicht cool.

MARTIN: Und mir haben die Leute gesagt: »Pass auf, die tanzt bei Coldplay vorne im Publikum.«

CHARLOTTE: Aber wie du gerade gesagt hast, wir haben eine Entscheidung getroffen, um beieinander sein zu können. Das ging nicht anders, und dann mussten für die anderen schreckliche Sachen eingeleitet und Trennungen gemacht und ausgezogen werden. Das heißt, wir sind aus Respekt vor dem früheren Partner von zu Hause weggegangen und haben die dagelassen. So mussten wir gucken, wo wir wohnen, und deswegen haben wir, glaube ich, praktisch vom ersten Tag an, wo wir zusammen waren, auch zusammengewohnt.

MARTIN: Ja, und zwar auch mit deiner Tochter, die damals ein halbes Jahr alt war. Also zwischen dem Tag, wo du da reingedackelt kamst ...

CHARLOTTE: Nur weil ich ein Arschfüßler bin und meine Füße am Arsch dran sind, weil ich so kurze Beine habe, musst du nicht sagen »gedackelt«.

MARTIN: Also, zwischen dem Tag, wo ich sorgsam und mit viel Liebe zum Detail die Helge-Schneider-Kassette auf den Tisch gelegt hatte, und dem Tag, wo wir gesagt haben, jetzt sind wir zusammen, lagen ungefähr vier Monate. Wir haben dann sofort zusammengewohnt, erst einmal wie Nomaden. Den ganzen Sommer sind wir immer von einer leer stehenden Wohnung von irgendwelchen Freunden und Bekannten zur nächsten. Dann übergangsweise wieder ins Hotel. Wir sind also mit deinen zwei blauen Müllsäcken, wo deine Klamotten drin waren ...

CHARLOTTE: Das scheint dich ja nachhaltig beeindruckt zu haben. Bis heute muss ich mir das anhören, dass ich aus Müllsäcken gelebt habe. Das waren saubere Müllsäcke, wo meine Kleidung drin war. Ich weiß nicht, warum ich früher keine Koffer hatte. Ich war jung, und ich habe alles, was ich zum Leben hatte, in Müllsäcken mitgebracht.

MARTIN: Das ist doch ein schönes Bild, wie von den *Peanuts*. So ein Mädchen läuft mit zwei blauen Säcken, die so über den Boden schleifen ...

CHARLOTTE: Und dann aber dazu leider auch noch die Fliegen über dem Kopf, ne? Bssss. Immer so ein leichter Geruch. Immer Bssss. Jetzt weiß ich, wie ordentlich du bist. Früher habe ich das ja nicht gecheckt, weil ich immer betrunken war. Das muss krass für dich gewesen sein, wie unordentlich ich war. Deswegen hängst du dich so auf an den Müllsäcken.

MARTIN: Ja, du warst eigentlich alles, was ich nicht war: tätowiert, Engländerin, Antichristin, unordentlich ...

CHARLOTTE: Jung, weiblich.

Podcast 2

MARTIN: In der Therapie ist ja immer diese – kennst du ja –, diese Eingangsfrage, ne? »Was haben Sie mitgebracht?« Und ich habe wirklich was mitgebracht, weil ich vor zwei Tagen was gesucht habe. Und dann wurschtle ich so durch die ganzen Kisten, wo man immer den Kram reinwirft, wo man nicht weiß, wohin damit. Und dann habe ich eine Notiz gefunden, die ich mal aufgeschrieben habe.

CHARLOTTE: Oh Gott, und was kommt jetzt?

MARTIN: Nein, gar nichts Schlimmes. Entweder hat das mal ein Therapeut zu mir gesagt oder ich habe es aus irgendeinem Buch notiert oder so. Und ich finde das einen super Satz. Also, es ist ein bisschen geschwurbelt, aber ich lese ihn einfach mal vor: »Der Übergang von Verliebtsein und der Utopie einer vollkommenen Harmonie mit dem Geliebten zu der Erkenntnis, dass diese Sehnsucht nie ganz in Erfüllung gehen kann, ist eine der größten Enttäuschungen des Lebens.« Krass, oder?

CHARLOTTE: Mhm ... Aber mehr dein Problem.

MARTIN: Das ist ... Ja, wahrscheinlich. Zumindest habe ich es erstens aufgeschrieben und zweitens aufbewahrt.

CHARLOTTE: Auch die Art, wie du das vorträgst, ist so voll ... Du kannst da richtig viel mit anfangen. Also, ich erinnere mich noch genau, als wir zusammengekommen sind, dachten wir, wir sind das beste Paar der Welt. Das glaube ich auch, dass das bei vielen Paaren so ist. Dass die alle denken: Unsere Liebe ist so besonders oder so stark, und wir bleiben für immer zusammen. Und dann passiert so was, dass wir uns praktisch isoliert haben. Also man hat total viel Sex, man will keine anderen Leute sehen, die anderen findet man langweilig. Und dann haben wir uns wirklich verrannt. Wir dachten, wir reichen uns. Ich will keine Familie oder keine Freunde mehr haben und du auch nicht, weil: Wir haben uns. Und das ist schön und einfach, und alles andere ist anstrengend oder langweilig oder sinnlos. Und dann haben wir so eine Zeit lang gelebt. Und das ist genau das, glaube ich, was Außenstehende an frisch verliebten Paaren so ätzend finden.

MARTIN: Ja, aber das ist ja dieses Verliebtsein. Dass man da so blind ist und so abfährt aufeinander. So ungefähr: »Oh, guck mal, die kennt mich total. Die liest mir jeden Wunsch von den Augen ab. Sogar Wünsche, von denen ich gar nicht weiß, dass ich die habe.« Und dann dieses: »Oh, wir sind Seelenverwandte.« Ja, also diese Worte, die dann fallen. Und ich denke, dieses Verliebtsein ist wie eine Überlistung, damit man sich darauf einlässt, sich für jemanden zu entscheiden oder mit jemandem zusammen zu sein, weil das ja eigentlich eine wahnsinnige Idee oder ein wahnsinniges Projekt ist, zu denken: Ich nehme jetzt einen anderen da raus, und mit dem schließe ich mich zusammen. Und dass wir die Wahl dabei haben, das selber zu entscheiden, das gibt es von der Evolution her gesehen ja erst seit ein paar Sekunden. Die ganze restliche Menschheitsgeschichte war das ja nicht freiwillig, da gab es ja keine Romantik und kein »Ich suche mir einen Partner aus«, sondern: »Hier, der Vater von dem hat 20 Kühe, geh da hin, heirate den.«

CHARLOTTE: Aber das ist trotzdem nicht gut für die Realität. Weißt du, was ich meine? Also am Anfang macht das ja vielleicht sogar Sinn. Vielleicht macht es sogar für die Fortpflanzung Sinn, was weiß ich, dass man den anderen so blind verehrt und denkt, alles ist perfekt an dem. Und ...

MARTIN: Also, ich habe gedacht, du bist das genaue Gegenteil meiner Mutter. Und als dann irgendwann der harte Aufprall in der Realität kam, habe ich festgestellt: Du bist genau wie meine Mutter.

CHARLOTTE: Ich bin jetzt deswegen nicht beleidigt, weil ich ja weiß, dass du deine Mutter geliebt hast. Irgendwie finde ich das wieder romantisch. Also jetzt nicht liebesromantisch, sondern lebensromantisch. Wie dumm man ist, wenn man denkt, man macht jetzt das Gegenteil von dem, was die Eltern wollen. Und am Ende macht man genau das, was die wollen, oder? Also, sag mal, was du meinst mit dem, dass ich so bin wie deine Mutter.

MARTIN: Also, ein Beispiel ist, dass ich gedacht habe, du bist total krass und hast keine Angst, oder du bist so stark und mutig, weil du so krasse Sachen machst. Und irgendwann habe ich gemerkt, du machst diese krassen Sachen nur, weil du total ängstlich bist und den Mut aufbringst, diese Angst zu überwinden. Diese Ängstlichkeit ist was, was meine Mutter zum Beispiel auch total hatte. Aber die ist jetzt nicht aus einer Generation gekommen, wo man dann so einfach den Mut aufbringen konnte und die Wahl hatte, das so zu machen, wie du das machst.

CHARLOTTE: Ja. Mir fällt auch noch eine Gemeinsamkeit ein mit deiner Mutter, nämlich, dass ich denke, man wird für Glück bestraft. Also was irgendwie sehr Alttestamentarisches, Christliches.

MARTIN: Ja, du bist eine totale Satanistin und Antichristin – denkst du immer. Aber du hast eigentlich unglaublich christliche Sachen in deinem Kopf, lustigerweise. Würde jetzt da draußen auch wieder keiner denken, dass das so ist. Aber weißt du, wenn man so verliebt ist, dann verschmilzt man. Und ich dachte wirklich, ich bin in deinem Kopf, ich kenne jeden Gedanken von dir, ich kann jeden Satz von dir eigentlich genauso auch sprechen. Und dann entscheidet man sich für eine Beziehung und kann eigentlich alles neu definieren und anders machen in dieser Paarbeziehung, als das andere vorher gemacht haben. Man denkt doch: Wir ziehen auf eine unbewohnte Insel, wir bauen die ganze Zivilisation neu auf ... Man macht alles einfach. Man denkt, man ist frei. Und irgendwann merkt man, wenn es Probleme gibt: Wir sind nicht frei, weil wir schon so viel mitnehmen, und weil wir entweder krankhaft das Gegenteil von dem machen wollen, was vielleicht Eltern oder Verwandte oder wer auch immer gemacht hat, oder weil wir das die ganze Zeit im Nacken haben und doch wieder genau das Gleiche machen.

CHARLOTTE: Dieses Wort »Symbiose«, das ist ja so ein Therapiewort, was wir so oft sagen, vor allem, wenn wir mit anderen Markussen und Barbaras reden, dass ich gar nicht mehr darüber nachdenke, was das eigentlich heißt. Ich habe »Symbiose« das erste Mal in der Schule gehört. Das ist so ein parasitäres Leben: Zwei unterschiedliche Tierarten sind aneinander gebunden und brauchen sich zum Leben. Weißt du, wie so ein großer Fisch, auf dem ganz viele kleine Fische leben. Das ist eigentlich Symbiose.

MARTIN: Okay, wer ist der Wirt, und wer ist der Parasit?

CHARLOTTE: Ganz klar, als wir zusammengekommen sind, warst du der Wirt und ich der Parasit. Weil ich so viel Hilfe brauchte. Ich sage jetzt einfach auch mal, dass du einen richtigen Helferkomplex hast deiner Frau gegenüber.

MARTIN: Ist Parasit ... Schreibt man das mit zwei A?

CHARLOTTE: Ja. Paardiologie, Paarasit. Und bei Menschen glaube ich, dass ganz viele am Anfang denken: Ah, wir lieben uns so. Aber das ist Symbiose. Du und ich, wir waren so symbiotisch, dass wir – was ja viele Liebespaare am Anfang haben – immer eine Meinung übernommen haben. Alle diese Sachen, wo jemand so platt Witze drüber macht: »Wir mögen diese Serie.« So, dass man ein Wir wird, eine Person. Und ich habe dann irgendwann gemerkt, dass das meine Liebe für dich erstickt. Das hat sich für mich so angefühlt, als wenn ich versuche zu grillen, und da sind so ein bisschen Glut und eine kleine Flamme, und dann schüttet man die ganze Packung Kohle noch drauf. So hat sich das dann irgendwann für mich angefühlt, wenn wir zusammen waren. Wenn du gesagt hast, du brauchst keine Freunde mehr und willst nichts mit anderen Leuten machen, dann habe ich gemerkt, ich kriege keine Luft mehr.

MARTIN: Ja, nein, also ich weiß, dass du irgendwann mal gesagt hast, du willst nicht mehr nach Hause kommen. Du bist dann immer weggegangen und weggeblieben und hast gesagt, du fühlst dich in unserem Zuhause nicht zu Hause, du fühlst dich von mir kontrolliert und beobachtet und eingepfercht, und du hast keine Lust, Leute mit nach Hause zu bringen, weil ich so aussehe, als ob ich das nicht will ... Dass ich dann davon schlechte Laune kriege. Das war ...

CHARLOTTE: Das war ja eine ... Ach so, ich habe dich unterbrochen, aber ich habe es gemerkt.

MARTIN: Ja. Ich habe da richtig lange für gebraucht, glaube ich, das zu akzeptieren. Weil ich so sentimental diesem Anfang hinterhergegangen habe und dieser Phase oder diesem Gefühl, dass wir wirklich die größte Liebesgeschichte des Jahrhunderts sind. Mit diesem Größenwahn und dieser Arroganz haben wir uns so genügt. Und du hast mir das Gefühl gegeben, ich bin absolut das Einzige und das Wichtigste. Das war mit großer Empathie und großer Überzeugungskraft, sodass ich das geglaubt habe, was ja auch ganz schön dumm ist in der Nachbetrachtung.

CHARLOTTE: Nein.

MARTIN: Und dann diese Phase, wo das nicht mehr so war und ich plötzlich gesehen habe: Du freundest dich mit jemandem an, und all das, was ich gesehen habe, als du dich in mich verliebt hast, gibst du jemand anderem. Das war richtig schmerzhaft, weil ich mich dann ausgeschlossen gefühlt habe. Ich habe gedacht, es gibt nicht mehr diese Exklusivität – und die war immer Teil der ganzen Definition. Habe ich am Anfang so gedacht.

CHARLOTTE: Was würdest du sagen, in deinem Gefühl und in deiner Erinnerung, wie lange war das von dem Punkt, wo ich gemerkt habe, wenn wir so weiter symbiotisch eine Person sind und alle Menschen ausschließen, gehen wir am Arsch, bis zu dem Punkt, dass du mich gehen lassen konntest, dass ich wieder machen darf mit anderen, was ich möchte? Also ich rede jetzt nicht von Fremdgehen und Sex mit anderen, sondern ich rede von mit einer Freundin zwei Tage in den Urlaub fahren.

MARTIN: Das klingt richtig schlimm jetzt. Da kriege ich ...

CHARLOTTE: Ja, es ist aber so gewesen.

MARTIN: Absolut.

CHARLOTTE: Weil wir so eng waren und so einen Deal hatten, alle auszuschließen, dass ich kaum wegkonnte. Und das hätte uns vernichtet, wenn ich dir nicht die ganze Zeit vor den Kopf gehauen und gesagt hätte: »Wir müssen damit aufhören.« Und dann war ich ja in Therapie und habe dich mitgeschleppt. Und auch die Doktor Amalfi hat versucht, dir beizubringen, dass du loslassen musst, damit du mich behalten kannst. Das war ein ganz kritischer Punkt. Aber nun schätze mal vom Gefühl her, wie lange das war von supersymbiotisch sein bis akzeptieren, dass ich abends mit Freunden ausgehen kann, ohne dass das ein Betrug an uns ist.

MARTIN: Also von dieser schrecklichen Phase der Beziehung in die Phase ... das war ein Prozess von bestimmt ein bis zwei Jahren. In dem Moment, wo ich das akzeptiert habe, warst du sofort ganz anders. Da war es sofort wieder gut und glücklich, weil du musstest nicht mehr weg, und

43

du hattest nicht das Gefühl, dass ich dir die Freiheit nicht gebe. Als du das Gefühl hattest, warst du auf einmal wieder viel mehr da.

CHARLOTTE: Ah ja, krass, ich hätte sogar drei gesagt. Also, einfach nur vom Gefühl. Ich führe ja kein Tagebuch, aber das war lange. Das ging ganz, ganz lange und ganz schwer, dass du ... Ich bin ja immer sehr hyper, ne? Hyper, wie nennt man das? Euphorisch?!

MARTIN: Euphorisch.

CHARLOTTE: Ich bin eine Euphorikerin. Wenn ich jemanden Neues kennenlerne, also auch eine Frau, die eine Freundin werden könnte, dann sage ich immer zu dir: »Die ist ganz schlau, und die ist richtig lustig.« Das ist meine Definition von: Diese Frau könnte meine Freundin werden.

MARTIN: Und ich wette, das hast du am Anfang auch über mich gesagt.

CHARLOTTE: Habe ich, ja! Bis wir alle Witze durchhatten. Und dann habe ich irgendwann ein Witzeschema entdeckt, und jetzt weiß ich, wie deine Gags funktionieren. Und dann lacht man nicht mehr.

MARTIN: Ja, das ist aber ein Riesenproblem, wenn man den Partner entschlüsselt. Dann wird es ganz schwierig. Ich habe neulich an einem Tisch gesessen mit einem alten portugiesischen Pärchen. Die waren über 50 Jahre verheiratet. Richtig alte Leute. Und die hatten einen krassen Effekt: In dem Moment, wenn die Frau angefangen hat, eine Geschichte zu erzählen – spätestens nach drei Wörtern –, hat der Mann auch angefangen, eine Geschichte zu erzählen. Also, die Frau hat eine Geschichte erzählt, ich wollte der zuhören, und weil der Mann diese Geschichte schon kannte und seiner Frau nicht mehr zuhören wollte, ging der sofort da rein, schnappte mich und erzählte mir auch eine Geschichte. Und ich drehte durch … So geht bei denen offenbar die ganze Kommunikation mittlerweile, weil die haben sich alles so auserzählt, dass sie es keine Sekunde aushalten, dass der andere reden darf.

CHARLOTTE: Würdest du sagen, dass er sich für die Frau schämt, weil die schlecht erzählt oder war die hohl oder …?

MARTIN: Nein, Langeweile.

CHARLOTTE: Ihm war langweilig? Ich glaube, der merkt das gar nicht mehr. Für den ist klar, wenn die spricht, dann muss er nicht zuhören. Als wenn da ein Radio im Zimmer läuft, und das hindert ihn überhaupt nicht daran, ein anderes Gespräch anzufangen. Aber da das Ganze an einem kleinen Tisch stattfindet, ist das kaum zu ertragen. Jedenfalls erinnert mich das, wenn du das so sagst, daran, dass du ja auch immer die anderen Paare filterst, mit denen wir uns treffen. Meistens entscheidest du dich, dass der Mann die Frau schlecht behandelt und dass man der Frau helfen muss. Wenn wir mit Barbaras und Markussens ausgehen, ist das eine Sache – eine der tollsten Sachen an dir –, dass du ganz schnell analysierst, warum der Mann ein Hurensohn ist zu seiner Frau. Und du lässt oft den ganzen Abend platzen, weil du dann sagst: »Wieso lässt du deine Frau nicht ausreden?« Oder: »Wieso vergleichst du den Körper deiner Frau mit einer anderen Frau? Dann fühlt sie sich schlecht.« Und dann eskaliert der ganze Abend, und wir gehen weg. Die sind dann natürlich nicht mehr unsere Freunde, aber ich denke: Ich habe den coolsten Mann der Welt. Und übrigens: Die Barbara, die du vor ihrem eigenen Markus in Schutz genommen hast, denkt auch, du bist der coolste Mann der Welt. Das wollte ich nur mal einschieben. Um auch mal wieder was Positives über dich zu sagen, weißt du?

MARTIN: Danke, ich kann dazu jetzt nichts sagen. Aber mir ist noch ein alter Schulfreund im Kopf. Der ist Psychiater, und der hat mir damals, als ich mit dem über uns gesprochen habe ...

CHARLOTTE: Immerhin hast du mal mit jemandem über uns gesprochen.

MARTIN: Ja. Da hat der den, finde ich, grandiosen Satz gesagt: »Martin, es ist eigentlich total egal, mit wem du zusammen bist.« Pünktchen, Pünktchen, Pünktchen. Und dann denkst du erst mal: Boah, das ist ja wohl der unromantischste, beschissenste Quatsch, den du je gehört hast. Aber jetzt weiß ich, was der damit meint: Es kommt viel mehr auf einen selbst an als auf den Partner. Also, wenn es darum geht, ob man eine Chance hat, ob man glücklich wird ... Weißt du, was ich meine?

CHARLOTTE: Ich weiß, was du meinst. Weißt du, warum? Weil ich glaube, dass meine Doktor Amalfi deinen Schulfreund-Psychologen kennt, weil die zu mir das Gleiche gesagt hat. Kann das sein, dass die alle aus den gleichen Büchern gelernt haben oder so? Aber die Theorie von Doktor Amalfi ist – also natürlich außer es passiert Gewalt, Alkoholismus, Schlagen, Vergewaltigung in der Beziehung –, es ist ziemlich egal, mit wem man zusammen ist, weil die meisten Probleme, die man an dem Partner abkaspert, die eigenen sind. Und wenn man immer wegen den eigenen Problemen von einem Partner weggeht und einen neuen sucht, fängt man wieder von vorne an. Man soll am besten bei einem bleiben, egal bei wem, und alles einmal durchkaspern. Entschuldigung, Martin, das klingt so assi.

Du weißt, wie oft ich dich fertiggemacht habe für Sachen, die mein Vater gemacht hat. Das waren die schlimmsten Streits, wenn ich so einen Übertragungsstreit gemacht habe. Dass ich dich angeschrien habe wie verrückt, aber ich meinte meinen Vater. Das hast du dir jahrelang angehört, bis du rausgefunden hast, dass ich dich gar nicht meine und du gar nichts falsch gemacht hast.

MARTIN: Kannst du dich erinnern, wie wir versucht haben zusammen zu kochen, am Anfang? Vielleicht sollte man alle Paare direkt mal zwei Wochen in ein Küchenstudio schicken. Ich glaube, dann hat man alles durch. Also, wir haben uns ja immer total gestritten. Wir kochen nicht mehr zusammen.

CHARLOTTE: Richtig, wir kochen nicht mehr zusammen, das geht nicht.

MARTIN: Manchmal sind es ja konkrete Streitpunkte. Ich habe so ein konkretes Bild, total banal: Du hast Kartoffeln geschält, und ich habe mir angeguckt, wie du Kartoffeln geschält hast, und bin komplett durchgedreht. Ich habe das nicht ertragen. Jetzt wird jeder sagen: »Hä, wie das? Es geht doch nur um Kartoffeln.«

CHARLOTTE: Willst du beschreiben, wie du Kartoffeln schälst und wie ich? Oder soll ich?

MARTIN: Nein, ich würde gerne erst einmal beschreiben, wie ich Kartoffeln schäle: Ich habe, wenn ich eine Kartoffel schäle, das Ziel, dass die Schale erstens so dünn wie möglich von der Kartoffel mit dem Messer abgeht und dass zweitens die komplette Schale an einem Stück bleibt. Ich nehme nicht so einen modernen Kartoffelschäler, sondern ein klassisches, schön scharfes Windmühlenmesser, und dann fange ich oben an und drehe das schön im Kreis,

Spirale, Spirale, Spirale, und dann habe ich am Ende die ganze Kartoffelschale an einem Stück. Und das kommt natürlich aus der Sparsamkeit und Armut meiner Familie, Vorfahren, Krieg und Bauern, bla, bla, bla. Da wurde jede Kartoffel geehrt, und die wurden selber angebaut, selber geerntet. Und natürlich hat man eine Kartoffelschale noch benutzt, die wurde an die Schweine verfüttert. Und dann hast du da gestanden ...

CHARLOTTE: Warte, ich muss kurz meinen Hintergrund erklären, wie ich Kartoffelschälen gelernt habe. Alle meine Verwandten sind immer besoffen, wenn die Kartoffeln schälen. Und alle meine Verwandten in England leben komplett auf Pump, die haben nichts abbezahlt. – Wie schälen solche Leute Kartoffeln?

MARTIN: Die legen die auf ein Schneidebrett, nehmen ein großes, stumpfes Messer und machen vier Schnitte: oben, unten, rechts und links, sodass ein rechteckiger Rest übrig bleibt. Also das meiste wird weggeschmissen.

CHARLOTTE: Im Prinzip schneiden wir eine Pommes aus einer Kartoffel.

MARTIN: So, und da clashen die Kulturen oder die Systeme aufeinander, und wir sind eben nicht auf dieser romantischen, unbewohnten Insel, von der ich eben gesprochen habe.

Podcast 3

CHARLOTTE: Jetzt bin ich der Körper, den du in- und auswendig kennst. Hat auch einen Wert, aber das ist so.

MARTIN: Sehr großen Wert.

CHARLOTTE: Großen Wert.

MARTIN: Sehr großen Wert.

CHARLOTTE: Sehr großen Wert.

MARTIN: Immer noch mehr denn je.

CHARLOTTE: Das ist das, was du mir nicht bieten kannst: Das eine ist, frisch verliebt zu sein, das kann man nicht reproduzieren – selbst wenn man wollte. Und das andere ist, ein neuer Körper zu sein, den man erkunden kann.

MARTIN: Ja, das stimmt. Gut, das kann ich nicht. Absolut. Und ich kann von mir aus sagen: Ich will das überhaupt nicht. Mich interessiert das null. Ich bin so pragmatisch, dass ich sage: Ich scheiß drauf, wieder verliebt zu sein. Es interessiert mich überhaupt nicht. Und ich will auch nicht erobern oder erkunden. All diese Dinge, die eben auch bei Sexualität eine Rolle spielen. Für dich ist das offenbar wichtig. Oder eine Fantasie.

CHARLOTTE: Und das Ziel ist ja trotzdem, dass man Sachen machen möchte, die uns nicht gefährden. Das will ich ja auch nicht. Ich habe keine Lust, mit dem Feuer zu spielen.

Dr. Amalfi

Verliebtsein ist ein wunderbarer Zustand. Verständlich, dass man diesen so lange wie möglich erleben möchte. Doch dieser Wunsch geht für niemanden in Erfüllung. Die Verliebtheit endet. Immer. Irgendwann verliert die »Droge« ihre Wirkung, das Leben normalisiert sich. Die Nähe wird plötzlich zu eng, man löst sich aus der zu festen Umarmung, um sich wieder mehr dem eigenen Leben zu widmen. Und das ist gut so! Ein Paar *muss* die Phase der Verliebtheit hinter sich lassen, soll die Liebe eine Zukunft haben.

Leider sehen Verliebte in dieser Entwicklung meist nichts Positives. Viele versuchen, die Veränderungen so lange es geht zu ignorieren. Verlustangst kommt auf. Jeder Wunsch des Partners nach mehr Eigenständigkeit wird als Zeichen mangelnder Liebe gesehen. Doch irgendwann muss sich das Paar eingestehen: Die Schmetterlinge sind ausgeflogen. Nun nehmen die Liebenden Seiten an sich wahr, die sie bislang nicht bemerkt haben. Eigenschaften, die sie anfangs ganz toll fanden, wirken jetzt auf einmal störend. Die gesellige, unterhaltsame Frau strapaziert die Nerven, der gute Zuhörer wirkt auf einmal langweilig. »Du hast dich verändert« ist ein Vorwurf, der in dieser Phase häufig auftaucht. Doch das stimmt nicht: Die Veränderung hat in der Phase der Verliebtheit stattgefunden: Damals zeigte man einander nur die Schokoladenseite. Nun, da die Verliebtheit nachlässt, sieht man die Partnerin, den Partner, wie sie oder er wirklich ist.

So irritierend diese Phase der Liebe auch sein mag, sie ist ein wichtiger Prozess. Jetzt erst nehmen die Verliebten einander wirklich wahr, mit allen ihren Ecken und Kanten; jetzt erst zeigt sich, ob die Liebe groß genug ist, um die Andersartigkeit des Partners, der Partnerin akzeptieren zu können. Paare, die diese Phase meistern, können zuversichtlich das gemeinsame Leben in Angriff nehmen.

Hochzeit

>What doesn't kill you,
makes you stronger.«

Dr. Amalfi

»Wir heiraten!« Ein Paar, das diese Entscheidung seinen Familien und Freunden mitteilt, erwartet freudige Zustimmung.
Die bekommt es meist auch. Doch so mancher kann sich eine
neugierige Frage nicht verkneifen: »*Warum* wollt ihr denn heiraten?« Antwortet das Paar dann leicht irritiert: »Äh, nun, weil
wir uns lieben«, ist die fragende Person damit meist noch nicht
zufrieden, sondern gibt zu bedenken: »Man muss doch nicht
mehr heiraten, nur weil man sich liebt.« Das ist richtig und
falsch zugleich. Anders als früher brauchen Liebende heute
nicht mehr den Segen von Staat oder Kirche, wenn sie zusammenleben wollen. Aber dennoch ist auch in modernen Zeiten
der Wunsch nach einer rechtlichen Legitimation mehr als nur
ein Vorwand, um dem schönsten Tag im Leben einen würdi-
gen Rahmen zu geben.

Wenn die erste Phase einer Partnerschaft, die Verliebtheit,
endet und im gemeinsamen Alltag zu einer realistischen Liebe
wird, haben Paare ihr Beziehungsschiff meist schon in sichere
Gewässer gesteuert. Das geht eine Zeit lang gut. Doch je länger das Paar zusammenlebt, desto häufiger kommt es zu Irri-

tationen: Unerklärliche Unzufriedenheiten und Konflikte, die sich an Belanglosem entzünden, führen zu zweifelnden Fragen: Wie verbindlich ist eigentlich unsere Partnerschaft? Was ist sie wert, wenn sie jederzeit wieder aufgelöst werden kann? Haben wir überhaupt eine gemeinsame Zukunft? Und wenn ja, wie sieht die aus? Wollen wir Kinder haben? Bin tatsächlich ich gemeint? Bin ich dein Mann, deine Frau, oder sind wir nur Lebensabschnittspartner füreinander – so lange, bis jemand Besseres auftaucht? Offen ausgesprochen und diskutiert werden diese Fragen selten. Aber sie stehen im Raum und können eine Partnerschaft ernsthaft gefährden. Denn wenn es einem Paar an Verbindlichkeit fehlt, bekommt die Beziehung etwas Beliebiges. Das führt auf Dauer zu Entfremdungserscheinungen, mehr und mehr geht dann jeder seinen Weg. Unabhängig vom anderen.

Eine Möglichkeit, verbindlich Ja zueinander zu sagen, ist die Heirat. Ein Paar, das vor Zeugen »Ja, ich will« sagt, zeigt öffentlich und unmissverständlich: Wir haben uns ohne Wenn und Aber füreinander entschieden, wir lassen uns kein Hintertürchen offen, wir schaffen für unsere Beziehung ganz bewusst eine sichere Basis. Diese Verbindlichkeit gibt einem Paar einen sicheren Rahmen und eine gemeinsame Identität. Studien zeigen: Ein verheiratetes Paar hat ein anderes *standing*. Allein der Satz »Das ist meine Frau«, »Das ist mein Mann« vermittelt mehr Sicherheit als der Satz »Das ist meine Freundin/mein Partner/meine Lebensgefährtin«. Zudem wird die Eigenständigkeit des Paares, zum Beispiel von den Herkunftsfamilien, bereitwilliger akzeptiert. Und nicht nur das: Wenn es ernsthafte Konflikte gibt, trennen sich verheiratete Paare weniger schnell als unverheiratete.

Die verbindliche Entscheidung für eine bestimmte Frau,

einen bestimmten Mann ist ein Zeichen von Reife. Wer sich verbindlich zu einem geliebten Menschen bekennt, verabschiedet sich bewusst von einer Lebensphase des pubertierenden Ausprobierens (die übrigens nichts mit dem realen Alter zu tun haben muss). Er verzichtet auf Wahlmöglichkeiten und legt sich fest. Dass diese Festlegung in der heutigen Zeit nicht mehr zwangsläufig bedeutet »bis dass der Tod uns scheidet«, mindert die Ernsthaftigkeit des Bekenntnisses zum anderen nicht.

Natürlich muss man nicht unbedingt heiraten, um eine Beziehung auf verbindliche Basis zu stellen. Es gibt andere rituelle Handlungen, um eine starke Paaridentität aufzubauen. Ein Hochzeitsfest kann man auch ohne Standesamt und Kirche feiern. Hauptsache, die wichtige Botschaft wird gehört: Wir gehören zusammen. Definitiv!

Podcast 14

MARTIN: Offensichtlich kannte ich dich ja so wenig, dass ich fälschlicherweise gedacht habe, dass du zu cool für einen Heiratsantrag bist.

CHARLOTTE: Ich würde heute auch keinen mehr verlangen. Und ich würde, wenn überhaupt, selber einen machen, alles selber machen, auf was man wartet. Und nicht diese Passiv-Scheiße. Aber jetzt wirklich: Würdest du ...? Man sagt ja immer: Würdest du mich noch mal heiraten? Damit meint man ja: Würdest du mit mir zusammen sein wollen? Aber wir würden uns doch nicht heiraten. Also heiraten an sich ist doch richtig bescheuert. – Das ist wegen diesem Hochzeitsding. Das macht uns fertig. Diese Hochzeitskacke.

Podcast 14

CHARLOTTE: Wenn wir jetzt über die Hochzeit reden, krieg ich schon einen kompletten Schweißausbruch. Wo fangen wir an? Wo fängt deiner Meinung nach eine Hochzeit an?

MARTIN: Bei einer der wenigen guten Erinnerungen, die ich an die Hochzeit habe: nämlich beim Heiratsantrag.

CHARLOTTE: Ich würde noch ein mini bisschen davor anfangen.

MARTIN: Ja, dann. Fang mal an.

CHARLOTTE: Du und ich, wir waren noch nicht sehr lange zusammen und frisch verliebt. Die ersten paar Jahre ist man ja frisch verliebt, oder?

MARTIN: Im besten Falle ja.

CHARLOTTE: Und dann hast du zu mir gesagt: »Wir wollen ja heiraten.« Das war ja klar. Wir haben die ganze Zeit darüber geredet, dass wir logischerweise heiraten. Würde ich heute übrigens auch anders machen. Früher war mir das sehr, sehr wichtig, dich zu heiraten. Und dann hast du gesagt: »Charlotte, du bist ja zu cool, du willst doch mit Sicherheit nicht einen Verlobungsring und einen Antrag und dieses alles.« Und dann habe ich gesagt: »Doch. Schon.«

MARTIN: Da hatte ich dann schon keinen Bock mehr.

CHARLOTTE: Dann wusstest du: Du musst einen Antrag machen.

MARTIN: Für mich stand das außer Frage, dass wir heiraten. Dass ich dich heiraten möchte und du mich heiraten möchtest. Ich dachte, wir sind im Grunde längst über diesen Punkt hinaus, wo einer von uns formal diesen Antrag macht. Für mich gab es so ein klares Verständnis unter uns, dass wir heiraten wollen. Ich glaube, deswegen dachte ich, wir könnten diesen Part kippen. Und dann habe ich gemerkt, dass das keine gute Idee ist.

CHARLOTTE: Warum hast du mir einen Antrag in Belgien gemacht?

MARTIN: Es ist einer der romantischsten Orte, um einen Heiratsantrag zu machen. Das war ein Ferienhaus. Und, soll ich sagen, wie ich mich erinnere? Oder willst du sagen, wie du dich erinnerst?

CHARLOTTE: Dann erzähl.

MARTIN: Wir haben zusammen am Esszimmertisch in einem Ferienhaus gesessen, und ich habe Kartoffeln geschält. Und unser Freund Markus stand in der Küche. Es war helllichter Tag, und ich habe dich aus heiterem Himmel, beim Kartoffelschälen, gefragt, ob du mich heiraten willst. Dann hast du in das Kartoffelwasser geweint.

CHARLOTTE: Das habe ich schon wieder komplett vergessen. Krass.

MARTIN: Danach waren wir in einer Stadt, in Brüssel.

CHARLOTTE: Und haben Verlobungsringe gesucht. Wir wollten alte, die ähnlich aussehen oder die gleiche Form haben oder den gleichen Stein. Also, dass man das nicht machen lässt, sondern finden muss. Und dann haben wir rumgesucht in komischen Antiquitätengeschäften und haben, ich weiß auch nicht mehr, warum, zwei Ringe gefunden. Einer war mit so einem abgerundeten Rechteck, einem Stein. Und der andere war mit einem Stein in Wappenform, wie so ein Schild oben mit Zacken und unten gebogen. Das waren dunkelgrüne Steine, und da waren rote Punkte drin. Ich glaube, der Stein heißt Blut Christi [ein Heliotrop].

MARTIN: Zumindest hat das die Verkäuferin in diesem antiken Geschäft gesagt. Wir haben das nicht nachgeforscht.

CHARLOTTE: Die Frau im Geschäft hat erzählt, dass das Blut von Jesus Christus ist. Als der ans Kreuz genagelt war, ist das da runtergelaufen und in die Steine gesickert.

MARTIN: Ich weiß, so macht man Verkaufsschlager.

CHARLOTTE: Aber sich diese traurige Geschichte anhören und sagen: »Das holen wir uns als Verlobungsring.« – Sind wir eigentlich bescheuert?

MARTIN: Nein, Moment. Beide Ringe passten zusammen. Und dann geschah das eigentliche Wunder. Blutwunder kann man hier schon sagen. Beide Ringe passten uns perfekt. Wir mussten die weder anpassen noch irgendetwas, wir mussten gar nichts machen. Wir haben die auf unsere Finger gesteckt und die passten. Wir waren gerührt und die Frau war auch gerührt. Und ich habe gesagt: »Jetzt verloben wir uns hier auf der Stelle.« Und dann ist die in die Küche gelaufen, hat ihre Kollegin geholt, hat eine Flasche Champagner aufgemacht und hat mit uns und den anderen Kunden auf die Verlobung angestoßen.

CHARLOTTE: Weil wir niemanden kannten, war das auch cool. Das war ein Verlobungsfest mit uns unbekannten Leuten. Das ist auch schön, das macht es leichter. Weil das so eine Zufallsgemeinschaft war.

MARTIN: Das war so ein magischer Moment. Das war, das kann ich schon jetzt sagen, der beste Moment in der ganzen noch kommenden Geschichte. Aber dass du den Heiratsantrag vergessen hast ...

CHARLOTTE: Ich dachte, der Heiratsantrag wäre in Brüssel gewesen, wo wir die Ringe gekauft haben. Ich habe das andere gar nicht so abgespeichert. Aber jetzt, wo du das sagst, fällt es mir auch wieder ein. Ist ja auch lange her, Martin. Ist gar nicht schlimm.

MARTIN: Und du hast eben gesagt, dass wir in den ersten Jahren noch frisch verliebt waren. Ich glaube, das war innerhalb des ersten Jahres, dass ich dir den Antrag gemacht habe. Nur gab es dann eine Menge Gründe, warum wir erst viel später geheiratet haben.

CHARLOTTE: Ja.

MARTIN: Ein Grund war, dass ich ja noch verheiratet war.

CHARLOTTE: Und ich war sowieso schon komplett traumatisiert mit Hochzeiten, weil, bevor ich dich kennengelernt habe, eine andere Hochzeit stattfinden sollte – mit meinem damaligen Freund. Und auf dem Weg dahin ist meine Mutter verunglückt mit drei Brüdern im Auto. Meine drei Brüder sind gestorben, weswegen ich wirklich ein richtig starkes Trauma hatte, als ich dich kennengelernt habe. Und einfach auch Angst richtig vor neuen Hochzeiten. Diese erste Hochzeit hat damals natürlich nicht stattgefunden mit diesen ganzen Todesfällen. Was ich da gelernt hatte, war: Leute, die auf Hochzeiten fahren, sterben. Jedenfalls war ich vor unserer angesetzten Hochzeit so magersüchtig und krank, dass ich kurz davor war, in eine Klinik geschickt zu werden.

MARTIN: Du wolltest das zwar unbedingt, aber das war auch ein totaler Kraftakt. Und du hattest das Gefühl, dass du das Schicksal herausforderst. Ich weiß, dass du bis zur letzten Sekunde, bis zu dem Moment, wo dann irgendwann alle da waren, einfach immer nur mit dem Gedanken beschäftigt warst: Irgendwer kommt hier nicht an. Das ist auch der Grund, warum wir diese Kiste mit den Erinnerungen zur Hochzeit nicht ein einziges Mal ausgepackt haben. Die steht am weitesten entfernten Platz innerhalb unserer Wohnung. Ich weiß, was da drin ist: dein Hochzeitskleid, die ganzen Karten von Leuten, Fotos. Aber wir haben die nie wieder aufgemacht.

CHARLOTTE: *It's a lot.* Das kann man schon mal sagen.

MARTIN: Zwischen dem Heiratsantrag und der eigentlichen Hochzeit sind drei Jahre vergangen. Weil es in meiner Familie einen so schweren Krankheitsfall gab, dass wir da gar nicht heiraten konnten. Also, ich hätte gar nicht zu meiner Familie gehen können und sagen: »Ach, übrigens, wir heiraten in drei Monaten.«

CHARLOTTE: Das hat mich damals sehr gewundert, und wenn mir das jetzt wieder einfällt: Ich glaube, dass das für dich ganz normal war. Ist es etwas Christliches? Frage ich jetzt wirklich, ernsthaft.

MARTIN: Du meinst, dass das nicht zusammengeht?

CHARLOTTE: Ist es christlich, dass viele Menschen, wenn die jemanden Schwerkranken in der Familie hätten, dann auf gar keinen Fall zu einem positiven Familienfest gehen würden? Oder war das speziell deine Familie?

MARTIN: Auf jeden Fall spielt in dieser traditionellen christlichen oder katholischen Kultur der Tod eine unglaublich wichtige und entscheidende Rolle. In all den Häusern, in denen ich als Kind gewesen bin, hingen vor allem Bilder von toten Familienmitgliedern. Das ist eine ganz starke Erinnerung, dass immer alles vollhing mit diesen Trauerbildern. Und dann hörte das Ganze am Ende auch noch drei Monate nach der Hochzeit damit auf, dass sich einer der Gäste umgebracht hat. Und obwohl es keinen Zusammenhang gibt: Das rahmt unsere Hochzeit.

CHARLOTTE: Dein Hochzeitsring sollte so ein dicker, fetter

Männerring sein, wie den die Männer früher in den Sechzigern oder Siebzigern hatten, so ein fetter Elvis-Ring. Das habe ich mir gewünscht. Mein Kleid sollte aus so einer dicken Spitze sein, ein Minikleid wie von Twiggy. Ganz enge Ärmel und ein hochgeschlossener Kragen und dann eine kleine bordeauxrote Schleife. In einer A-Form, ein Kleid, was so unterm Po aufhört. So ein ganz steifes cremefarbenes Spitzenkleid mit einem im Sixties-Style mehrfach gelegten Schleier, der in einen antoupierten Hubbel am Hinterkopf – so einen Beehive – reingearbeitet wird und dann so absteht. Das habe ich mir gewünscht. Und du dazu im Holzanzug.

MARTIN: Ich hatte wirklich keine Idee. Deswegen kann ich dir überhaupt keinen Vorwurf machen. Ich hätte einfach einen völlig langweiligen schwarzen Anzug oder Smoking genommen, nicht? Deswegen hast du gesagt: »Nein. Das soll ja etwas Eigenes sein.« Aber ich glaube, du hast irgendwie gedacht, ich soll aussehen wie in einem Tarantino-Film.

CHARLOTTE: Ja.

MARTIN: So kommt mir das vor im Nachhinein. Das ist total absurd. Es ist etwas, das so gar nichts mit mir zu tun hat. Du warst sozusagen der Regisseur, und ich war der willige Schauspieler für dieses Spektakel.

CHARLOTTE: Ich glaube, dass es leider oft so ist, dass die Frauen viel genauere Vorstellungen haben und den Mann irgendwo reinquetschen. Vielen Männern bedeutet der ganze Schnickschnack nicht so viel. Die machen das dann einfach mit, weil die Frau so tut, als würde sie sterben, wenn nicht alle machen, was sie sagt. So ist das irgendwie oft bei Hochzeiten, finde ich.

MARTIN: Ja, ja. Ich glaube, dass einfach kein Mann als Kind schon die ganze Zeit seine Hochzeit spielt oder sie visualisiert oder sich vorstellt, wie die ist.

CHARLOTTE: Ich bin ja von englischen Eltern großgezogen worden. Und ein Buch, was ich in- und auswendig gekannt habe, war das Hochzeitsbuch. Es war im Penguin-Format, das ist quasi Pixi für Engländer. Ich meine das Hochzeitsbuch von Prinzessin Diana und Prinz Charles. Immer wieder dieses Gruppenbild und diese Blumenkinder, mit einem Körbchen und mit Blüten, und alle mussten ungefähr das Gleiche anhaben, abgewandelt die gleichen Materialien, die gleichen Farbtöne, das gleiche Blumenbouquet. Das haben wir dann nachgespielt.

MARTIN: Ich finde es ja immer noch komisch, dass es uns so wichtig war. Also nicht nur uns, sondern dass allen das Heiraten so wichtig ist. Wo man doch eigentlich das meiste, was damit zusammenhängt, gar nicht mehr vertritt und viel moderner und aufgeklärter ist in allen diesen Dingen. Und trotzdem ist diese Zeremonie oder dieser Schwur so wichtig. Als ob man sich das sonst nicht zutraut oder als ob man das irgendwie braucht, dass da von draußen so eine Versicherung drübergestülpt wird von Institutionen, die man tendenziell bescheuert findet. Die meiste Symbolik ist ja eher verbraucht.

CHARLOTTE: Kannst du dich noch an die Einlade-Policy erinnern?

MARTIN: Ich weiß jetzt nicht, was du damit meinst.

CHARLOTTE: Wir wollten ja viele Leute. Und dann überlegt man: Nimmt man Leute von der Arbeit? Freunde? Klar, Freunde. Nimmt man auch Freunde von früher?

MARTIN: Du meinst alte, so richtig alte Freunde? Schulfreunde? Oder meinst du ehemalige, mit denen man gar nicht mehr befreundet ist?

CHARLOTTE: Das zieht einfach Kreise. »Im kleinen Kreis« heißt nur die engsten Verwandten und die engsten, aktuellen Freunde. Aber wenn man eine große Hochzeit haben will, dann kann man Hinz und Kunz einladen. Muss man sogar, um auf die Zahl zu kommen. Weißt du? Um den Saal überhaupt vollzukriegen für die Stimmung.

MARTIN: Ja, und?

CHARLOTTE: Ich fand, dass wir sehr, sehr viele Leute eingeladen haben. Weil wir viel Platz hatten. Ich hatte da schon so große Probleme mit meiner Familie, dass wir ernsthaft überlegt hatten, ob ich die überhaupt dabeihaben will. Und dann haben wir die doch eingeladen. Die haben es gerade noch so geschafft.

MARTIN: Ich habe so einen Gedanken, warum das alles so schwer ist. Also, warum wir eigentlich nichts mehr damit zu tun haben wollen. Hochzeitstag ist mehr so eine Pflichtveranstaltung, oder? Das ist nicht der romantischste Tag in unserem Jahr, sondern ...

CHARLOTTE: Nein, aber wir sagen schon, wir sind gerne verheiratet und wollen weiter zusammenbleiben.

MARTIN: Ja, aber es gab auch Phasen, da hast du den Tag ...

CHARLOTTE: Komplett vergessen.

MARTIN: Richtig vergessen. Dann habe ich dich einmal auflaufen lassen und gemerkt, dass das so richtig doof ist, wenn man absichtlich den ganzen Tag wartet. Dann habe ich dir abends gratuliert, um dir ein schlechtes Gewissen zu machen.

CHARLOTTE: Jetzt zurück zur Hochzeit: Wir haben uns nämlich etwas ausgedacht, weil jeder schon ein Kind hatte.

61

Damit die sich nicht ausgeschlossen fühlen und immer wissen, dass die das Wichtigste sind in unserem Leben, haben wir beide so einen Zitrin. Das ist unser Ehe-Stein. Rechts und links in unseren beiden Ringen ist jeweils ein Zitrin für unseren Sohn und unsere Tochter.

MARTIN: Das gehört auch zu den richtig schönen Erinnerungen. Als sie mit vier oder fünf auf unserem Schoß saßen, am Ring rumgespielt und gesagt haben: »Guck mal. Das ist mein Stein.«

MARTIN: Aber insgesamt denke ich da nicht gern dran. An die ganze Hochzeit. Jetzt, wenn ich daran denke, fällt mir auch wieder auf, dass unsere zwei Trauzeugen uns komplett abhandengekommen sind. Die gibt es nicht mehr in unserem Leben. Trauzeugen sind ja eigentlich die engsten und besten Freunde. Wenn wir uns dieses Bild angucken würden, das typische Standesamtfoto: Ringe, Trauzeugen. Dann wäre das wie zwei Löcher in dem Foto.

CHARLOTTE: Willst du sagen, warum du deinen Trauzeugen nicht mehr hast, oder ist das doof?

MARTIN: Nein.

CHARLOTTE: Eigentlich ist das ein Thema, von dem ich denke, das geht jeden zweiten Menschen was an im Leben.

MARTIN: Das war mein bester Freund, und der hat aber leider noch einen anderen, besseren Freund gehabt. Ich habe das aber nie erkannt oder problematisiert, oder ich dachte sogar: Das ist auch mein guter Freund. Dass ich immer noch ganz viel an ihn denke, aber überhaupt nicht weiß, wo der ist oder ob der überhaupt noch ist ...

CHARLOTTE: Das war klassisch: Der wollte immer zu Besuch kommen und weiter mit dir trinken und so. Aber da hast du gemerkt, dass das nicht gut ist. Und dann hast du dich da immer weiter rausgezogen, und der wurde aggressiv, nicht? Und wenn du ihm gesagt hast, dass du vermutest, dass der alkoholkrank ist, dann ist der ganz wütend mit dir geworden und hat gesagt, du sollst die Fresse halten und ihn in Ruhe lassen.

MARTIN: Es ist in vielen Sachen der komplette Klassiker. Irgendwann hat die Frau mit mir Kontakt aufgenommen und Hilfe gesucht und mir erzählt, was da alles passiert bei denen zu Hause. Wie bodenlos und schlimm das ist. Und wie der alle verarscht und lügt. Das ganze Paket.

CHARLOTTE: Martin, wir haben noch nicht einmal angefangen, über die Hochzeit an sich zu sprechen.

MARTIN: Okay. Ich habe mir überhaupt nur zwei Mal im Leben die Seele aus dem Leib gekotzt. Die Nacht vor der Hochzeit war eine davon.

CHARLOTTE: Ja. Wie soll man das nicht persönlich nehmen, fragte ich mich als angehende Braut. Das kam aus dem Mund und aus der Nase geschossen. Und ich habe dich die ganze Zeit nur angeguckt und gedacht: Dieser Mann will mich nicht heiraten. Was sollte ich denn sonst denken? Ich habe nicht Psychologie studiert, aber wenn ein Mann sich die komplette Nacht vor der Hochzeit die Seele, die Innereien und alles aus dem Leib kotzt, dann muss man den doch vom Haken lassen. Ich sagte also: »Martin, sag einfach, dass du ... Dann sagen wir ab. Ist doch klar, dass du das nicht willst. Dir geht es schlecht. Alles in deinem Körper sagt dir: Heirate nicht diese Frau. Tu es nicht. Tu es einfach nicht.«

MARTIN: Ich habe das in keinen Zusammenhang gebracht. Ich habe, glaube ich, die Nacht auf dem Teppich im Flur verbracht. Stimmt's? Ich wollte Rücksicht nehmen. Ich habe gesagt: »Wenigstens du musst schlafen.«

CHARLOTTE: Ja. Aber ich konnte nicht schlafen. Du warst nass geschwitzt und hast gezittert, du hattest auch gar nichts an und lagst auf dem Badezimmerteppich. Das war nicht so gut.

MARTIN: Ich habe das Gefühl, dass wir jetzt sozusagen den Tragödienrahmen abgesteckt haben. Und nun kriege ich die Kurve nicht, aber ich habe die Hoffnung, dass wir dann den eigentlichen Tag vielleicht ein bisschen leichter ... ein bisschen lustiger hinkriegen.

Podcast 15

MARTIN: Wir stehen noch in der Pflicht, alle möchten doch jetzt endlich ...

CHARLOTTE: Weißt du gar nicht.

MARTIN: Den schönsten Tag in unserem Leben.

CHARLOTTE: Wo waren wir denn stehen geblieben letztes Mal?

MARTIN: Ich war liegen geblieben. Einmal im Flur auf dem Teppich und im Badezimmer auf dem Vorleger. Wahrscheinlich bin ich zwischen diesen beiden Positionen hin- und hergekrochen.

CHARLOTTE: Dadurch, dass wir beide nicht geschlafen haben und dass ich so unglaubliche Angst vor der Hochzeit hatte, dass es alles eine Riesenkatastrophe wird, hatten wir morgens beide die schlimmsten Kopfschmerzen. Ich weiß von der Psychologie her, dass der Körper einem bei Migräne sagen will: »Mach das nicht, was du gerade vorhast.« Das ist ein Zeichen. Damals hatten wir eine

Babysitterin, die uns geholfen hat, weil wir unsere Hochzeitssachen anziehen mussten. Die Kinder wurden dann in so einem Look verkleidet, den ich bestimmt habe: Der Junge hatte ein rot kariertes Hemd, eine bordeauxrote Schleife als Fliege am Hemd und eine Schiebermütze. Und das Mädchen hatte ein bordeauxrotes Kleidchen, so ein Blumenkinderkleid. Dann sind wir alle zusammen schick gemacht für die Hochzeit zum Friseur gefahren. Der hat extra früh aufgemacht, weil der mir diesen Priscilla-Presley-Schleier praktisch in die Kopfhaut einarbeiten musste, damit das den ganzen Tag hält, so wie es geplant ist.

MARTIN: Mit einer Heißklebepistole direkt auf die Kopfhaut.

CHARLOTTE: Und dann ging es los: ziemlich früh, erster Termin. In Altenberg, bei Bergisch Gladbach, wo die Heidi Klum herkommt. Da steht der Altenberger Dom, wo ich nicht drin heiraten darf, weil ich nicht getauft bin. Aber neben dem Altenberger Dom ist der Märchenwald und da haben wir abends gefeiert. Morgens Standesamt, mittags Essen in Altenberg mit einem kleineren Kreis, abends Märchenwald.

MARTIN: Und dann haben wir immer zwischendurch Aspirin reingeworfen, was den Magen auch nicht besser macht. Ich hatte das Auto direkt vor dem Friseur geparkt auf so einem schönen kleinen Parkplatz, dann sind wir wieder ins Auto eingestiegen, und ich bin einfach nach vorne rausgefahren ...

CHARLOTTE: Mit Schmackes, muss man sagen.

MARTIN: Wir hatten ja was vor, und in den zwei Stunden, wo wir beim Friseur waren, muss irgendjemand einen zwei Tonnen schweren Blumenkübel aus Beton direkt vor das Auto gestellt haben, weil ich beim vorwärts Rausfahren einfach in diesen Blumenkübel gedengelt bin.

CHARLOTTE: Das war ganz laut und ganz schlimm, und alle haben sich erschreckt. Dann sind wir nach Altenberg gefahren mit dem kaputten Auto. Spätestens da wussten wir: Es läuft einfach alles nicht so gut. In Altenberg war das Standesamt. Ich sage mal so: Standesbeamte kann man sich ja nicht aussuchen. Es gibt kein Casting vorher wie bei Prostituierten oder so, dass zehn reinkommen und sich vorstellen und man sucht dann eine aus, sondern *you stuck with* dem einen oder der einen. Wie ist deine Meinung zu der Standesbeamtin?

MARTIN: Ich fand die inhaltlich und von der Frisur top. Es ist eine der wenigen intakten schönen Erinnerungen an diesen Tag.

CHARLOTTE: Ich weiß, aber ich habe viel verdrängt: War die nicht unfassbar kitschig?

MARTIN: Guck mal, heiraten ist kitschig. Und ein Beehive ist kitschig. Und ein Brautstrauß ist kitschig.

CHARLOTTE: Okay, das ist einfach. Check, weiter. Danach gab es einen Sekt, und dann wurden wir beworfen mit Sachen, als wir aus dem Standesamt kamen. Und dann sind wir zu Fuß ...

MARTIN: Moment, darf ich kurz an dieser Stelle beim Bewerfen bleiben? Ich glaube, für dich war das Bewerfen schrecklich, weil du totale Angst um deine Frisur und deinen Beehive hattest und weil du dachtest: Entweder bleibt jetzt dieser ganze bescheuerte Reis in den Haaren hängen und ruiniert das Outfit oder noch schlimmer – es geht alles kaputt dadurch. Also, du fandest das gar nicht lustig.

CHARLOTTE: Ja, da mussten wir durch. Die Kopfschmerzen

waren immer noch unerträglich pochend. Wir waren beide hypermäßig lichtempfindlich. Und dann sind wir zu Fuß zu dem Restaurant gegangen, wo wir vorher irgendwann mal – wie das ein gutes Brautpaar macht – Probeessen gemacht hatten. Da hatten wir das Menü festgelegt. 40 Leute, mit den Verwandten aus England. Und dann kamen wir da an, und niemand hatte Frühstück, und alle waren aufgeregt, und alle hatten schon Sekt. Alle hatten wahnsinnigen Wasserdurst, und es kam kein Wasser. Aber es war ein feines Restaurant, keine Imbissbude. Der Chef, der mit uns das Probeessen gemacht hat, war nicht da. Das waren nur Auszubildende, die wie kopflose Hühner in der Gegend rumgelaufen sind.

MARTIN: Da sitzen 40 Leute, und wenn dann eine erstsemestrige Hotelfachangestellte das so macht, wie sie das gelernt hat, mit Block und spitzem Bleistift ... In Wirklichkeit sitzen alle da und schreien wie so in einer riesigen Sprechblase durch den ganzen Raum: »Wasser!« Ich weiß noch, du bist irgendwann in die Küche gestürmt und hast die angeschrien. Du hast gesagt, die sollen jetzt einfach ... Du hast mehrere Male »Fuck« gesagt.

CHARLOTTE: Ja, ich bin ausfallend geworden. Das weiß ich auch noch. Manche Sachen weiß ich noch ganz genau wie bei einer Filmsequenz in Zeitlupe: Wie ich in die Küche marschiert bin mit wehendem Schleier und hüpfendem Beehive und da rumgeschrien habe. Ich war am Ausrasten. Das war richtig schlimm.

MARTIN: Aber kleiner Ratgeber Hochzeit: Probeessen ist natürlich völlig für den Arsch, weil wenn du den Leuten vorher sagst, du machst ein Probeessen, dann geben sie sich natürlich totale Mühe. Weil die ja wissen, das ist jetzt nur ein Probeessen für zwei, aber danach – pling, pling, pling – kommen 200 Gäste.

CHARLOTTE: Probeessen ist ja nur, ob das Essen da lecker ist oder was man nehmen soll. Aber ob die klarkommen mit 40 durchgeknallten Engländern? Über deine Familie sage ich nichts, ich bashe nur meine eigene. Die kamen nicht klar. Das war von vorne bis hinten eine Katastrophe, weil man mit vorgehaltener Waffe in die Küche gehen musste für eine Flasche Wasser. Und so ging das das ganze Essen weiter: Manche haben gerade die Vorspeise gehabt, da hatten andere schon Nachtisch.

MARTIN: Manche haben den Nachtisch als Vorspeise gegessen.

CHARLOTTE: Ja, ich war am Explodieren. Ich war ganz schmallippig. Früher gab es ja keine Emojis, aber ich war, ohne dass es Emojis gab, das rote Wut-Emoji. Ich habe immer zu dir gesagt: »Unsere Hochzeit ist scheiße. Unsere Hochzeit, Martin.« Und alle waren so verkrampft, weil die wussten, die Braut fängt gleich an zu weinen, die Braut hat einen Nervenzusammenbruch.

MARTIN: Für uns war das ja auch am allerschlimmsten. Wenn ich mir vorstelle, ich käme als Gast zu so einer Hochzeit, dann wäre mir das total scheißegal. Als Gast bist du eigentlich entspannt, da kannst du drüber hinwegsehen, aber wir beide dachten, das muss perfekt sein, und wir sind dafür verantwortlich. Wir waren so unentspannt und unglücklich und gestresst, dabei sollte das ja eigentlich für uns schön sein. Aber es war einfach Explosion.

CHARLOTTE: Das Mittagessen war einfach eine Vollkatastrophe. Und dann gab es eine zeitliche Lücke, wo alle sich zurückziehen konnten. Wir hatten natürlich auch ein Zimmer da, wo man abends nach der Party schlafen sollte, und du hast dich ins Bett gelegt. Mir ist aufgefallen, dass ich mich mit dem Schleier und der Frisur nicht hinlegen kann. Und dann saß ich auf einem Stuhl. Du hast geschlafen, weil du tot warst vom Kotzen die Nacht davor. Ich habe die ganze Zeit nur an die Wand geguckt und habe gedacht: Das ist meine Hochzeit. Das ist meine Hochzeit. Ich kann es nicht fassen, ich kann es nicht fassen. Und ich dachte, ich werde verrückt vor Wut, weil es so schlecht läuft.

MARTIN: Aber davor, kannst du dich erinnern? Ich glaube, wir haben davor Lichtfotos gemacht, Fotos vor so einem grünen Wusch. Aber die Sonne knallte so. Der Fotograf hat die Sonne ja gerne hinter sich, oder? Deswegen haben wir in die Sonne geguckt, und wir kriegten die Augen gar nicht auf.

CHARLOTTE: Ja, der Markus, unser Freund, ist nebenberuflich Fotograf. Und der hat immer gesagt: »Ihr habt beide so Falten auf der Stirn und die Augen so zu. Könnt ihr nicht euer Gesicht entspannen?« Und wir konnten einfach nicht. Wir waren beide krank, verkatert, total lichtempfindlich wie Vampire. Dann hat der Hochzeitsfotograf das Shooting abgebrochen und hat einfach gesagt: »Das hat keinen Sinn.« Und wir haben keine Fotos mehr gemacht.

CHARLOTTE: Und was ich jetzt einfach noch mal sagen will, ist, dass ich das richtig unnötig fand, deinen komischen Schalke-Ausflug.

MARTIN: Moment jetzt. Willst du jetzt erst sagen, warum das unnötig ist? Oder darf ich erzählen?

CHARLOTTE: Mehr wollte ich gar nicht sagen. Du darfst erzählen.

MARTIN: Das Beste an dem gewählten Datum für diese Hochzeit war, dass am gleichen Tag Schalke gegen Bayern gespielt hat. Genau in dieser Zwischenzeit zwischen Standesamt, missratenem Mittagessen, missratenem Shooting, Charlotte kann sich nicht hinlegen und der Feier abends: In dieser Pause gab es das Fußballspiel. Da, wo wir gefeiert haben, hatten die kein Premiere. Damals hieß Sky noch Premiere, für die Jüngeren. Ich als alter Recherchekönig, der nichts dem Zufall überlässt, habe natürlich überall rumtelefoniert, und nur drei bis fünf Kilometer entfernt war eine Gaststätte. Da habe ich angerufen und habe das alles erklärt und gesagt: »Haben Sie Premiere? Können wir bei Ihnen nachmittags das Spiel gucken? Wir sind viele Leute, wir wollen nicht, dass da Konferenz läuft. Wir wollen dieses Spiel gucken. Können Sie das machen? Können wir kommen?« Und die Frau hat gesagt: »Natürlich, überhaupt kein Problem. Kommen Sie vorbei. Super hier.« Und da sind wir hingefahren mit einer Kolonne. Ich würde mal sagen Viertel nach drei, also 15 Minuten vor dem Anpfiff, waren wir da. Ich gehe da so rein und sage: »So, hier sind wir. Ich hatte ja angerufen. Wir wollen Bayern gegen Schalke gucken.« Und dann sagt sie: »Ja, wie?« Ich sage: »Ja jetzt, live. Ich habe doch bei Ihnen angerufen, dass wir bei Ihnen Fußball gucken.« Dann sagt sie: »Ach so. *Sportschau* heute Abend?« Die anderen trudelten alle so rein.

CHARLOTTE: Das war für dich doch das Schlimmste an der ganzen Hochzeit, oder, Martin? Das ist dein persönliches schlimmes ...

MARTIN: Sie parkten ein. Die kamen rein: Tödöö, töröö, töröö, freuten sich, und für mich brach eine weitere Welt in sich zusammen. Dann haben wir telefoniert, geguckt, weitergesucht und irgendwann sagte jemand: »Ey, hier, da. Zwei Dörfer weiter.« Und dann haben wir uns alle ins Auto gesetzt, sind dahin gefahren, waren natürlich zu spät. Wir haben dann einen Laden gefunden und ... Ich glaube, das waren die entspanntesten 90 Minuten an dem Tag, die ich hatte.

CHARLOTTE: Ja, da war ich auch nicht dabei.

MARTIN: Warum war das jetzt unnötig?

CHARLOTTE: Ich finde das einfach so ein bisschen unangenehm, dass man mit einer Gruppe wegfährt, um Fußball zu gucken. Und dann hat es natürlich noch nicht mal geklappt. Das ist ein doppelter Abfuck irgendwie. Na ja, egal. Dann kam ja der Abend. Ist davor noch was Schlimmes passiert? Irgendeine Scheiße, die ich vergessen habe, verdrängt?

MARTIN: Nein.

CHARLOTTE: Wir haben es durchgezogen. Ich habe während des Tages mehrmals gesagt: »Wir sagen den Abend ab.« Und dann: »Nee, das können wir nicht machen. Alle sind schon unterwegs.« Wie viele Leute, schätzt du, waren dann im Märchenwald eingeladen?

MARTIN: So irgendwas über 100 Leute waren das.

CHARLOTTE: Der Märchenwald ist ein riesiger, großer Raum, wo sonst belgische Waffeln serviert werden und Kuchen und Kakao, und drin sind Holzschnitzereien. Ist alles sehr altdeutsch mit Schneewittchen und den sieben Zwergen. Überall sind die so reingeschnitzt in das Holz von den Lampen und den Stühlen. Und draußen ist am Hang so ein Wald, wo man langgehen kann, und dann sind da aus den Sechzigerjahren so total kaputte Figuren, die sich zombiemäßig bewegen. Wenn du auf einen Knopf drückst, erzählen die *Rapunzel* oder so. Du kannst da in so kleine dunkle Häuser gucken, und drin ist dann der gestiefelte Kater oder weiß der Geier was. Alles ziemlich ranzig, oder?

MARTIN: Nee, ich überlege gerade: Die Sechziger sind, glaube ich, stark verjüngt. Das ist noch viel älter.

CHARLOTTE: Da drin gibt es eine Wasserorgel. Das ist keine Orgel, die mit Wasser spielt, und auch keine, wo Wassergeräusche rauskommen. Sondern jede Stunde ist da ein Wasserbecken mit Licht beleuchtet, und unten sind ganz viele Spritzdüsen in dem Wasserbecken, die können Wasserballett machen. Die spritzen hoch und drehen sich hin und her. Das ist dann so eine Art hochgespritztes Wasserkaleidoskopballett mit Wassertropfen, die angeleuchtet sind in Regenbogenfarben von dem Licht.

MARTIN: Genau, synchronisiert auf berühmte, meist klassische Musikstücke. So was Bombastisches. Die Musik kommt vom Band, aber dann sitzt oben jemand in der Kanzel und drückt im Rhythmus oder auch nicht im Rhythmus die Fontänen und die Figuren. Das ist im Grunde wie ein Feuerwerk ohne CO_2-Belastung.

CHARLOTTE: Die nehmen immer das gleiche Siffwasser. Das ist noch aus den Vierzigerjahren. Früher waren wir öfter mit den Kindern da, als die klein waren. Und das Essen war: Spargelröllchen, Braten, richtig deutsch. Märchenwald-deutsches Buffet.

MARTIN: Ja, weil du deinen englischen Verwandten, die alle dahin gekommen sind ...

CHARLOTTE: Zeigen wollte, was man in Deutschland schon lange nicht mehr isst. Wir standen vor der Tür und mussten jedem die Hand schütteln, was mich übrigens total an die Beerdigung erinnert gerade, die davor stattgefunden hat. Dieses pflichtmäßige Rumstehen und sagen: »Hallo, herzlich willkommen. Schön, dass du da bist«, ist genauso wie »Herzliches Beileid.« – »Danke.«

MARTIN: Dann kam die Rede. Aber die musst du erzählen.

CHARLOTTE: Also, ich habe als Braut meinen Vater gebeten, eine Rede zu halten. Ich möchte jetzt einfach sagen: Eine Sache, die ich gelernt habe, um eine horrormäßige Hochzeit auszuschließen, ist, niemanden eine Rede halten zu lassen und die vorher nicht zu kontrollieren. *Don't do it.*

MARTIN: Genau, fordere das Skript an, oder noch besser: Schreibe es selbst.

CHARLOTTE: Ja, oder lass keinen eine Rede halten. Halte selber eine Rede. Mein Vater ist aufgestanden, und man weiß ja, dass ich schon vorher mit jemandem zusammen war und meine Tochter mit dem hatte und den für dich verlassen habe. Mein Vater wurde damals auch verlassen von meiner Mutter, als ich klein war. Ungefähr gleiches Alter. Er ist also aufgestanden und hat eine Rede angefangen über meinen Ex-Mann, der auch anwesend war mit seiner neuen Freundin. Ich dachte: Oh Gott, wie lange geht das jetzt? Und habe ihn angeguckt und dann rumgeguckt, weil ich selber auch aufgeregt war und dachte, vielleicht sind meine Gefühle *weird*. Da fingen schon diese mitleidigen Blicke an von allen. Ich dachte: Oh mein Gott, bitte lieber Gott, nein. Mein Vater hat einfach nicht aufgehört, über meinen Ex zu reden. Wie gut er das macht und wie schrecklich das ist, wenn man verlassen wird mit Kindern, und dass das sehr, sehr wichtig ist, dass die Frau, die mit dem Kind weggeht, dem Vater das Kind nicht wegnimmt. Er meinte natürlich sich selber.

MARTIN: Dazu hat er noch deinen beruflichen Wikipedia-Eintrag referiert, weil er wahrscheinlich der Meinung war, dass nicht alle, die da sind, wissen, wer du bist.

CHARLOTTE: Dann habe ich gedacht: Oh Gott, ey, das ist doch der Brautvater. Ich raste aus. Es war so still, und ich hatte das Gefühl, Leute fangen an zu weinen. So schlimm war das.

MARTIN: Ich habe gedacht, nachdem er 20 Minuten über deinen Ex geredet hat und dann 20 Minuten über dich, vielleicht redet er noch zehn Minuten über mich.

CHARLOTTE: Nee, da kam nichts.

MARTIN: Die Manuskriptseite ist ihm runtergefallen. Die hat er übersprungen.

CHARLOTTE: Das war eine Rede. Du kamst einfach nicht vor, weil er dagegen war, dass wir heiraten. Das hat er sehr stark zum Ausdruck gebracht. Man denkt: Okay, Danke schön. Kein Kontakt mehr zum Vater nach dieser Rede. Tschüss, auf Nimmerwiedersehen.

MARTIN: Ich wollte gerade sagen, dass wir ein total funky DJ-Pärchen eingeladen haben. Aber nicht so Hochzeits-DJs, sondern richtig coole.

CHARLOTTE: Die waren cool und edgy.

MARTIN: Alphonso, der nicht so heißt, kam an, hatte ein trockenes, supergeiles Las-Vegas-Outfit. Rüschenhemd. Der ging zielstrebig sofort zur Bar, knallte sich richtig zu, und der Kollege musste aufbauen. Dann fingen die an, schon mal so ein bisschen intromäßige Musik zu machen, und der Alphonso ging als Allererster auf die Tanzfläche. Der tanzte in seinem geilen Las-Vegas-Outfit ganz entgrenzt, geil entspannt, während sein Kollege die Musik auflegte. Und ich dachte so: Moment mal, das geht doch irgendwie anders. Das ist doch gegen die Ordnung. Das Brautpaar muss den Tanz eröffnen. War dem egal, der war schon voll am Abschwofen. Spätestens nach einer Stunde ist er in die Plattenteller gefallen.

CHARLOTTE: Der ist rückwärts in sein eigenes DJ-Pult gefallen, und dann war alles auf Stopp. Sein Kollege war ultra-aggressiv auf den und hat den angeschrien und rumgeschubst, sodass das fast eine DJ-Schlägerei war. Wir hatten vorher Walzer gelernt und haben den Tanz eröffnet. Ich hatte so die Schnauze voll, mir ging die ganze Familie so auf den Sack, dass ich dann Bier getrunken und solo getanzt habe, damit keiner mit mir reden kann. Mir war das zu viel, weißt du, wie wenn man mit sechs Jahren denkt: Scheiße, hier sind so viele Kinder auf dem Kindergeburtstag. Die wollen alle was von mir. Und dann versteckt man sich unter der Spüle, weil man nicht mehr kann. So habe ich mich gefühlt. Der Druck war so immens, dass ich beschlossen habe: Das Beste für mich ist jetzt einfach Biertrinken, eins nach dem anderen. Und ich dachte: Das ist perfekt. Das schafft so einen Abstand, dass keiner mit mir redet und ich nichts mit meiner Familie reden muss und keiner was zu mir sagen kann über diese schlimme Rede meines Vaters. So, habe ich gedacht, rette ich mich über den Abend.

MARTIN: Hat funktioniert, bis deine kleine Schwester heulend vom Klo kam.

CHARLOTTE: Da war die Sache am Eskalieren, weil natürlich auf einer Hochzeit sehr viele sehr viel trinken. Alles ist umsonst, und für viele ist das sehr toll, dass alles umsonst ist, und dann bechern die für den ganzen Monat. Ja, darf man denn sagen, aus welchem Bereich der junge

Mann kam? Nee, lieber nicht. Also, ein lieber Freund der Familie ...

MARTIN: Unser lieber Freund Markus.

CHARLOTTE: Meine Schwester kam vom Damenklo im Märchenwald und erzählte, dass sie auf der Toilette saß und ein Mann – wie bei einer Autowerkstatt, wo man rücklings auf einem Hund liegt und sich mit den Händen zieht – unter den Schlitzen von der Klotür mit dem Kopf durchgeschaut hat zu ihr in die Toilette. Ich so: »Wie bitte?« Dann bin ich zu Martin gegangen und habe gesagt: »Martin, dein Freund Markus hängt offensichtlich auf dem Klo rum und schreit da so Sachen. Der hängt auf dem Frauenklo und belästigt die weiblichen Gäste auf meiner Hochzeit.« Dann hast du dir den geschnappt und den rausgeschmissen.

MARTIN: Ja, das war sehr unangenehm. Der hatte sogar seine Freundin mit.

CHARLOTTE: Oh Gott.

MARTIN: Er hat sich komplett weggeschossen. Der ist überhaupt nicht so ein Typ. Ich will das aber nicht verharmlosen, wobei das Bild natürlich auch was unfassbar Komisches hat: wie in einer Autowerkstatt.

CHARLOTTE: Wir haben richtig reagiert.

MARTIN: In einem Film wäre das ein absolutes visuelles Highlight, diese Aktion.

CHARLOTTE: Ein visuelles Highlight fällt mir noch ein, aber dann fällt mir nichts mehr ein von diesem Katastrophentag: die Begleitung von meiner Stylistin. Das war was Schönes eigentlich.

MARTIN: Das ist im Nachhinein das Schönste und Göttlichste und auch Wassergeistigste überhaupt. Du hast ja erzählt, dass diese Wasserorgel spielte. Wir konnten uns wünschen, wann. Um ein Uhr nachts wollten alle gerne noch mal diese Wasserorgel sehen, so besoffen und so kindlich schön. Deshalb bin ich zu dem Chef von dem Laden und habe den inständig bekniet, damit er noch mal in die Kanzel steigt und die Show macht. Er hat sich dazu breitschlagen lassen, und dann geht das Licht aus, und es kommt wieder so eine krasse klassische Musik. Der Vorhang geht auf, die Fontänen legen los, und plötzlich kommt von links hinter dem Vorhang ein junger Mann tanzend durch diesen Wasserpool und fängt an zu strippen.

CHARLOTTE: Und alle: »Wer ist das?« Natürlich haben alle gedacht, wir haben den gebucht. Das war aber einfach der Partner von meiner lieben Stylistin Barbara, der sich berufen gefühlt hat, ohne jeden Auftrag und ohne Geld dafür zu bekommen.

MARTIN: Und ohne uns zu fragen.

CHARLOTTE: Der hat komplett blankgezogen.

MARTIN: Ich hatte den vorher noch nie gesehen. Ich habe den auch danach nie wieder gesehen. Das hat die Wasserorgel in den 130 Jahren ihres Bestehens noch nicht erlebt. Das finde ich jetzt schön, in dem Moment fand ich es nicht. Da war ich total gestresst, weil ich dachte, jetzt gibt es Ärger und achtzigjährige Frauen fallen in Ohnmacht, oder der Chef von dem Laden macht einfach den Strom aus und schmeißt uns alle raus. Ich konnte das also leider nicht so genießen, wie ich das jetzt genießen würde. Wenn wir noch mal heiraten, vielleicht sollten wir einfach niemanden einladen, nur diesen jungen Mann ...

CHARLOTTE: Das fühlt sich richtig befreiend an, dass es jetzt endlich mal erzählt ist und alle wissen, was man so alles aushalten kann als Paar. Was man durchstehen kann: *What doesn't kill you, makes you stronger.* Das gilt auch für Hochzeiten.

MARTIN: Es gab noch einen ganz schönen, einen richtig schönen Moment morgens um fünf, halb sechs, als dann endlich Feierabend war. Wir hätten eigentlich zu Fuß in unser Zimmer gehen müssen – ein paar Hundert Meter. Ich glaube, wir haben einen so bedauernswerten Eindruck gemacht, dass die Chefin von dem Laden einfach gesagt hat: »Kommt, ich fahre euch.« Das fand ich so eine nette Geste.

CHARLOTTE: Würdest du jemals wieder in den Märchenwald gehen? Wir waren seitdem natürlich nie wieder da. Ist ja klar.

MARTIN: Ja, machen wir. Gehen wir mal hin. Man muss diese Dämonen verjagen.

Podcast 14

MARTIN: Übrigens: Wir hatten ja wirklich gestern Hochzeitstag.

CHARLOTTE: Ich weiß. Das musst du mir nicht sagen.

MARTIN: Das Gute ist ja, dass niemand weiß, wann wir aufzeichnen. Sondern nur, wann ausgestrahlt wird. Also weiß jetzt niemand, wann wir Hochzeitstag haben.

CHARLOTTE: Ist doch auch egal. Was ist denn daran schlimm, wenn jemand weiß, wann wir Hochzeitstag haben? Kannst du dann gehackt werden oder was?

MARTIN: Nein. Dann gibt es zum Beispiel auf einmal Glückwünsche.

CHARLOTTE: Um Gottes willen.

MARTIN: Eben.

CHARLOTTE: Ja.

MARTIN: Macht man doch nicht. Gratulierst du Leuten zum Hochzeitstag?

Dr. Amalfi

Noch vor gar nicht so langer Zeit galt es als verpönt, die Liebe mit einer Hochzeit zu krönen. Heiraten galt als erzkonservativ und war von daher für ein aufgeklärtes, emanzipiertes Paar undenkbar. Wer sich trotzdem den Segen des Staates und den der Kirche wünschte, ließ sich oft heimlich trauen – ohne Freunde und Familie zu informieren und mit Trauzeugen von der Straße. Diese Zeiten sind längt vorbei. Ob standesamtliche oder kirchliche Trauung – heiraten ist heute wieder gesellschaftsfähig. Und das Ereignis soll groß gefeiert werden. Eine Hochzeit darf in den Augen vieler Menschen alles sein, nur nicht gewöhnlich oder durchschnittlich. Und schon gar nicht langweilig. Koste es, was es wolle. Vor möglichst vielen Zeugen soll das Liebesglück gefeiert werden. Das ist einerseits gut so. Denn mit der Hochzeit und den sich daran anschließenden Festivitäten inszeniert das Brautpaar eine gemeinsame Erinnerung, die für den weiteren gemeinsamen Lebensweg wichtig ist. Aber dadurch ist der »schönste Tag im Leben« meist mit viel zu hohen Erwartungen überfrachtet. In vielen Fällen hält er nicht, was das Liebespaar sich von ihm erhofft. Enttäuschungen sind fast immer vorprogrammiert, denn kaum etwas unterliegt völlig unserer Kontrolle. Auch nicht ein noch so perfekt geplanter Hochzeitstag. Und auf Perfektion kommt es auch gar nicht an. Wichtig ist vielmehr etwas anderes. Eine Hochzeit ist ein Ritual – und Rituale sind sinnstiftend, schaffen Ordnung und geben Sicherheit.

Ein Hochzeitsfest bleibt dem Paar im Gedächtnis. Und nicht nur das: Durch die jährliche Erinnerung an das Ritual – am Hochzeitstag – bekräftigt das Paar die Entscheidung, die es füreinander getroffen hat. Manchmal, zum Beispiel nach überstandenen Krisen, reicht das vielleicht nicht aus. Dann kann es sinnvoll sein, das Verbindlichkeitsversprechen durch ein erneutes Ritual zu bekräftigen.

Liebe

> »Es kommt viel mehr auf einen
> selbst an als auf den Partner.«

Dr. Amalfi

Was ist Liebe? Wenn man diese Frage versucht zu beantworten, dann denkt man wohl automatisch an die romantische Liebe. Sie ist einem vertraut. Aus Romanen, Filmen, Lovesongs. Man kennt diese Liebe und hält sie für eine Himmelsmacht. Wenn zwei Menschen einander nur innig lieben, ist alles in Ordnung. Dann kann einem nichts und niemand etwas anhaben. Liebe macht glücklich.

So denken viele Paare und glauben, dass intensive Gefühle der Stützpfeiler ihres gemeinsamen Lebens sind. Natürlich: Liebesgefühle sind ein wichtiger Wert in Partnerschaften. Aber sie werden im Allgemeinen überschätzt. Könnte man die Liebe selbst nach ihrem Glückspotenzial fragen, würde sie wahrscheinlich empört abwinken und sagen: »Es ist nicht meine Aufgabe, Glück zu bringen. Diese Erwartung ist völlig unrealistisch.« Eine Aussage, der man instinktiv widersprechen möchte. Zeigt nicht die eigene Erfahrung, dass Liebe glücklich machen kann? Das stimmt – für Momente. Auf Dauer aber sollte man das Glück der Beziehung nicht von der Liebe abhängig machen.

Gefühle allein sind kein stabiles Fundament für eine Partnerschaft, denn sie haben einen großen Nachteil: Sie sind starken Schwankungen unterworfen, sie können sich verändern. Kein Gefühl bleibt konstant, auch das Gefühl der Liebe nicht. Gefühle sind etwas Momenthaftes, sie tauchen auf, werden stärker oder schwächer oder verschwinden ganz. Das heißt: Liebe lässt sich nicht unverändert über die Zeit retten. Die große Liebe ist nur für den Augenblick geschaffen.

Liebende, die sich dessen bewusst sind, verwechseln ihre Beziehung nicht mit einer Hollywoodromanze und sind in der Regel sehr zufrieden mit ihrer Zweisamkeit. Paare, die allein auf ihre Gefühle füreinander vertrauen, sind dagegen besonders trennungsanfällig. Schon vor über 400 Jahren schrieb der französische Philosoph Montaigne: »Ich habe beobachtet, dass eigentlich nur solche Ehen in die Brüche gehen, die wegen der Schönheit und aus Liebessehnsucht zustande gekommen sind. Die Ehe braucht festere und dauerhaftere Grundlagen.« Doch welche können das sein? Wenn die romantische Liebe nicht ausreicht, welche Liebe zwischen einem Paar kann es denn dann geben?

Einen Hinweis gibt eine kleine Szene aus dem Western *Der Mann vom großen Fluss*. Darin wird der Farmer Charlie Anderson (gespielt von James Stewart) von einem jungen Mann um die Hand seiner Tochter gebeten. »Warum willst du sie heiraten?«, fragt ihn der Farmer. Und der Verliebte antwortet im Brustton der Überzeugung: »Weil ich sie liebe!« Daraufhin weist ihn der besorgte Vater zurecht: »Das reicht nicht. Hast du sie denn auch gern?«

Die romantische Liebe ist ein relativ neues Phänomen. Erst Ende des 19. Jahrhunderts kam die Idee auf, nicht mehr gesellschaftliche oder materielle Gründe als Voraussetzung für eine

Beziehung anzusehen, sondern Liebesgefühle. Es ging nun nicht mehr um Absicherung, sondern um die Suche nach einem seelenverwandten Menschen, der dem eigenen Leben Sinn verleiht. *Eros* nannten die antiken Griechen diese Liebesform. Aber *Eros* ist nur eine Spielart der Liebe. Daneben existieren noch viele andere. *Agápe* zum Beispiel, die selbstlose Liebe, *Ludus*, die spielerische, rein sexuelle Liebe, *Mania*, die besitzergreifende Liebe, oder *Pragma*, die vernünftige Liebe. Ja, und dann kannten die antiken Griechen noch *Storge* und *Philia*. Beide Liebesformen betonen Werte wie Kameradschaft, Nähe, Vertrauen – und Freundschaft. Der Farmer Anderson hatte sicher noch nichts von *Storge* oder *Philia* gehört, als er den jungen Mann fragte: »Hast du sie denn auch gern?« Aber seine Lebensklugheit sagte ihm: Ohne Freundschaft hat keine Liebe Bestand.

Podcast 5

MARTIN: Wir machen das jetzt das fünfte Mal, und ich merke, das hat was Schönes. Seit wir nicht mehr in den Tanzkurs gehen, haben wir nichts mehr gemacht, was so eine regelmäßige Verabredung, so ein Treffen für uns ist. Einmal die Woche machen wir was zusammen. Beim Tanzen war das oft mit das Schönste.

CHARLOTTE: Ich habe gerade genau das Gleiche gedacht. Ich habe gerade im Bad die Dusche überschwemmt und hatte größten Stress, pünktlich in unserem Kabuff zu sein. Und ich habe dann so immer gerufen: »Ich schaff das nicht, ich schaff das nicht zu der verabredeten Zeit.« Und dann habe ich als Gag geschrien: »Hauptsache, wir haben gemeinsame Hobbys.« Und dann habe ich genau das Gleiche gedacht. Wir haben ja gar kein gemeinsames Hobby mehr.

Podcast 1

MARTIN: Sollen wir das Unsympathischste erzählen über uns, direkt in der ersten Folge?

CHARLOTTE: Oh Gott, ich weiß ja nicht, was jetzt kommt, keine Ahnung.

MARTIN: Das Abklatschen. Du kannst das erzählen.

CHARLOTTE: Warum ich? Ich habe gerade die ganze Zeit geredet. Du bist dran.

MARTIN: Aber wenn wir das jetzt erzählen, heißt das auch, dass wir das nie wieder machen.

CHARLOTTE: Nein, ich hänge daran. Ich gebe das nicht auf.

MARTIN: Also, nehmen wir mal an, Boris Becker trennt sich mal wieder von einer seiner Frauen oder Freundinnen.

CHARLOTTE: Darf man bei Boris Becker Boris Becker sagen?

MARTIN: Ja, das darf man. Das ist ja bekannt. Ich erzähle da kein Geheimnis.

CHARLOTTE: Das ist nichts Privates, ja.

MARTIN: Dann steht auf *Spiegel Online* oder *Zeit.de* oder *Watson* oder wie immer die alle heißen: *Ehe-Aus bei Boris Becker, getrennt*. Dann mache ich davon ein Foto, schicke dir das, und dann klatschen wir uns ab.

CHARLOTTE: Das klingt so schlimm, oh Gott. Wir sind Satane, oh nein, oh nein.

MARTIN: Dann haben wir quasi wieder jemanden überlebt. Haben wir so wenig Vertrauen in uns? Wir machen das ja sogar bei echten Leuten. Bei Boris Becker oder Johannes

B. Kerner kann man noch sagen, das ist Showbiz, das ist nicht schlimm, aber ...

CHARLOTTE: Ich muss eine Sache dazu sagen. Wir arbeiten nicht aktiv daran, dass Leute sich trennen, damit wir abklatschen können. Wir lassen einfach das Schicksal passieren. Freuen wir uns, dass es bei denen aus ist? Nein. Wir freuen uns, dass wir noch zusammen sind. Das ist wie so eine Timeline. Wie dieses Spiel, das du am liebsten gespielt hast im Phantasialand, als es das noch gab. Wo man so eine Kugel ins Loch schmeißt, und die Pferde rennen.

MARTIN: Kamelrennen oder Pferderennen.

CHARLOTTE: So wie die Timeline von Pferderennen betrachten wir die von Paaren. Alle laufen und laufen und wollen zusammenbleiben. Aber dann fällt der eine zurück, und dann fällt der andere zurück. Und man ist weiter vorne. So ist das ein bisschen. Wenn man so will: Wir werfen immer wieder diesen Ball ins Loch, damit unser Pferd weiterläuft.

MARTIN: Ich glaube, das ist so eine Art Selbstvergewisserung. Oder eigentlich ist das sogar magisches Denken. Dass wir denken, dass das bei uns nicht passieren könnte.

CHARLOTTE: Ich hoffe das total. Aber ich glaube nicht, dass wir wegen so was zusammenbleiben. Das ist so eine kleine ... Was ist es denn? Ein Spiel, eine kleine Tradition. Aber ein bisschen *wicked* ist es auch.

MARTIN: Das ist richtig ekelhaft. Alle, denen wir das bisher erzählt haben – und das sind nicht viele: Schweigen, richtig böses Gucken. Okay, das ist total unsympathisch.

Podcast 3

MARTIN: Wir sollen ja entweder eine Frage stellen oder was sagen, was einen total nervt. Ich habe es geschafft, beides zusammenzufassen. Ich möchte dich fragen, wann du endlich damit aufhörst, mir lustige Tiervideos auf deinem Handy zu zeigen. Weil du ja merkst und weißt, dass ich nie darüber lache.

CHARLOTTE: Ich freue mich so sehr über Dackelvideos, dass ich das einfach mit dir teilen will, und ich kann es nicht einsehen, dass du dir in den Kopf gesetzt hast, cool zu sein, und absichtlich dein Lachen unterdrückst.

MARTIN: Das passt einfach nicht zu meinem Bild von dir. Ich habe so ein tolles Bild von dir. Du hast für mich so einen super Humor. Du bist so krass. Du kannst so megatolle Gags machen. Und wenn du dann über so ein Hundevideo lachst und auch noch möchtest, dass ich mitlache, dann schäme ich mich.

CHARLOTTE: Ja, das merke ich. Du schämst dich, und ein bisschen verachtest du mich auch.

MARTIN: Da höre ich direkt auf, dich zu lieben. Und dann stelle ich mir vor, wie du den Puki trainierst und ich von Weitem zugucke. Das finde ich toll, und dann liebe ich dich wieder.

Podcast 6

MARTIN: Der Komiker Wiglaf Droste hat mal gesagt, die Beziehung ist am Arsch, wenn du mit deiner Freundin zusammenziehst und ein Sky-Abo abschließt. Auf heute übersetzt: Wenn du einen Fernseher in deinem Schlafzimmer hast und Netflix abonniert hast.

CHARLOTTE: Was heißt das jetzt? Ich frage mich, ehrlich gesagt, wie soll ich jemals Fernsehen gucken, wenn du diese Einstellung hast?

MARTIN: Getrennte Schlafzimmer.

CHARLOTTE: Habe ich übrigens früher wirklich gedacht, dass wir uns leider nachts räumlich trennen müssen. Weil du so geschnarcht hast früher. Das Schnarchen hat sofort aufgehört, als du aufgehört hast zu trinken. Es hing direkt zusammen. Das Gaumensegel wurde von dem Alkohol praktisch betäubt und wurde wackelig. Und ist dann hinten immer in die Luftröhre gefallen und hat dich apnoe gemacht. Jetzt schnarchst du nicht mehr, und wir können für immer zusammen in einem Bett liegen. Das ist romantisch.

MARTIN: Mit dem Fernseher.

CHARLOTTE: Das mit dem Ton ist echt ein Problem. Sagen wir, du willst lesen, und ich will Fernsehen gucken, dann müssen wir das mit diesen Bluetoothkopfhörern machen. Ich gucke ja nur so Sachen, wo Leute sich die ganze Zeit abschlachten und gegenseitig vergewaltigen wie die Wikinger und so. Das bleibt nicht lange leise.

MARTIN: Deswegen schläft man dann so schlecht ein.

CHARLOTTE: Du findest das dreckiges Einschlafen, wenn der Fernseher läuft, oder?

MARTIN: Ich möchte das nicht bewerten.

CHARLOTTE: Ich finde schon die Art, wie du das eingeführt hast, bewertend genug.

MARTIN: Wir könnten doch einen analogen Abend in der Woche einführen.

CHARLOTTE: Oh nein. Was ist denn analog? YouTube?

MARTIN: Kein Netflix. Kein Prime. Kein Skyticket.

CHARLOTTE: *Teletubbies* auch nicht.

MARTIN: Und kein Instagram.

CHARLOTTE: Oh nein. Würde denn ein Hörbuch gehen?

MARTIN: Hörbuch ist auch Berieselung.

CHARLOTTE: Okay.

Podcast 7

MARTIN: Was mich total nervt an dir, ist, wenn du durch drei Türen mit mir sprichst und ich keine Chance habe, das zu verstehen. Und wenn ich dann einen Strohhalm mitbringe, obwohl du Sport machen willst.

CHARLOTTE: Du hast nur gesagt, dass dich das, was gerade passiert ist, nervt. Und nicht gesagt: »Was mich an dir nervt, ist, dass du oft durch geschlossene Türen mit mir redest.«

MARTIN: Also jetzt fürs Protokoll, liebe CHARLOTTE …

CHARLOTTE: Sag nicht »lieb« in diesem Zusammenhang.

MARTIN: Okay. Das nervt mich richtig, das machen Leute, die lange zusammen sind. Das ist fast so, wie Sätze zu Ende bringen, die …

CHARLOTTE: Wo man nicht weiß, wie die zu Ende gehen.

MARTIN: Wenn ich nur eine Minisekunde Pause mache, bringst du diesen Satz zu Ende.

CHARLOTTE: Ja, ist ja gut. Aber das gerade war jetzt wirklich ein Witz. Extra.

MARTIN: Du weißt, das ist diese Ergänzungskrankheit oder wie das heißt.

CHARLOTTE: Das sind ja jetzt schon zwei Sachen, die du ansprichst. Was ist los mit dir?

MARTIN: Ich komme nicht zurecht mit diesem …

CHARLOTTE: Ich kann dir nicht sagen, dass ich nie wieder mit dir durch geschlossene Türen rede. Ich kann versuchen, das weniger zu machen, aber ...

MARTIN: Das ist jetzt richtig super, souverän und reif. Also dieses: »Ich kann dir das nicht versprechen, aber ich werde ...« Das ist wirklich gut, weil das ja so ist, dass man zu oft sagt: »Ich mache das nicht mehr.« Man macht das dann doch immer wieder, und dann ist der andere total enttäuscht und frustriert. Der sagt dann: »Du hast mir das versprochen.« Und dann wird das so groß. Aber wenn man sagt: »Ich versuche das ...«

Podcast 2

MARTIN: Bis nächste Woche.

CHARLOTTE: Bis nächste Woche. Ich liebe dich, Martin.

MARTIN: Danke, ich weiß. Kleiner Insider zwischen uns.

Podcast 3

CHARLOTTE: Als wir Tschüss gesagt haben letzte Woche, habe ich gesagt: »Ich liebe dich.« Und du hast gesagt: »Danke, ich weiß.« Das muss man erklären. Von wem haben wir das denn eigentlich gelernt? Ich glaube, dass Polly das im Buddhismus-Unterricht gelernt hat. Die kam mal nach Hause und hat gesagt: »Wir haben gelernt im Buddhismus-Unterricht, wenn einer zum anderen sagt ›Ich liebe dich‹, sollte das kein Zwang in einer Beziehung sein, zurücksagen zu müssen ›Ich liebe dich‹, sondern, dass das buddhistisch viel besser ist zu sagen: ›Danke‹.« Also das einfach anzunehmen als ein Kompliment oder als Liebesbeweis. Oder man könnte auch sagen: »Ich weiß.« Das heißt: Eigentlich musst du mir das nicht sagen, weil ich es weiß. Das alles wären bessere Antworten als »Ich liebe dich«.

MARTIN: In der Floskel »Danke, ich weiß« klingt das total abgefuckt und arrogant. »Du musst mir das nicht sagen, ich weiß das.« Aber ich glaube, das »Ich weiß« heißt in dem Falle: Wir haben die Gewissheit, dass wir uns lieben, und deswegen muss man es nicht sagen. Man muss es vor allen Dingen nicht erwidern.

CHARLOTTE: Wenn man einen Zwang hat, und der eine sagte: »Ich liebe dich«, und dann kommt nichts zurück, dann ist man automatisch *pissed*. Man wartet, und dann ist da so ein Vakuum.

Podcast 13

MARTIN: Aber guck mal, siehst du, wenn man sagt, es geht um Momente und Erinnerungen, die uns ausmachen, da haben wir doch schon einiges. Vielleicht wissen wir mittlerweile, dass wir – egal, wie tief das Wasser ist – eine gewisse Zeit später das erzählen und darüber lachen können. Wir finden immer den Stöpsel, wo das Wasser dann abläuft.

CHARLOTTE: Und darf ich dich noch was fragen?

MARTIN: Ja klar. Heute musst du ja, darfst du und musst du. Ist übrigens auch die 13. Folge, nur wegen deinem Aberglauben.

CHARLOTTE: Oh Gott! (Flüstern: *Oh my fucking god!*) Willst du mich noch mal heiraten?

MARTIN: Ich habe gerade im Kopf schon klar genickt und Ja gesagt. Das kannst du jetzt weder gesehen noch gehört haben, aber das war so. Also da gab es spontan ein klares Ja. Und dass ich das nicht gesagt habe, liegt nur daran, dass ich so voreingenommen bin zum Thema Heiraten, im Sinne von zweiter Heirat oder symbolischer Auffrischung. Ich komme nicht über die Bilder hinweg, die ich dazu im Kopf habe, weil die sind meistens mit Heidi Klum verbunden oder irgendwelchen anderen Promis, ich glaube Brad Pitt, Angelina Jolie, so was. Die dann immer irgendwie eine Zeremonie machen und sich so einen Blumenkranz umhängen oder sich von irgendeinem komischen inoffiziellen Mönch irgendeiner obskuren Sekte noch mal das Band der Ehe, bla, bla, bla. Diese Art der Show ist mir so unangenehm und zuwider, dass ich jetzt nachdenken muss, wie ich dich noch mal heiraten würde, was ich sofort unbedingt machen würde. Wie kann ich dich noch mal heiraten, ohne dass das so doof ist wie die Bilder, die ich dazu im Kopf habe?

CHARLOTTE: Also dieses Ganze mit dem Abklatschen und sich freuen, wenn man andere Paare überlebt, betrifft immer doppelt die Paare, die vorher ihr Ehegelübde erneuert haben, öffentlich, mit Riesenpartys und Boulevardpresse. Dass man denkt, hahaha, das habt ihr davon. Aber das müssen wir gerade sagen, ne?! Ich meine, wir machen *Paardiologie* über unsere Liebe und Beziehung. Wir können nicht sagen, Liebe vor Leuten hat nichts zu bedeuten. Das gilt nicht mehr.

MARTIN: Nein, das meine ich aber auch gar nicht.

CHARLOTTE: Aber warum muss das eine Institution sein oder ein Raum oder ein Mensch? Da muss ja noch nicht mal ein Mensch stehen und das machen. Wir können das ja machen.

MARTIN: Genau. Also, ich glaube, wenn du mich das fragst, geht es dir ja mehr um die Antwort als darum, das wirklich zu machen, oder?

CHARLOTTE: Nein.

MARTIN: Nein?

CHARLOTTE: Nein.

MARTIN: Ach so.

CHARLOTTE: Wenn du jetzt Ja sagst, dann machen wir das. Aber wir diskutieren nur das Wie – und dann treffen wir uns in der Mitte, so wie immer. Aber mir ist klar, ich will ein großes Fest, und du willst einfach, dass keine Sau dabei ist. Wenn überhaupt, dann die Kinder und der Hund, aber das ist schon viel.

MARTIN: Sage mir mal nicht, warum du das gefragt hast, sondern warum du das machen möchtest?

CHARLOTTE: Ich will das immer machen, und ich finde das richtig blöd, dass du einfach immer Nein sagst. Und immer so tust, als wäre ich Heidi Klum und du bist Seal. Deswegen können wir das nicht machen. Und ich so: »Häh, was ist das denn für eine Absage? Das kann ich leider nicht akzeptieren.«

MARTIN: Aber willst du das machen, weil du die Erinnerung an unsere Hochzeit damit quasi übermalen oder löschen willst?

CHARLOTTE: Zum Beispiel. Also, dass man was Schöneres hätte als das.

MARTIN: Oder willst du dich vergewissern, dass ...

CHARLOTTE: Wir sind in einer Krise. Mann, ist doch nicht schlimm. Wenn man es weiß, dann kann man ja auch rauskommen. Aber es ist ja kein Zufall, dass ich dich gerade heute danach frage. Weil das in die Zukunft gerichtet ist, auf die nächsten 30 Jahre. Als wären wir schon 30 Jahre zusammen. Noch mal so ein *fresh start*. Einander zu sagen: »Ich will das immer noch.« Dass man sich mit den Kindern zusammen und mit Puki sagt: »Ja.« Etwas Schönes anziehen und ein Ritual machen, um sich wiederzufinden.

MARTIN: Ja, klares Ja. Und klares Stirnrunzeln über das Wie. Das muss ja nicht nächste Woche sein, oder?

CHARLOTTE: Nein, nächstes Jahr oder so. Da können wir in Ruhe nachdenken, wie wir das haben wollen. Und übrigens, der Blumenkranz, das war nicht Angelina Jolie, das war Reese Witherspoon in *Big Little Lies*, die hatte einen Blumenkranz bei ihrem Ehe-Refreshment da. Ich schwöre, du musst keinen Blumenkranz aufhaben. Okay? Und auch nicht diesen Kackanzug, den du auf unserer Hochzeit anhattest.

MARTIN: Du hast den für mich ausgesucht.

CHARLOTTE: Ja, ich habe dich verkleidet.

MARTIN: Du hast mich verkleidest, wie du dachtest, dass ich für dich sein soll.

CHARLOTTE: Ich wollte, dass du aussiehst wie Johnny Cash in den Sechzigern.

MARTIN: Das war so ein Independent Designer. Du hast den Anzug ausgesucht, und ich habe den angefasst und komisch geguckt. Ich habe dann gefragt, ob der, wenn man ihn anzieht, ein bisschen weicher wird? Der Typ hat natürlich einfach gelogen und gesagt: »Ja klar.« Als ob die Körperwärme den steifen Stoff dann in einen wunderbar weichen, warmen, wallenden Stoff verwandelt, der sich um die Beine schmiegt. Dabei war der Anzug aus Sperrholz. Und die Schuhe, die hast du mir auch ausgesucht, die waren auch unfassbar unbequem. Ich habe beides danach nicht ein einziges Mal angehabt.

CHARLOTTE: Tut mir leid.

MARTIN: Können wir was Bequemes holen?

CHARLOTTE: Ja, auf jeden Fall.

MARTIN: Ich habe ein klares Ja formuliert und habe viele Fragen darüber, wie wir das machen. Ich suche keine Argumente dagegen. Du könntest mich auch fragen: »Martin, willst du mich noch mal heiraten?« Dann sage ich: »Ja.« Und dann sagst du: »Ja, ich aber nicht.«

CHARLOTTE: Eine Verarsche meinst du, eine Falle.

MARTIN: Ja, genau. So war es nicht gemeint.

Dr. Amalfi

In dem Moment, in dem man sich verliebt, macht man sich ein Bild vom anderen. Das ist völlig normal. Mit der Zeit aber merkt man, dass dieses Bild nicht mit der Realität übereinstimmt. Auch das ist normal. Wichtig ist, wie man mit dieser Erkenntnis umgeht. Verlangt man, dass der andere so bleiben muss, wie man ihn zu Beginn gesehen hat? Oder kann man ihn so akzeptieren, wie er ist?

Wenn man zur Akzeptanz in der Lage ist, dann hat man ein wichtiges Geheimnis wahrer Liebe und dauerhafter Beziehungen gelüftet. Akzeptanz bedeutet dabei nicht, dass man aus Enttäuschung über den anderen resigniert. Sie ist vielmehr ein Zeichen persönlicher Stärke. Wer den anderen so lieben kann, wie dieser wirklich ist, emanzipiert sich innerhalb der Beziehung. Er ist dann nicht mehr gefangen in der anklagenden Forderung »Du musst so sein, wie ich dich haben will«, sondern kann ertragen, dass die Partnerin, der Partner eine eigenständige Person mit Eigenschaften ist, die einem selbst nicht immer gefallen müssen. Wer sagen kann »So ist er!« oder »So ist sie!«, hofft nicht mehr länger, dass der andere dem Bild entspricht, das er sich einst von ihm oder ihr gemacht hat.

Paare, die sich um gegenseitige Akzeptanz bemühen, tolerieren beim anderen sogar Verhaltensweisen, die sie stören oder ärgern. Natürlich teilen sie ihre Haltung und ihre Gefühle dem anderen in Ich-Botschaften mit (»Ich fühle mich nicht wohl, wenn du bei anderen immer den Alleinunterhalter gibst!«), aber sie verurteilen und bewerten das Verhalten nicht (»Merkst du nicht, dass du dich mit deiner Besserwisserei vor anderen blamierst?«).

Eine Liebe ist dann eine wahre Liebe, wenn beide Partner einander sagen können: »Du bist anders, als ich dachte. Aber du bist in Ordnung, so wie du bist. So liebe ich dich. Und weil du so bist, wie du bist, würde ich dich heute erneut wählen.«

Leidenschaft und Sex

»Sexperiment heißt das dann.«

Dr. Amalfi

Das Alter spielt keine Rolle. Manchmal sind sie Anfang 30, manchmal über 50. Wenn Paare, die schon länger zusammen sind, in der Paartherapie über ihre Sexualität sprechen, offenbart sich oftmals eine große Lücke: Das Begehren hat sich schon seit vielen Jahren aus der Beziehung verabschiedet. Frauen schieben es manchmal auf Überforderung (»Soll ich nach einem langen Arbeitstag und der Belastung durch die Kinder noch eine leidenschaftliche Geliebte sein?«). Oder sie verweisen, wenn sie etwas älter sind, auf die Wechseljahre (»Der Körper verändert sich halt, der sexuelle Kontakt schmerzt, da habe ich dann keine Lust mehr«.) Die Partner dieser Frauen hätten durchaus noch Lust, aber sie haben sich mit der Situation arrangiert. Zufrieden damit sind beide nicht.

Die Sexualität ist wohl der Bereich einer Paarbeziehung, in dem es zu den größten Missverständnissen und zur größten Sprachlosigkeit kommt. Auch in unserer übersexualisierten Zeit wagen es viele Paare nicht, klar und deutlich über eigene Wünsche und Bedürfnisse zu reden. Eine Zeit lang versuchen sie es immer wieder miteinander, bringen vielleicht sogar neue Techniken, Sexspielzeug oder Reizwäsche ins Spiel. Meist ohne großen Erfolg. Irgendwann will sie nicht mehr so oft wie er. Irgendwann werden beide der Sexualität, besser: *dieser* Sexualität, überdrüssig. Irgendwann gleicht eine sexuelle Begegnung der anderen, irgendwann macht die Routine unachtsam. Wenn das geschieht, ist es mehr als verständlich, dass sexuelle Kontakte rar werden.

Gefragt, wie es denn um den Sex und die Leidenschaft zu Beginn der Beziehung bestellt war, sagen Paare meist: »Oh, da war alles noch sehr in Ordnung!« Aber stimmt das in jedem Fall? Zweifel sind angebracht. Über die wirkliche Zufriedenheit mit dem Sex sagt diese Phase nicht viel aus. Denn in der Anfangsphase einer Beziehung gibt es neben der Lust noch ein wichtiges anderes Motiv: Man will Bindung aufbauen und die Beziehung durch häufigen Sex stärken. Deshalb ist in der verrückten Verliebtheitsphase des Anfangs jeder sehr bemüht, es dem anderen recht zu machen, ist glücklich, dem anderen nahe zu sein, und wagt es nicht, die Intimität durch Kritik an der sexuellen Performance zu stören. Zu Beginn ist jeder bemüht, dass der andere ihn oder sie sexuell anziehend findet und als »gut im Bett« bewertet.

»Ältere« Paare haben diese Aufgabe hinter sich. Sie brauchen die Sexualität nicht unbedingt, um sich ihre Zugehörigkeit zu bestätigen. Sie haben sich schließlich füreinander entschieden. Wenn aber das Motiv des Anfangs – Bindung stärken – wegfällt, welches Motiv für Sexualität (außer Familiengründung) kann es dann noch geben? Genau dieses: Bindung stärken! Das Motiv veraltet nicht. Denn Bindung stellt sich ja nicht ein für alle Mal ein, sie muss ständig erneuert werden.

Man weiß inzwischen, dass ein erfülltes Sexualleben das Immunsystem stärkt und hilft, den Alltagsstress besser zu bewältigen. Die wichtigste »Nebenwirkung« jedoch ist, dass sich die Bindung eines Paares mit jedem sexuellen Kontakt intensiviert und verbessert. Das liegt nicht zuletzt an dem Hormon Oxytocin, das gemeinhin als »Bindungshormon« gilt. Sexuelle Befriedigung, Nähe und Zärtlichkeit sorgen für eine hohe Ausschüttung dieses Hormons und damit für eine Bindungsstärkung. Dabei kommt es nicht auf die Häufigkeit des Geschlechtsverkehrs, die Intensität des Orgasmus, den Einfallsreichtum sexueller Handlungen an. Wenn Beziehungen älter werden, reicht es völlig aus, sich sexuell nicht aus den Augen zu verlieren und sich einigermaßen regelmäßig zu einer »Bindungsstärkung« zu verabreden, die mehr als nur Routine ist.

Podcast 1

MARTIN: Wir sind ja verheiratet, wir sind ein Ehepaar. Und mir ist aufgefallen, dass Sex unter Eheleuten, Sex in der Ehe in Filmen oder Serien nicht vorkommt. Oder wenn, dann ist das total ekelhaft, *awkward* und unangenehm. Ich will jetzt um Gottes willen keine Sexprotzerei anfangen. Aber weißt du, was ich meine?

CHARLOTTE: Du meinst, wie das in der Popkultur dargestellt wird, als wäre das was Blödes.

MARTIN: Ja. Affäre heißt: total geiler One-Night-Stand. Zwei Leute knallen aufeinander, verstehen sich blind, wissen sofort, wie das geht. Explodieren, kommen gleichzeitig, keinem ist nichts peinlich, alles passt. Wahnsinn. Der geht runter an der Frau, der weiß sofort, was er zu tun hat. Sie findet das super. Wenn ich an die Darstellung von Sex in der Ehe denke, dann ist das entweder so: Sie verdreht total die Augen, ist ganz woanders. Oder er ist besoffen und gewalttätig, das ist dann eher eine Vergewaltigung. Oder sie holt ihm total lustlos, quasi mit Augenverdrehen, einen runter. Als Abpumpung. Und da wollte ich mal sagen – falls jemand zuhört, der Serien schreibt: »Schreibt doch mal was Positives!« Oder gucken wir die falschen Serien?

CHARLOTTE: Nein, ich glaube, wir haben schon alle Serien geguckt, die es gibt. Eigentlich beschreibst du in einem Serien-One-Night-Stand das, was es eigentlich nur gibt, wenn man Vertrauen hat und sich kennt. Das ist voll die Fake-Darstellung. One-Night-Stands sind oft richtig kacke. Man macht das zwar, aber man kann bei einem One-Night-Stand nicht alles erklären, was man will. Man muss sich erst richtig kennenlernen. Körperlich und sexuell.

MARTIN: Klar, eine Serie lebt von Konflikten und Spannung und bla, bla, bla. Nichts ist langweiliger, als glücklichen Leuten zuzugucken. Aber ich habe das Gefühl, es gibt gar keine Lobby dafür. Ich möchte Lobbyarbeit für guten Sex in der Ehe machen.

CHARLOTTE: Schön. Also ist das ein Thema, das du dann in Zukunft dann gerne auch mehr in den Folgen hättest?! Werbung für Sex. Wir sagen ja nicht in der Ehe, sondern in Beziehungen. Dass es auch Vorteile hat, wenn man sich sehr gut kennt und sehr entspannt ist und sehr vertraut.

MARTIN: Ja. Das ist bisher nicht so. Kennst du Runden, wo Leute zusammensitzen und erzählen über One-Night-Stands, über Affären, über irgendsolche crazy Sachen? Wenn da jemand sagen würde: »Ach, übrigens, ich habe gestern mit meiner Frau geschlafen, das war richtig schön.«

Das wäre ... Alle würden sich angewidert, gelangweilt, beschämt wegdrehen.

CHARLOTTE: Ich merke, dass wir beide immer lockerer werden, was so Sachen angeht. Ich habe mittlerweile eine totale Fantasie, dass ich zu meinen engsten Freundinnen sagen könnte, was du bei mir machst. Und ich dann sagen würde: »Willst du das nicht auch mal ausprobieren mit dem?« Ich versuche dich zu verschachern. In der Praxis ist das schwierig umzusetzen. Ich habe dich auch nicht gefragt.

MARTIN: Du hast mich nicht gefragt.

CHARLOTTE: Ich habe ein richtiges Bedürfnis danach. Ich würde dich gern mal ausleihen an Freundinnen. Dass die sich auch mal freuen können.

MARTIN: Das funktioniert nicht, da müsstest du ja deinen Körper mit ausleihen. Also, ich höre das gerne. Aber ich muss das zurückweisen an dieser Stelle.

Podcast 2

CHARLOTTE: Eines meiner Lieblingsthemen ist unsere unterschiedliche Liebessozialisation/sexuelle Sozialisation, wenn man das so nennen kann. Wie unterschiedlich wir Sex gelernt haben oder das zur Verfügung hatten und wie wir mit wem angefangen haben. Bitte mach mit, Martin.

MARTIN: Das geht dann aber tief zurück in analoge Zeiten ohne Tinder, YouPorn, Internet, Handys. Da werden einige denken: Ach, das war aber arm.

Podcast 10

CHARLOTTE: Das mit der Sozialisation ist etwas, wo wir beide extrem unterschiedlich sind. Früher war ich richtig erschlagen, wie viele sexuelle Fantasien du hast. Ich hab einfach keine, und ich habe mir das immer so erklärt, dass du nicht früh genug an die Futtertröge kamst.

MARTIN: Da musst du selber leise vor dich hin lachen, bei dieser verunglückten Formulierung.

CHARLOTTE: Du wolltest, und keine hat dich rangelassen. Dann musste man sich mit Fantasie einen runterholen. Ich brauchte weder Fantasie noch mir einen runterzuholen. Vielleicht ist das ein Frauending. Früher wollten alle Männer Sex, und die Frauen haben mal Ja und mal Nein gesagt. Wenn ich also Sex wollte, ab 14, habe ich Sex bekommen.

MARTIN: Das klingt richtig unsympathisch.

CHARLOTTE: Immer und jeden.

MARTIN: Angeberisch und dreckig. Vielleicht warst du so low, dass dir das reichte, in irgendeiner abgefuckten Technodisco morgens um drei von irgendeinem betrunkenen oder bekifften Vortänzer durch die Hecke gezogen zu werden.

CHARLOTTE: In einer Technodisco ist keiner bekifft.

MARTIN: In Ordnung, also ein auf Pille voll abgedrehter, abgeranzter Vortänzer zieht dich da um vier Uhr morgens durch die Hecke. Wenn dich das glücklich gemacht hat, dann verstehe ich auch, warum du keine edlen Fantasien hast. Hast du dir zum Beispiel nie vorgestellt, mit deinen Lehrern Sex zu haben? Ich habe das komplette Kollegium weiblicherseits durch.

CHARLOTTE: Fantasiert?

MARTIN: Ja genau, fantasiert.

CHARLOTTE: Ich habe sie ja bekommen, ich brauchte keine Fantasie.

MARTIN: Guck mal, alle Lehrerinnen, die ich hatte, kriegen jetzt keinen Schweißausbruch. Aber deine ehemaligen Lehrer, die kriegen jetzt alle einen Schweißausbruch, weil du 14 warst.

CHARLOTTE: Na ja, ich habe gewartet bis ich 18 war, dann bin ich wieder angeschissen gekommen. Es ist so ein Fingerschnips, egal, wo man ist, egal, wen man will. Ich sage ja nicht, dass ich toll war, vielleicht habe ich mir nur gut auf meinem Level die Leute ausgesucht. Dass ich immer sofort wusste, da geht was oder nicht. Ich sage ja nicht, ich kriege jeden. Viele finden mich auch nicht geil, sondern abstoßend, ekelhaft, anstrengend. Aber von denen will ich dann auch nichts. Vielleicht will ich nur Leute, die mich wollen, und deswegen geht das so gut auf.

MARTIN: Das war bei mir offensichtlich genau andersrum.

CHARLOTTE: Unbewusstes erkennt Unbewusstes irrtumslos. Das erklärt Liebe auf den ersten Blick oder spontane sexuelle Anziehung.

Podcast 3

CHARLOTTE: Kannst du dich noch an die Anfangsjahre erinnern, wo du mehr Sex wolltest als ich?

MARTIN: Das kann nicht sein.

CHARLOTTE: Doch.

MARTIN: Wirklich?

CHARLOTTE: Ja.

MARTIN: Ich entschuldige mich. Das tut mir richtig leid.

CHARLOTTE: Nee, das ist ja gut für dich. Ich habe dich kennengelernt als ein sexuelles Wesen. Das darf man ja sagen. Nach außen hin bekannt als ein sexuelles Wesen, nach innen aber eher geht so. Ich hab dann am Anfang so Knallgas gegeben mit dir, und dann hab ich für mich ein paar Schritte zurück gemacht. Mir wurde das alles zu viel. Wir haben erstens sehr viele Sachen ausprobiert. Das war zu viel. Ich habe mich selber überfordert. Ich mache dann erst mal alles mit und merke nachher: »Oh Gott. Das ist zu viel.« Und dann muss ich zurückrudern, weil ich nicht bei mir bin und völlig verleugne, wer ich bin oder was ich will. In der Anfangsphase bin ich aufgegangen in deiner Sexualität, ich habe einfach deine Sexualität durchgekaspert. Und wenn du mich gefragt hast: »Auf was stehst du?«, dann konnte ich nie was antworten. »Was soll ich bei dir machen?« Keine Ahnung. Ich konnte keine Worte finden. Mir war das einfach zu viel, sodass wir dann auch wirklich Probleme hatten: Von zehn Malen, wenn du gefragt hast »Können wir Sex haben?«, habe ich neunmal Nein gesagt.

MARTIN: Das kann ich kaum so stehen lassen. Da fühle ich mich automatisch schlecht. Das stimmt nicht.

CHARLOTTE: Ich fand, dass ich richtig die Muschel zugemacht habe. Das kann auch damit zusammenhängen, dass es uns oft gar nicht gut ging. Aber ich würde jetzt mal ganz biologisch sagen, dass ich die blöde Antibabypille genommen habe. Erst seitdem ich die abgesetzt habe, weil unsere Familienplanung abgeschlossen ist und du dich aus Liebe zu mir sterilisieren lassen hast, bin ich so, wie du früher warst. Jetzt bin ich ein richtiges Sexmonster geworden.

MARTIN: Jetzt bist du die Schwarze Witwe.

CHARLOTTE: Was heißt das denn?

MARTIN: Ist das nicht so? Diese Spinne heißt ... Heißt die Spinne nicht so? Die Spinne, die nach dem Sex ...

CHARLOTTE: Die Gottesanbeterin. Das ist die, die nach dem Sex dem Mann den Kopf abbeißt. Ist das nicht eine Gottesanbeterin?

MARTIN: Ja, wahrscheinlich. Jedenfalls diese nimmermüde, männerverschlingende.

CHARLOTTE: Ich hätte einfach von Anfang an die Pille nicht nehmen dürfen. Oder wir hätten anders verhüten müssen, dann wären wir viel mehr auf einem Level gewesen. Sexuell. Ich habe mich auch immer richtig geschämt, weil wir so ein Klassiker waren. Wenn man sich dann hat überreden lassen zum Sex, dann war das immer gut. Aber um da hinzukommen, hatte ich extreme Anlaufprobleme. Ich fand alles wichtiger. Jede Arbeit im Haushalt. Alles. Telefonieren, Leuten Sachen schreiben oder so. Alles war wichtiger. Ich konnte nicht abschalten, und ich hatte keine Lust. Es war mir immer unpassend, wenn du dich erinnerst.

MARTIN: Ja, ich erinnere mich. Das ist ja auch schnell verletzend. In dem Moment, wo ich denke, das ist eine gute Idee, sagst du: »Komm, wir verabreden uns.« Ein paar Stunden später ist das vergessen, oder die Stimmung ist weg. Wir hatten dann keinen Sex und dann diese Zurückweisung.

CHARLOTTE: Das war schlimm für dich, ne?

MARTIN: Es war total übertrieben schlimm, weil dieses Zurückgewiesenwerden ein Trauma ist in jeder Hinsicht. Das gehört jetzt nicht hierher, aber ... Man könnte ja auch einfach sagen: »Alles klar, ja, gut. Ist ja nicht schlimm. Eben hast du gesagt ›Ja‹, jetzt sagst du ›Nein‹, macht doch nichts.« Aber ich nehme die Dinge dann so verbindlich und wichtig. Wenn das dann nicht stattfindet, dann fühle ich mich nicht richtig gesehen.

CHARLOTTE: Nicht geliebt. Das war ein richtiges Drama. Wie hast du das denn eigentlich wegbekommen? Weil, das ist ja viel besser geworden. Noch lange bevor ich die Pille abgesetzt habe, ist das besser geworden. Sodass du mit einem sexuellen Nein von mir auf einmal viel lockerer umgehen konntest.

MARTIN: Mich hat meine eigene Rolle total angekotzt. Mich hat das so genervt, wie ich reagiert habe und was daraus für eine komische, blöde Dynamik entstanden ist. Deshalb habe ich einfach gesagt: »Nee, ich will das nicht mehr. Ich akzeptiere das jetzt, und ich muss damit klarkommen.« Ich habe das zu meinem Thema gemacht. Dann ging es auch ganz schnell viel besser. Ich habe gemerkt, dass ich das so wichtig genommen oder das Nein so überinterpretiert und das als eine viel stärkere Zurückweisung empfunden habe, als es war. Das ist ja gar keine Zurückweisung, schon gar keine emotionale. In dem Moment – das ist doch auch so typisch –, wo der eine nicht mehr ständig zieht und bettelt, ist das für den anderen auch leichter, das zu durchbrechen.

CHARLOTTE: Ja, das war dann auch so. Wie eine *selffulfilling prophecy.* Du hast immer gefragt, du hast immer den Anfang gemacht. Zu 100 Prozent. Jahrelang war das so. Dann habe ich mal Ja, mal Nein gesagt. Wenn Nein, dann ging die Stimmung direkt in den Keller. Du warst nicht sauer oder so, sondern du warst traurig. Das ist ja auch total unsexy, wenn immer ich das alleine entscheide. Und als du aufgehört hast, traurig zu sein, hat sich das Blatt gewendet. Ich bin dann irgendwann aktiver geworden. Weißt du noch, wie wir das gefeiert haben? Da habe ich dann mal gefragt, ob wir Sex haben können, und du dachtest: Woah, was geht hier ab?

MARTIN: Genau, wo ich dann aus Spaß Nein gesagt habe. Ich erinnere mich gerade an eine ganz unangenehme, für mich total schlimme Situation. Es gibt doch diesen Moment, wo man sich körperlich nah ist, man nimmt sich in den Arm, fasst sich an, küsst sich. Das ist aber nur nah, intim und liebevoll. Und dann gibt es irgendwann einen Übergang. Manchmal.

CHARLOTTE: Also der Moment, wenn du hoffst, dass es ...

MARTIN: Ja, der eine oder die andere hofft dann jetzt. Dass was Sexuelles daraus wird. Das ist ja nun nicht so, dass das nur schwarz oder weiß ist. Es ist ja nicht ausgesprochen. Da läuft auch keine Uhr nebenher, die zeigt: Bäng, jetzt geht es los. Das ist ein fließender Übergang. Und es gab eine Situation, da lagen wir auf der Couch abends Arm im Arm. Und wir hatten die Köpfe ganz nah beieinander, und dann habe ich geatmet. Ich habe schwer und laut geatmet. Und das hat dich total abgestoßen, weil du gedacht hast, das ist sozusagen mein Laut, mein Zeichen für »Ich will Sex. Ich bin geil«. Das Tier kommt. Und du hast mich weggestoßen und beschimpft für mein lautes Atmen. Das war eine der schlimmsten ...

CHARLOTTE: Das war für dich erniedrigend.

MARTIN: Total.

CHARLOTTE: Das war eine Zeit, wo ich dachte, wir fassen uns gar nicht mehr an. Wir halten noch nicht mal Händchen oder nehmen uns einfach in den Arm. Da war nur

Alltagsstress ohne körperliche Berührungen. Nur sachliche Scheiße besprechen wie Haushalt, und du musst dies machen und du musst da hinfahren. So eine Zeit war das in unserem Leben, wo wir unglaublich viel gemacht haben. Emotional haben wir aneinander vorbeigelebt. Verstrickt in Haushaltssachen. Und dann von null auf hundert nur Sex. Da habe ich gemerkt: Mir fehlt was. Und wenn ich irgendwo lag und wir uns umarmt und die Gesichter aneinandergedrückt haben, dachte ich gleich: Das kann ich mit dir nicht machen, weil du dann sofort Sex willst. Das hat mich richtig abgefuckt. Dass es alle diese Grauzonen nicht mehr gab von Handhalten oder Küssen, ohne dass das sofort zu Sex führen muss.

MARTIN: Das klingt total ...

CHARLOTTE: Ja, das hat mich genervt!

MARTIN: Kannst du das nicht anders erzählen? Das klingt schlimm.

CHARLOTTE: Ja, aber so war das nun mal. Ich wusste nicht, wie man die ganzen Grautöne dazwischenkriegt. Ich habe das vermisst im Alltag, dass wir aneinander vorbeigehen zu Hause in der Küche oder so und uns einfach kurz küssen. Es gab keine körperliche Berührung außer Sex. Das ist aber nicht cool. Da musste man was gegen unternehmen, und so habe ich gesagt: »Atme mir nicht so schwer.« Das sollte heißen: Nein, wir liegen jetzt hier und umarmen uns. Und dabei bleibt es jetzt. Damit man auch mal was anderes hat. Diese Wörter sind so unangenehm zu benutzen. Komisch, oder? Zärtlichkeit. So. Jetzt habe ich es gesagt. Martin, weißt du was? Wir haben den Faden verloren.

Podcast 9

CHARLOTTE: Welche Sachen sexueller Natur vermisst du, die wir früher gemacht haben und nicht mehr machen? Schluck.

MARTIN: Wenn man überlegen und Zeit gewinnen will, sagt man ja entweder: »Das ist eine gute Frage.« Oder: »Oh, eine schwierige Frage.« Oder man wiederholt die ganze Frage oder labert so rum wie ich.

CHARLOTTE: Oder man fragt: »Wie war die Frage noch mal?«

MARTIN: Ich finde, wir haben am Anfang, in den ersten Jahren, viele tolle und aufregende Sachen gemacht, die wir jetzt nicht mehr machen. Meistens oder wahrscheinlich sogar immer kam die Idee von mir. Das hat einen guten Grund, dass wir damit aufgehört haben. Ich habe das vermisst, aber ich vermisse das nicht mehr. Weil ich gemerkt habe, dass das nicht deines ist, sondern eher meines. Wie jetzt unser Sexleben ist, das ist, glaube ich, unseres. Und das ist super. Ich habe das Gefühl, wir sind am Anfang in viele Fallen getappt. Wir haben gedacht, alles geht. Wir waren so unglaublich euphorisch und verliebt und überzeugt, dass unsere Liebe alles beinhaltet, aushält und erleben kann. Du hast mir sehr glaubwürdig das Gefühl gegeben, dass du das, was ich wollte, auch wolltest. Ich glaube, du wolltest cool sein und zeigen, dass du total souverän bist, vor nichts Angst hast, wegen nichts eifersüchtig bist und nichts dich schocken kann. Das hat sich dann hin- und hergetriggert. Wir haben Sachen gemacht, die ich auch noch nie gemacht hatte. Ich würde gar nicht sagen, dass die total meine Fantasie sind. Das war nur so: Die Tür war auf, und dann ...

CHARLOTTE: Zum Beispiel?

MARTIN: Zum Beispiel, dass wir Sex mit einer anderen Frau zusätzlich hatten. Ich habe gedacht, du findest das auch total cool.

CHARLOTTE: Ich fand das damals cool, cool zu sein. Das war mein Ding, dass ich dann dachte: Oh, krass, guck mal, was ich mich traue!

MARTIN: Da hast du mich auch in so eine Falle gelockt. Ich kann mich erinnern, wenn wir im Café saßen oder so, dann hast du ständig gesagt: »Guck mal, diese Frau! Boah, sieht die cool aus. Boah, hat die tolle Klamotten an. Hey, guck mal, der Gang. Wow, die hat aber super Beine.« Du hast total souverän über andere Frauen gesprochen, auch sexuell. Ich bin da so darauf reingefallen. Ich hab gedacht: Die Charlotte, die ist eine richtig Coole. Und wenn ich dann eine Frau angeguckt oder etwas über eine Frau gesagt habe, dann habe ich gemerkt: Oh, nee, vielleicht war die Begeisterung zu groß. Oder: Das war too much.

CHARLOTTE: Du hast mich einfach so kennengelernt, als ob da die große Freiheit ist. Du wolltest gewisse sexuelle Sachen nicht mehr heimlich machen. Und ich denke, ich war dann diejenige, der du alles zeigen konntest, was du bisher so gemacht hast. Du hast mir alles gezeigt, was du gut findest. Auch an Bildern oder Filmen. Und ich so: »Na ja, hm.« Erst mal war alles positiv. Bis mein ganzer Kopf voll war mit Informationen.

MARTIN: Die dich total überfordert haben. Du hast gedacht: Der Martin ist ein totales Sexmonster.

CHARLOTTE: Ja.

MARTIN: Der ist bis obenhin nur voll mit Sex und Pornografie.

CHARLOTTE: Ja, auch dass du so viele Fantasien hattest und Wünsche. Du konntest so gut darüber sprechen, das war so spezialisiert. Ich dachte so: Huuuu. Ich hatte ja, das müsste dir damals aufgefallen sein, überhaupt nichts zum Dagegenzeigen. Ich hatte keine Sammlung von Sachen, die ich dir zeigen konnte. Und wenn du gesagt hast: »Zeig mal, was du gut findest«, hab ich einfach nichts gesagt. Ich konnte auch nicht darüber sprechen. Jetzt kann ich das. Irgendwie rede ich nicht gerne über Sex. Da würden sich die Leute wundern, weil ich ja schon sehr viele Leute berührt habe mit Wörtern über Sex.

MARTIN: Vollgetextet. – Wir haben uns ja lange vor *Feuchtgebiete* kennengelernt. Nach dem Buch war erst mal totaler Feierabend, weil du gar nichts mehr von dem Thema wissen wolltest. Vieles, was ich vorher gesagt habe und was du lustig fandest, fandest du dann nur noch doof. Das war ein richtiger Schock für mich. In irgendeinem Gespräch hast du dann gesagt: »Ich bin so leergebumst, ich kann nicht mehr.« Und so war das dann auch. Du warst zu Hause und wolltest gar nichts mehr davon wissen. Ich war wie eine Bedrohung.

CHARLOTTE: Ich war verbal leergebumst.

MARTIN: Ich war nicht anders, als ich immer war, aber auf einmal war das tabu. Ich dachte: Was ist jetzt los? Muss ich jetzt anders reden, anders sein, mich für andere Sachen interessieren? Geht jetzt alles nicht mehr? Das war okay, denn da waren wir ja schon lange zusammen. Aber am Anfang war das gekippt, weil du total überfordert warst. Ich habe mich gefühlt wie in die Falle gelockt. Und dann ist die Falle zugeschnappt, und du hast gesagt: »So, du Pornograf, du.«

CHARLOTTE: Du Masturbator.

MARTIN: Vielleicht habe ich ein bisschen zu viele Dinge preisgegeben. Fantasien sind Fantasien, Geheimnisse sind Geheimnisse.

CHARLOTTE: Aber glaubst du, dass man sich das nicht sagen sollte? Oder glaubst du, dass es Paare gibt, wo sie oder er mit den Infos besser klarkommt als ich?

MARTIN: Ja, das Letzte. Wenn das ausgewogener ist. Ich glaube, es ist immer leichter, wenn es ausgewogen ist, oder?

CHARLOTTE: Na ja. Wir haben am Anfang alles Legale ausprobiert, was es gibt. Dann kam das Buch, und ich habe mich sexuell charaktermäßig zu einer Oma entwickelt. Ich bin durch *Feuchtgebiete* in so eine Art Geistes-Menopause gerutscht und war plötzlich gefühlte 60. Da bin ich rumgelaufen wie eine Nonne.

MARTIN: Ich kann mich erinnern. Aber das ist ja durchaus ... Nonnen sind ja ein berühmtes sexuelles Klischee, wie du weißt.

CHARLOTTE: Uhh, ja.

MARTIN: Frauen in Uniform.

CHARLOTTE: Irgendwie haben wir uns dann wieder normalisiert. Ganz viele Sachen aufgehört. Wir hatten ja auch eine Riesensammlung an Sexspielzeugen. Die sind alle gleichzeitig kaputtgegangen. Warum gibt es das nur aus China?

MARTIN: Wir waren einfach zu früh dran. Jetzt gibt es ja diese Generation von unglaublich fancy, teuren, *super-sustainable, eco-friendly*, solarbetriebenen Dingern.

CHARLOTTE: Und wieso, frage ich dich jetzt einmal wirklich, haben wir das nicht?

MARTIN: Wir haben ganz viel ausprobiert, um uns gegenseitig zu zeigen, dass wir alles ausprobieren können. Und ich bin auch der Meinung, dass kein noch so gut gebautes Sexspielzeug eine talentierte Hand schlägt.

CHARLOTTE: Aber wir reden ja gerade über etwas, was wir nicht wissen. Hast du schon einmal gehört, wenn eine Frau über so ein neues Supergerät redet? Die sagt, da kommt keiner ran: nicht mit der Zunge, nicht mit der Hand.

MARTIN: Okay. Du bestellst ja sehr gerne online ...

CHARLOTTE: Ist da ein Vorwurf?

MARTIN: Dann würde ich vorschlagen, du bestellst das, probierst es aus, und dann sprechen wir darüber.

CHARLOTTE: Okay.

MARTIN: Und wenn das so ist wie beim Schach, dass der Schachcomputer mittlerweile den Schachweltmeister schlägt, dann sage ich: Das ist schlecht für die Männer.

CHARLOTTE: Man muss es ja nicht als Konkurrenz sehen. Das ist sowieso Quatsch, Roboter als Konkurrenz zu betrachten.

MARTIN: Ist die Frage beantwortet?

CHARLOTTE: Nee, ich hatte gefragt, was du von den sexuellen Sachen, die wir nicht mehr machen, wieder einführen möchtest in unserer Beziehung. Du tust mir leid, sexuell betrachtet, weil da vorher so viel war. So ein Riesenfächer, ein geschlagenes Pfauenrad von sexuellen Vorlieben, Fantasien, dies und das. Und ich habe jede einzelne Feder ausgerupft, und jetzt ist da nichts mehr.

MARTIN: Nee, das stimmt nicht. Das war sehr viel Aktionismus. Offenbar hatte ich ein großes Bedürfnis, diese Dinge einmal zu teilen. Die Frau Amalfi hat gesagt, das liegt

113

daran, dass ich eine Absolution brauchte dafür. Es ist ja nicht per se böse oder schlecht, sich mit solchen Sachen zu befassen oder diese Ideen zu haben oder darauf zu stehen. Die hat gesagt, dass ich ein schlechtes Gewissen habe und mir von dir die Absolution geben lassen wollte. Was natürlich absurd ist, weil das überhaupt nicht deine Rolle ist. Aber so schlau ist man erst nachher. Bis die Frau Amalfi kam und das auseinandergedröselt hat, wusste ich das alles nicht. Du auch nicht!

Podcast 9

MARTIN: Ich finde es gut, wie es jetzt ist. Ich finde nicht, dass wir uns langweilen. Auch wenn das vielleicht von außen betrachtet konventionell ist. Ich finde es super.

CHARLOTTE: Aber es ist sehr beschränkt im Vergleich zu früher, ne? Ich beschwere mich nicht, aber früher waren Roboter dabei ...

MARTIN: Objekte.

CHARLOTTE: Orte.

MARTIN: Filme.

CHARLOTTE: Reize auf allen Gebieten. Und jetzt ist alles weg, weg, weg. Ich muss da dran arbeiten, dass ich mich da einlasse, weil ich so eine totale Abneigung gegen Verführung habe. Warum überhaupt?

MARTIN: Ich glaube, dass du das nicht magst, weil das für dich ist, wie beim Tanzen geführt zu werden. Das ist einfach so ein traditionelles Frauenklischee, dass die Frau den Mann verführt, dass du da eine totale Ablehnung dagegen hast. Du bist mehr so wie die Kommissarin bei *Die Brücke*. Also: »Leg dich da jetzt hin! Komm!«

MARTIN: »Ich möchte Sex!«

CHARLOTTE: Ich kann mit diesem schwedischen Modell viel anfangen. Ist das Schweden, wo man vorher verbal einen Vertrag schließt? Das finde ich richtig gut, dass man vorher genau darüber redet. Was machen wir jetzt? Wir verabreden uns. Wenn man zum Beispiel Kinder hat, geht der Sex flöten, wenn man sich nicht verabredet. Bei uns jedenfalls. Mit Alltag. Du und ich, wir machen den ganzen Tag irgendwelche Sachen und denken, das ist das Wichtigste. Jeden Tag wäre kein Platz für Sex. Und deswegen verabreden wir uns zum Sex. Wir haben dann eine Verabredung, und dann trifft man sich halt.

MARTIN: Das finde ich total gut. Weil das nach so langer Zeit hilft, dass man weiter Sex hat. Wenn man einfach darauf wartet, dass das so ist, wie es am Anfang war, dann passiert nichts mehr. Und wenn man nur enttäuscht ist, dann passiert auch nichts. Das muss man von diesem Altar runterholen. Wir verabreden uns zum Sex wie zum Essen oder zum Sport. Ich finde das super.

CHARLOTTE: Eine andere Sache, die daran sehr gut ist, fällt mir gerade ein. Das Problem mit dem Bett ist, dass das für mindestens zwei Sachen da ist. Zumindest bei uns, weil wir ja schlecht auf der Küchentheke Sex haben können. Da können alle Leute reingucken. Das ist jetzt nicht so meine Sache. Ich weiß nicht, ob es deine ist, Martin?

MARTIN: Wie wäre es mit Vorhängen?

CHARLOTTE: Das ist eine gute Idee. Wir haben aber das holländische Modell, man kann überall reingucken. Zurück zum Bett: Wenn ich im Bett liege und lese und du kommst ins Bett und ich weiß nicht, was abgeht, das fuckt mich voll ab. Ich will immer wissen: Was ist jetzt Sache hier? Da liegen wir nebeneinander, einer dreht sich so zum anderen, und dann denkt man: Oh, okay, ich lege das Buch weg. Oder? Ich finde das überfordernd, dass man ein Möbelstück hat, wo zwei so grundsätzlich unterschiedliche Sachen passieren wie Sex und Schlafen. Anspannung, Entspannung.

MARTIN: Und deswegen findest du das richtig, dass man vorher eine Ansage macht, zu welchem Zweck man jetzt in dieses Bett gehen möchte?

CHARLOTTE: Ja.

MARTIN: Ich war früher richtig oft verletzt, wenn du dich mit mir so verabredet hast. Diese Ankündigung per Telefon, WhatsApp, E-Mail.

CHARLOTTE: Google-Kalender.

MARTIN: Billboard, Graffiti. Und dann ist dir irgendwas dazwischengekommen, was nicht sehr wichtig war. Und du hast es einfach vergessen. Das hat mich früher total gekränkt, weil ich dachte: Wie kann man nur? Wie kann die das nur vergessen? Die hat das doch ... Jetzt erinnere ich dich einfach daran. Das ist die viel bessere Lösung, als beleidigt zu sein.

CHARLOTTE: Ja. Kannst du bitte einmal diesen einen Buchtipp sagen. Das Buch, das dich sexuell sehr geprägt hat.

MARTIN: Was denn, die Bibel?

CHARLOTTE: Nee. Das andere.

MARTIN: Ich weiß nicht, was du meinst.

CHARLOTTE: Du hast mir einmal erzählt, dass du als Jugendlicher definitiv nicht so viele sexuelle Kontakte hattest, wie du gerne gehabt hättest.

MARTIN: Mangel war mein ständiger Begleiter.

CHARLOTTE: Und dass du dich dann mit Literatur beschäftigt hast. Ich weiß jetzt nicht, wie das Buch heißt. Das sollst du sagen. *Wie befriedigt man eine Frau*, oder so. Wie hieß das denn?

MARTIN: Ja. Ich habe mich in jungen Jahren sehr viel literarisch mit Sex befasst. Das hatte verschiedene Gründe. Also, erst mal: Wir hatten ja sonst nichts, ne. Es gab ja kein Internet. Also bin ich in die Buchhandlung gegangen und habe mich da so rumgedrückt. Heimlich. Jede Buchverkäuferin kennt das natürlich, wenn da so ein junger 15-Jähriger steht. Die weiß ja genau, in welcher Abteilung der steht und welches Buch der rausgenommen hat. Und dann liest man so zwei, drei Minütchen, was weiß ich, *Josefine Mutzenbacher* oder so etwas. Bis die Verkäuferin kommt. Dann ist das natürlich total peinlich. Und wenn sie fragt: »Wollen Sie das kaufen?«, dann geht man in die nächste Buchhandlung. Aber das Buch, was du meinst, das hieß: *Wie man eine Frau befriedigt.* Die Autorin heißt Naura Hayden. Es war so ein rotes Buch, billig, das habe ich einmal gekauft. Weil ich dachte, es ist gut, den Feind zu kennen.

CHARLOTTE: Wendest du immer noch Sachen davon an?

MARTIN: Ja.

CHARLOTTE: Ich würde ja gerne einmal filmen, was du eigentlich genau machst bei mir. Wir reden ja nicht drüber, weil ich Reden sehr schwierig beim Sex finde. Dirty Talk machen wir nie. »Du dreckige Schlampe« oder »Komm, du Stute« – nein. Da ist so viel Gefühl und Fallenlassen und Ausrasten und Gestöhne und Geschreie, dass ich nie genau feststellen kann, was macht der da eigentlich. Ich kann die ganzen Hautteile nicht auseinanderhalten, im Gefühl.

MARTIN: Also deine.

CHARLOTTE: Ja. Und ich wüsste eigentlich gerne einmal, was du da eigentlich genau machst.

MARTIN: Und das soll ich jetzt filmen?

CHARLOTTE: Du kannst es ja einmal in einer ruhigen Minute erklären.

MARTIN: Also, du weißt doch, wie man einen guten Mürbeteig mit der Hand zubereitet.

CHARLOTTE: Nee.

MARTIN: Ohne Küchenmaschine, ohne Hilfsmittel. Nur mit der Hand: Du legst das Mehl auf die Arbeitsfläche. Dann machst du in das Mehl so eine kleine Mulde. Entweder so ganz vorsichtig mit dem Finger oder mit der Faust. Dann ist da eine Mulde. Dann nimmst du ein Ei, schlägst das auf und trennst das Eigelb vom Eiweiß. Per Hand. Das Eiweiß läuft in eine Tasse und, du hast die zwei aufgeschlagenen Hälften. Du schüttest das Eigelb so lange hin und her, bis das ganze Eiweiß abgetropft ist. Und dann legst du das Eigelb vorsichtig in diese Mulde rein. Und dann nimmst du deinen Finger und steckst den in das Eigelb, und dann fängst du ganz vorsichtig an, das Eigelb so aufzurühren, dass sich das auflöst und sich mit dem Mehl verbindet. Dann kommt kalte Butter und vielleicht noch ein Löffel Wasser dazu. Und dann fängst du an zu kneten. Du knetest und knetest und knetest diesen feuchten, warmen, schönen Teig. So lange, bis der nicht mehr klebt. So, diese fokussierte hingebungsvolle Handarbeit ist die Grundlage, wie man eine Frau befriedigt.

CHARLOTTE: Danke, Martin. Das war richtig schön. Ich habe einen richtigen Schweißausbruch.

MARTIN: Wenn wir im Herbst Pilze suchen und wir gehen

an so einen Waldrand, wo die Wiesen noch so feucht sind, ne. Dann hast du dieses lange, schöne, feuchte Gras, und dann, weißt du doch, manchmal guckt dann so ein Steinpilz gerade aus der Erde raus. Diese jungen Steinpilze, diese Champagnerkorken. Dann gehst du doch da so hin, ganz andächtig, weil du den entdeckt hast, und streichst dieses feuchte Gras weg, sodass der Korken freiliegt, und gehst mit deinen Händen ganz vorsichtig in die Erde rein und gräbst ihn aus. Du gräbst diese Erde weg und streifst die ab. Weil der ja ganz tief reingeht in die Erde. Ganz vorsichtig drehst du den raus, streifst die Erde ab und machst ihn sauber. Und dann riechst du daran, weil der so toll riecht. So nach Natur und ... So ist das. Das ist einfach nur Freude daran haben.

CHARLOTTE: Ja.

MARTIN: Wir habe doch *Sopranos* geguckt. Da war Uncle Junior. Der mit der Brille, so ein alter Mann. Der hatte eine Geliebte, die bei ihrem Friseur den anderen Frauen erzählt hat, was er bei ihr macht.

CHARLOTTE: Ja, das hier: »*He goes down on me.*«

MARTIN: Und: »*He is a real artist.*«

CHARLOTTE: Das gilt in den Kreisen von Mafiosi als unmännlich.

MARTIN: Absolut.

CHARLOTTE: Eine Frau zu befriedigen, oral.

MARTIN: Genau. »*If you suck her, you will suck anything*«, haben die immer gesagt. Der war aber besessen davon, und sie fand das total gut. Das ist doch die Voraussetzung: dass man das liebt und gut findet, was man macht. Aber es gibt ja kaum ein ungeschickteres Körperteil als den Penis. Im Sinne von: Der kann sich doch gar nicht bewegen. Den kann man doch nicht steuern. Also, versuch mal, mit einem Penis einen Mürbeteig zu machen. Das kannst du nicht. Du kannst das mit dem dicken Zeh, du kannst es mit der Zunge, du kannst es wahrscheinlich sogar mit dem Ellbogen. Aber nicht mit dem Penis.

CHARLOTTE: Man kann, meinst du, die Millimeter bei einer Frau bearbeiten und genauso bei dem Mann auch?

MARTIN: Ja. Wenn wir uns darauf einigen, dass die Penetration total überbewertet ist, dass es das Unwichtigste ist beim Sex. Also, wenn wir Sex nicht für die Fortpflanzung definieren.

CHARLOTTE: Ich wollte das gerade sagen.

MARTIN: Wenn wir sagen für die Liebe, die Freude, das Vergnügen, die Befriedigung, die Entspannung – dann ist doch die Penetration total überbewertet. Alle anderen Techniken können viel mehr. Aber darauf muss man sich einlassen und sich entspannen.

CHARLOTTE: Willst du denn, dass wir etwas machen, was wir nicht mehr machen? Ich biete dir das jetzt ernsthaft an, nicht so wie früher. Das war übrigens auch damals keine Falle, sondern es wurde zu einer Falle. Ich habe erst gesagt: »Jaja, erzähl mal, klar, ich bin offen für alles, lass uns alles machen.« Und dann wurde das alles viel zu viel und viel zu krass. Jetzt bin ich ja viel sicherer, aber damals war ich sehr unsicher und habe mich total überfordert. Dann ist manchmal ein richtiger Stress entstanden. Zum Beispiel: Wenn man zu dritt irgendwo ist, und ich gucke meinem Mann dabei zu, wie der viel Spaß hat. Das kann sich um eine Sekunde handeln: ein zu langer Blick oder eine zu lange Handlung. *You cannot make it unseen.* Das war ein riesiger Fehler. Aber jetzt hat sich das alles sehr geändert. Ich finde auch alles gut, wie es ist, aber trotzdem könnte man das etwas öffnen und gemeinsam einmal einen neuen Versuch starten, Sachen auszuprobieren. Wie zum Beispiel wieder mal dieses Lomi Lomi.

MARTIN: Finde ich gut.

Podcast 10

CHARLOTTE: Das mit der Yoni-Massage: Ich habe das Lomi Lomi genannt und das war ein Riesenfehler, weil das diese Massage ist, die überhaupt nichts mit Sex zu tun hat. Da ist es zu viel Verwirrung gekommen bei den Leuten, die das gehört haben. Die dachten dann: Oh Gott, jetzt habe ich eine Lomi-Lomi-Massage gebucht, das wollte ich gar nicht. Also, Yoni heißt die sexuelle Massage im Tantra.

MARTIN: Ja, Yoni, genau. Lomi Lomi ist hawaiianisch und wirklich eine klassische Massage. In diesen Tantra-Massagen gibt es den Begriff Yoni, und das hast du verwechselt, oder?

CHARLOTTE: Ja. Es klingt sehr ähnlich. Diese Massage war auch schon sehr lange her, und diese Begriffe sind alle in dem gleichen Gehirnareal abgespeichert.

Podcast 9

MARTIN: Das ist damals total missglückt. Eine Zeit lang hast du gedacht, du musst mir sexuelle Sachen zum Geburtstag schenken.

CHARLOTTE: Ja, weil ich dachte, du vermisst das.

Podcast 3

MARTIN: Ich hoffe immer, dass ich zu meinem Geburtstag von dir keine Geschenke mehr bekomme, die irgendwas mit Sex zu tun haben. Das hat immer in einem totalen Desaster geendet.

CHARLOTTE: Ja! Das war so ein bisschen wie: »Du wünschst dir das?« – »Hier. *In your face.*«

Podcast 9

MARTIN: Und dann hast du mir oder uns eine Tantra-Massage geschenkt, ne. Ich glaube, du hast mir die geschenkt, und ich habe gesagt: »Komm mit.« Und das ist total in die Hose gegangen, weil der Tantra-Masseur, der hoffentlich jetzt gerade zu einem ganz langen Lomi-Lomi-Workshop weit wegfliegt ...

CHARLOTTE: Ich weiß nicht, ob die meisten Menschen wissen, was das überhaupt ist. Ich wusste das nicht. Ich dachte, ich wäre sehr gut aufgeklärt, aber ich wusste gar nicht, was das ist. Also, man geht da hin. – Du kannst die Geschichte übernehmen, mit dieser Sackratte von Typ. – Ich will nur kurz sagen, was es ist. Das sind ausgebildete Leute, es wirkt sehr öko. Das ist so ein Laden, wie ein Puff, aber die dort arbeiten, sind nicht Prostituierte und Prostituierter. Da arbeiten Männer und Frauen, die Ausbildungen für verschiedene Körper-Erfahrungssachen in sexueller Hinsicht gemacht haben. Da kann man sich vaginal massieren lassen. Aber das dauert eine Stunde, zwei Stunden. Das ist tendenziell mehr für Leute, die sich nicht mehr spüren, die nicht mehr kommen können. So eine therapeutische Massage mit allen Sinnen. Du hattest eine

Frau, ich hatte einen Mann. Wir wurden in unterschiedliche Räume gelegt, aber die Tür war auf. Man ist nackt, ganz nackt. Dann machen die so Tücher über einen, über die Beine. Und dann holen die so eine Feder und streichen am Rücken und unter den Füßen. So ganzheitlich. Dass das so eine ganzheitliche Sinneswanderung ist. Und ganz am Ende machen die total krass, dass man kommt, mit allen Tricks und Kniffen.

MARTIN: Es war cool, ne.

CHARLOTTE: Ich fand es auch cool.

MARTIN: Bis zu dem Moment, wo sich nach der Massage rausstellte, dass dein Masseur dich erkannt hatte, seiner Freundin Bescheid gesagt hatte, und die ein Autogramm haben wollte.

CHARLOTTE: So schlimm. Ich wollte nur sterben. Sie hat ein Buch von mir gebracht, was sie gerne signiert haben wollte. Mit noch einem Blatt dabei, was genau ich schreiben soll. Ich dachte: Dieses verkackte Buch! Und: Ich darf so was nicht machen in Deutschland. Deutschland ist für diese Sache schlecht für mich. Ich habe mich so geschämt irgendwie. Weil der der Freundin natürlich erzählt hat, wie ich gekommen bin, wie alles aussieht und so.

MARTIN: Du wolltest natürlich nie wieder dahin. Und dann gab es eine Zeit, wo du mich immer loswerden wolltest, wo du gesagt hast: »Mach, was du willst.« Weil du in Wirklichkeit machen wolltest, was du willst.

CHARLOTTE: Dann bist du immer da hingegangen, ne.

MARTIN: Da bin ich tatsächlich nicht hingegangen.

CHARLOTTE: Wegen dem Typ?

MARTIN: War ja nur ein Versuch. Ich finde das aber gut. Auch für Frauen wirklich gut. Das funktioniert, und es ist kein Fake. Es ist nicht wie bei klassischer Prostitution, dass die Prostituierte oder der Prostituierte faken, dass die Geilheit oder Erregung faken, was ja auch irgendwie peinlich ist. Die Aufgabe des Tantra ist, dich in diesen Zustand zu versetzen. Das finde ich zum Beispiel angenehm. Es gibt welche, die sind ganz nackt, welche, die sind nicht nackt. Manche sagen: »Du darfst mich anfassen.« Andere sagen: »Nee, fass mich auf keinen Fall an.« Sehr unterschiedlich.

CHARLOTTE: Also, das findest du, das würden wir noch mal ausprobieren? Vielleicht nicht in Deutschland? Einfach einmal über die Grenze fahren? Yoni Belgique?

MARTIN: Ja. Oder wir müssten vorher klären, dass nicht so eine Scheiße passiert.

CHARLOTTE: Wie soll man das denn sagen? Hallo, kennen Sie mich?

MARTIN: Ich rufe da an und sage: »Passen Sie mal auf. Sagen wir einmal, was wäre jetzt, wenn ich zusammen mit ...«

CHARLOTTE: Iris Berben.

MARTIN: »... und Birgit Schrowange zu Ihnen kommen würde? Könnten Sie Anonymität garantieren? Haben Sie auch blinde Mitarbeiter?«

CHARLOTTE: Was hältst du von Swingerclub ausprobieren? Belgien, Holland.

MARTIN: Also, die Recherchen, die wir damals gemacht haben, haben richtig Spaß gemacht. Kann ich mich erinnern.

CHARLOTTE: Kannst du dich noch erinnern an dieses dunkel aussehende Schloss? Wo man so eine Auffahrt hochfährt und die sich dann da alle einschließen. Ein Schloss in Belgien.

MARTIN: Das nicht. *Fifty Shades of Grey?*

CHARLOTTE: Das war davor. Sollen wir das machen? Und dann hier darüber berichten, wie das wieder ein Griff ins Klo war? Weil irgendjemand irgendeine Scheiße gebaut hat?

MARTIN: Dann kannst du wenigstens nicht mehr sagen: »Martin, hör auf, mich da reinzuziehen.« Weil das jetzt von dir kommt. Aber da ist auch wieder ein Trick, ne?

CHARLOTTE: Martin, was ist los?

MARTIN: Du willst jetzt also dieses Experiment.

CHARLOTTE: Sexperiment heißt das dann. Das finde ich schon, das können wir ruhig einmal machen.

MARTIN: Das ist dann so ein Bear-Grylls-Moment: *And then they made a fatal decision.* – Da haben wir aber jetzt, um in der Sprache zu bleiben, die Latte richtig hoch gelegt.

Dr. Amalfi

Wie läuft der Sex ab? Wie immer? Gibt es keine Überraschungen mehr? Hat man sich auf den kleinsten gemeinsamen Nenner geeinigt und glaubt, die sexuellen Wünsche und Vorlieben des anderen zu kennen? Wenn dem so ist, vergibt das Paar eine große Chance auf Veränderung. Die wird möglich, wenn Liebende wissen, dass der jeweils andere neben der gemeinsamen Sexualität noch eine ganz eigene sexuelle Welt besitzt. Und die ist oftmals sehr viel lebendiger und bunter als die Sexwelt, die das Paar miteinander teilt.

Leider gewähren die meisten Paare einander wenig Einblicke in ihren sexuellen Bereich. Sie fürchten, sie würden den anderen überfordern oder irritieren, und lassen deshalb ihre sexuellen Gedanken und Wünsche im Dunkeln. Aber das ist schade. Denn wagten sie es, ihr Geheimnis zu lüften und dem anderen von ihrer bunten Welt zu erzählen, käme eine interessante Bewegung in das gemeinsame Sexleben.

Paartherapeuten schlagen in diesem Zusammenhang oft vor, die eigenen sexuellen Fantasien mit dem Partner zu teilen: Was würde man gerne tun? Wovon träumt man? Welche sexuellen Handlungen wünscht man sich? An welchem Ort möchte man Sex erleben? Wie auch immer die Fantasien aussehen, wie »schmutzig« sie auch sein mögen, sie können Lust auf mehr machen. Das alles dem anderen mitzuteilen, erfordert Mut und großes Vertrauen. Auf jeden Fall sollte sich das Paar darüber verständigen, dass derjenige, der eine Fantasie erzählt, sie nicht unbedingt ausleben, sondern nur den anderen daran teilhaben lassen will.

Wer sich noch nicht traut, muss die eigenen sexuellen Wünsche dem anderen nicht unbedingt mitteilen. Es reicht schon aus, wenn das Paar von der Existenz solcher Fantasien weiß. Dann entsteht Neugier auf das Unbekannte. Und dieses Unbekannte reizt. Weil es nicht das Vertraute und ständig Geübte ist.

Offene Beziehungen, Affären, Fremdgehen

»Mach, was du willst oder
brauchst für deine Entwicklung.«

Dr. Amalfi

»Die Liebe ist ein Kind der Freiheit« und »Wer zweimal mit demselben pennt, gehört schon zum Establishment«. Mit Parolen wie diesen wollte sich die 68er-Generation im vergangenen Jahrhundert von Verkrustungen und Einengungen in Zweierbeziehungen befreien. Zu negativ hatten sie die Ehen der eigenen Eltern erlebt, die oftmals nur noch von Konvention und materiellen Zwängen zusammengehalten wurden. Moderne Paare wollten mit einem Menschen nur so lange zusammen sein, solange es sich »gut anfühlt«. Selbstverwirklichung, die Unabhängigkeit von anderen und deren Bedürfnissen war wichtigstes Ziel der persönlichen Entwicklung. Ein Text des Psychotherapeuten Fritz Perls wurde zum Credo dieser Befreiungsbewegung: »Ich bin ich und du bist du. Ich bin nicht auf dieser Welt, um nach deinen Erwartungen zu leben, und du nicht, um meine zu erfüllen, ich bin ich und du bist du, und wenn es der Zufall will, dass wir uns treffen, ist das wunderbar. Wenn nicht, kann man nichts machen.«

Irgendwann aber fanden sich auch die Kinder der Revolution in stinknormalen Beziehungskisten wieder, kämpften mit Eifersucht und mussten erkennen, dass das Modell »freie Liebe« sie überforderte. Die Sehnsucht nach dauerhaften, verbindlichen Beziehungen ließ sich nicht vertreiben. Das Experiment war gescheitert. Geblieben ist davon jedoch eine wichtige Erkenntnis: Monogamie ist ein hehres Ziel, das in der Realität oft nur mit großer Disziplin gelebt werden kann. Gibt es einen Ausweg aus dem Dilemma? Offene Beziehungen sind heute selten geworden. Sehr viel häufiger kommt es zur seriellen Monogamie (eine Beziehung wird nach der anderen gelebt) oder zu heimlichen Außenbeziehungen.

Warum aber gehen Menschen fremd, wenn sie im Grunde ihre bestehende Beziehung nicht aufgeben wollen? Was sind ihre Motive? So unterschiedlich die einzelnen Fälle auch liegen, der häufigste Auslöser für Untreue ist ein Ungleichgewicht in elementaren Bedürfnissen. Manchen Menschen ist es wichtig, dass es in der Partnerschaft nicht zu eng wird. Ihre Unabhängigkeit bedeutet ihnen viel. Wünscht der Partner oder die Partnerin sich dagegen mehr Bindung und verhält sich vielleicht sogar anklammernd, dann versuchen die Unabhängigen alles Mögliche, um Abstand zu halten: Sie arbeiten mehr als sonst, treiben exzessiv Sport, gehen allein oder mit Freunden auf Reisen, halten sich den Nähesuchenden mit Kränkungen und Streit vom Leib – oder verlieben sich in eine andere Person. Durch die Außenbeziehung verschaffen sie sich wieder Luft zum freien Atmen. Indem sie ihren emotionalen Schwerpunkt nach außen verlegen, können sie die Situation in der festen Beziehung besser ertragen.

Auch der umgekehrte Fall ist denkbar: Wird die Distanz zum Partner zu groß, weist dieser Wünsche nach Aufmerksamkeit und Zuwendung regelmäßig zurück, dann wird für den Nähe-suchenden das zwischenmenschliche Klima in der Beziehung irgendwann zu kalt. Auch hier kann eine Außenbeziehung, die genau das bietet, die Balance in der festen Partnerschaft wie-derherstellen. Erscheint eine andere Person verlässlicher und nahbarer als der feste Partner, kann die Sehnsucht nach Nähe siegen – und die »Unnahbarkeit« des festen Partners lässt sich wieder besser ertragen.

Vielen Konflikten und Auseinandersetzungen liegt oftmals eine verloren gegangene sichere Bindung zugrunde, die den Weg frei macht für einen Dritten oder eine Dritte. Sobald ein Paar diesen Zusammenhang erkennt, kann es sich auf konst-ruktive Weise mit einer Affäre auseinandersetzen und sich aktiv um verloren gegangene Bindungssicherheit kümmern.

Podcast 10

CHARLOTTE: Meine Frage an dich: In wen warst du schon mal verliebt während unserer Beziehung?

MARTIN: Wir haben doch diese Vetoregelung eingeführt, bevor wir das hier angefangen haben. Dass man auch ein-mal im Monat eine Frage verweigern darf.

CHARLOTTE: An diese Regelung kann ich mich nicht er-innern.

MARTIN: Scheiße, ich will das wirklich nicht sagen. Also ich könnte jetzt sagen: »Barbara«, aber das wäre ja lächer-lich.

CHARLOTTE: Sage doch: »Barbara bei der Arbeit«, »Barbara im Pferdekleid« oder so.

MARTIN: Nein, ich erkläre mal, wie das gemeint war. Sagen wir mal, wir gucken eine Serie und dann sehe ich eine

Figur oder eine Schauspielerin. Und ich denke kurz: Wow. Da passiert irgendwas, dass man die einfach richtig toll findet. Wie so ein kleiner Funke. Wenn man so ein Gefühl im Alltag hat, ganz kurz, dass man denkt: Wenn das Leben anders wäre, wenn ich alleine oder jünger wäre, dann würde ich vielleicht diese Frau in dieser Situation ... Dann würde ich was machen. Ich würde anfangen zu flirten. Da ist so eine Ausstrahlung, wo ich merke, die zieht mich an. Das ist ein Augenblick, eine kurze Empfindung, und dann ist das einfach wieder weg, weil es total absurd ist. Wie eine kleine Fantasie, eine kurze Frage: Könnte ich mit der auch zusammen sein? Mehr ist das nicht, und dann ist das wieder weg. Das würden andere vielleicht gar nicht so bezeichnen, wie ich das gemacht habe. Da gibt es ja keinen weiteren Move, es passiert gar nichts. Ich treffe die ja nicht und probiere das dann mal aus, solche Schritte passieren ja gar nicht. Es ist auch falsch zu sagen: Ich finde diese Frau irgendwie gut oder cool oder attraktiv. Es findet einfach eine kleine Spekulation im Gehirn statt, was wäre wenn? Was wäre, wenn ich dich nicht lieben würde, wäre das dann möglicherweise eine Frau, wo ich irgendeinen Move machen würde, weil die in mir irgendwas berührt hat?

CHARLOTTE: Ja, in Ordnung. Ich habe nämlich wirklich gedacht ... Das wusste ich nicht, in welchem Bereich das ist.

MARTIN: Es gab nicht den Punkt von einer Erprobung. Es gab keinen Flirt, es war ein reines Ding im Kopf. Aber für einen Funken muss ich mich nicht schämen, oder? Der ist einfach da. Es kommt ja auch noch darauf an, was mache ich damit? Mehr war das auch nicht. Und das, meine ich, passiert ab und zu.

CHARLOTTE: Doktor Amalfi hat früher immer zu mir gesagt: »Ach, lassen Sie es doch.« Wenn ich da erzählt habe, dass ich irgendjemanden gut finde oder mich verliebt habe, dann hat sie immer gesagt: »Lassen Sie das lieber in der Fantasie.« Man muss nicht jede Scheiße ausleben. Das endet immer schlimm und ist kacke und verletzt jemanden. Wenn man gar nicht wegwill, warum soll man dem nachgehen? Mittlerweile hat sie ihre Meinung geändert und sagt: »Dann checken Sie das doch aus, gehen Sie dem doch nach, und dann stirbt das eh ab.« Ich glaube, die schätzt das mittlerweile anders ein. Dass wir nicht mehr so zerstört werden können wie früher. Jetzt denkt sie, der bessere Tipp für mich, damit ich bei dir bleibe, ist das Ausprobieren. Das Ziel ist ja, nicht blind bei dir zu bleiben, sondern meinen Wunsch im Blick zu haben, mit dir alt zu werden.

MARTIN: Das stimmt, dass sie uns jetzt vielleicht stabiler bewertet. Vielleicht hat sie gemerkt, dass du sehr nah bei dir bist, aber nicht mit Fantasien. Das ist sehr offensichtlich, dass du ein großes Problem damit hast, Fantasien zu haben oder zu entwickeln. Für dich gibt es diese Ebene kaum. Ich finde, die Fantasieebene ist eine super Ebene, um mit Sachen umzugehen, auch in der Sexualität. Um so einen Funken in irgendeiner Form auszuleben, aber in der Fantasie. Das ist wie ein Trick. Da gehe ich kurz rein, und dann gehe ich wieder raus. Diese Ebene hat mit nichts und niemand anderem zu tun. Alles, was da passiert, ist weder gut noch böse. Und du hast diese Ebene im Grunde genommen gar nicht so richtig oder kennst sie nicht oder weißt noch nicht, wo die ist.

Podcast 4

MARTIN: Nun müssen wir ran an *the affair*.

CHARLOTTE: Ja, es muss raus. Es ist einfach auch eine geile Geschichte. Und auch wie du damit umgegangen bist und so. Ich liebe diese Geschichte: Wann fliegt man schon beim Fremdgehen auf? Ganz selten.

MARTIN: Offenbar du nur einmal.

Podcast 12

CHARLOTTE: *The affair.* – Das Wort ist viel zu hochtrabend für das, was es war. Wenn ich es erzähle, dann auch gerne als Beispiel, wo zwischen dir und mir Scheiße passiert ist. Ich lache dann durchgehend, weil ich mich schäme für das alles.

MARTIN: Ich war die meiste Zeit – das gehört ja zu einer Affäre dazu – nicht dabei, ich kann also gar nicht viel dazu erzählen. Ich kann mich jetzt entspannt zurücklehnen.

CHARLOTTE: Nein, es geht doch auch darum, wie das für dich war. Bis dahin, wo du es erfahren hast, wusstest du natürlich nichts davon. Ich habe das so gut gemacht. Aber dann flog ich auf. Und ab da warst du ja mit *in the game*, weil es darum geht, wie wir zusammen damit umgegangen sind.

MARTIN: Wenn du sagst, dass du das so gut gemacht hast: Ich habe mein Verhalten da gar nicht geändert, ich würde das wieder genauso wenig merken. Das ist offenbar nicht in mir drin, mit einem ständigen Misstrauen oder einer Art Spionagekoffer durch eine Beziehung zu rennen. Ich habe zum Beispiel noch nie dein Handy gecheckt.

CHARLOTTE: Das ist komplettes Desinteresse. Dir ist das einfach scheißegal, was ich mache.

MARTIN: Da kannst du jetzt überlegen, ob ich Vertrauen habe oder es mir scheißegal ist. Wenn du mir morgen früh eine Geschichte vom Fremdgehen erzählen würdest, würde ich dasitzen und denken: Was?

CHARLOTTE: Gar nicht gemerkt.

MARTIN: Wann war das denn? Wie ging das denn?

CHARLOTTE: Eine Sache muss ich vorwegschieben, weil ich bei einer Affäre finde, dass da das Setting wichtig ist: Vorher ist was Schlimmes passiert. Ich will das nicht darauf schieben, aber es könnte damit zu tun haben. Wir hatten vorher ein Problem mit einem Stalker.

MARTIN: Wir sind total unterschiedlich damit umgegangen. Das ist Teil der Erklärung. Wir waren beide total alarmiert. Du hast gedacht, du musst totalen Schutz suchen und wir müssen unser ganzes Leben umstellen. Und ich habe gedacht, das ist keine gute Idee, ich wollte nicht, dass der plötzlich unser ganzes Leben bestimmt, und habe abgewiegelt. Du hast das aber nicht als eine Beruhigung empfunden, sondern als so eine Art Gleichgültigkeit. Das hat uns total auseinandergebracht. Du hast gedacht, der Martin nimmt mich nicht ernst, der denkt, ich übertreibe, ich spinne. Der schützt mich und unsere Familie nicht. Natürlich war das nicht meine Intention. Ich hatte eine andere Strategie. Aber da waren wir dann offenbar total weit auseinander, richtig getrennt voneinander.

CHARLOTTE: Ja, weiter geht gar nicht.

MARTIN: Und dann kam dieser junge Ritter.

CHARLOTTE: Die Leute sagen immer so platt, man sucht außerhalb Bestätigung, wenn es in der Beziehung nicht stimmt. Aber das stimmt nicht, man trifft ja auch einfach Leute, die man toll findet oder in die man sich kurzzeitig verliebt oder für die man einen Crush hat. Es hat also auch was damit zu tun, welche Leute man trifft. Nicht nur, wie es uns geht und ob man offen ist für jemand anderen, weißt du?

MARTIN: Deswegen suche ich mir ganz bewusst eine total unattraktive Umgebung aus.

CHARLOTTE: Martin, du beleidigst alle Leute, die dich kennen, bist du bescheuert?

MARTIN: Ja, Entschuldigung, das war nur eine These. Das war nicht ernst, ich wollte nur widersprechen.

CHARLOTTE: Ja, ich will nicht gelten lassen, dass Leute, die eine Affäre haben, das darauf schieben, dass es denen in der Partnerschaft gerade schlecht ging. Das wäre dann Rache am Partner oder unterbewusstes Handeln. Ich will ehrlich sein: Ich habe keine Erklärung. Aber: Wir waren an einem krassen Punkt im Leben wegen dem Stalker. Der wusste, wo wir wohnen, der war bei uns zu Hause. Die Polizei war da und hat uns unglaubliche Angst gemacht. Wir sollen Sicherheitsvorkehrungen treffen, der ist höchstgradig geistesgestört, Sicherheit und Kinder. Das war voller Alarm. Du bist weggefahren mit deinem Freund nach Polen in einen lang geplanten Urlaub. Und du hast deine Frau abgegeben an diesen Freund der Familie, Markus.

MARTIN: In dem Sinne: Kannst du nach dem Rechten schauen?

CHARLOTTE: Ja.

MARTIN: Ich war, glaube ich, fünf Tage weg, nicht vier Monate. So, und jetzt bin ich schuld?

CHARLOTTE: Nein, das war einfach nicht so gut, dass du die

Sicherheit deiner Frau in die Hände eines Freundes gelegt hast. Das ist alles so schlimm: Wenn man das erzählt, schämt man sich so. Ich finde dich toll, und das so peinlich.

MARTIN: Ich kann dich beruhigen, das klingt bisher total normal.

CHARLOTTE: Der war superjung. So jung, dass der gerade arbeiten konnte, dass das legal war. Anfang 20 oder so. Wir hatten den im Sportverein kennengelernt. Vereine sind gefährlich, sage ich euch. Der war mit uns als ganzer Familie befreundet und mit wirklich vielen Freunden von uns. Der kam in unser Leben rein, und alle fanden den jung und flippig und wild und nett und charmant. Wie war der eigentlich, Martin?

MARTIN: Ein super Typ, total cool.

CHARLOTTE: Ich habe auf jeden Fall so einen Tick, dass mir Typen egal sind, bis ich merke, dass die in mich verliebt sind. Dann bin ich sofort auch in die verliebt. Verstehst du? Ich verliebe mich nicht einfach von alleine, sondern das geht oft von einem Mann aus. Deswegen ist das auch oft so erfolgreich, weil ich erst Gefühle entwickle, wenn ich spüre, da ist die Tür schon auf. Verstehst du? Jedenfalls habe ich dann mit dem was angefangen. Das ging richtig schnell in die Richtung: Der wird mein nächster Mann. Das war, als du weg warst.

MARTIN: Moment, ich war nur kurz weg, und das war nur der Anfang der Geschichte. Und dann ging das erst los.

CHARLOTTE: Ja. Ich habe mich wieder jung gefühlt. Ich dachte: Du und ich, wir sind lange zusammen. Kinder, Haushalt, Arbeiten. Diese ganzen Verantwortungen und das Streiten über den Stalker. Mit dem war das so etwas, wo man frei war und auch wieder jung. Wir sind dann in meinem Auto rumgefahren und haben asoziale Musik gehört. Das war so leicht, wie ein frischer Anfang. Ohne jede Belastung. Das war schön.

MARTIN: Weil du dich in der Ehe mit mir – weil ich so viel älter bin – eher älter gemacht hast. Dann konntest du dich da noch mal jünger machen?

CHARLOTTE: Das war auf jeden Fall ein Punkt. Das ging über zwei Monate. Wir haben uns heimlich getroffen. Oder wenn ich zum Tanzen war mit Freunden, dann bin ich früher mit dem abgehauen. – Du guckst so nach unten.

MARTIN: Ich höre andächtig und konzentriert zu.

CHARLOTTE: Aber dann ging das auch ganz schnell andersherum: Ich fand das einen Abturner, dass der wirklich und ernsthaft auch nur ansatzweise dachte, dass ich dich verlassen würde für den. Da kamen solche Gespräche: Was machen wir denn dann, wenn wir endlich zusammen sind? Da dachte ich so: Was? Und dann: Komm, das muss sofort beendet werden.

MARTIN: Du hattest ja vorher schon einen Stalker. Ich glaube, deshalb warst du so total *alert*.

CHARLOTTE: Ich hab mich dann einfach versteckt zu Hause und wieder mehr mit dir zu tun gehabt und einfach so getan, als würde der nicht existieren, dieser Markus. Und dann ist er durchgedreht. Der wollte nicht abserviert werden und hat immer wieder gefragt. Auch die SMS wurden immer bedrohlicher. Nicht körperlich bedrohlich, aber da kamen Sachen wie: »Ich sage das Martin.« Oder: »Willst du mich verarschen? Du kannst nicht so tun, als gäbe es uns nicht.« Und dann ist das Allerschlimmste passiert für mich, denn der hat gesagt, er sitzt gerade bei einem Verlag und will die Geschichte verkaufen.

MARTIN: Das hätte ich mir aber auch nicht besser ausdenken können. Also, Hut ab, alle Achtung.

CHARLOTTE: Jetzt denke ich: Wie konnte ich das damals glauben?

MARTIN: Das wäre aber ein langweiliges Kapitel geworden. Meine Güte.

CHARLOTTE: Ich habe mich so aufgeregt. Ich habe das voll geglaubt, für bare Münze genommen. Weil er wusste, ich schreibe Bücher, wollte der Gleiches mit Gleichem vergelten. Diese Drohung ging so rein. Das war so ein Albtraum. Und dann habe ich eine volle Panikattacke gekriegt. Und dachte: Okay, jetzt muss ich dir das sagen. Ich habe dich ins Wohnzimmer hingesetzt und gesagt: »Martin, ich muss dir was sagen.« Diesen fatalen Satz. Und dann habe ich dir als Erstes gesagt, was ich mit dem gemacht habe. Und als Zweites, dass der gerade zu Verlagen geht, um diese Story zu verkaufen. Und dann hast du gesagt: »Boah ey, Charlotte, das ist so asozial von dir.« Du hattest erst Wut und warst eine Sekunde lang verletzt, aber dann musstest du sofort in den Helfermodus wechseln. Ich habe dich sozusagen gehirngefickt oder emotional gefickt. Also gebeichtet, dass ich dich betrogen habe mit einem gemeinsamen Freund, der bei uns ein und aus geht und den du gebeten hattest, mir zu helfen, als du weg warst.

MARTIN: Du hast einen Fehler gemacht, aber der spielte in Anbetracht des großen Ganzen keine Rolle mehr. Die Idee war: Jetzt müssen wir zusammenhalten.

CHARLOTTE: Du musst mir helfen. Und das hast du ja auch gemacht. Das war so scheiße für dich, dass du gar nicht sauer sein konntest oder normal reagieren und irgendwas verarbeiten, weil es direkt in den Verteidigungsmodus ging.

MARTIN: Eine Minute hatte ich, vielleicht anderthalb.

CHARLOTTE: Eine halbe.

MARTIN: Ich weiß noch diesen Satz: »Ich muss dir was sagen.« Und dann trete ich aus mir raus und gucke auf uns beide. Wie in eine Filmszene reinschauen. Beim ersten Satz war schon alles klar. Bevor du was Weiteres gesagt hast, wusste ich: Jetzt sind wir auf dem Boden gelandet. Egal, was du jetzt konkret sagen wirst, wir sind ...

CHARLOTTE: Auf uns gestellt.

MARTIN: Nein, wir sind eine normale Liebe oder Beziehung, wie alle anderen. Wir sind nicht mehr exklusiv, auserwählt oder die größte Liebesgeschichte der Welt. Wir sind eine ganz banale, normale Partnerschaft.

CHARLOTTE: Das finde ich gar nicht so schlecht. Dieser Größenwahn von vorher, dass wir ein besseres Paar sind als andere, hat mich immer schon abgefuckt.

MARTIN: Neben der totalen Überraschung war das so absurd für mich. Mir war klar, dass das nicht um den dabei gehen konnte. Ich habe gedacht: Keine Ahnung, was bei uns oder bei der Charlotte schiefläuft, aber dass das passiert ist, hat weder mit mir noch mit dem was zu tun. Der war total verletzt. Und der tat mir auch leid. Weil der richtige Gefühle hatte. Du nicht.

CHARLOTTE: Das hast du bei dem Gespräch auch direkt gesagt: »Charlotte, das ist richtig asozial von dir. Hoffnungen und Gefühle hervorrufen und die dann nicht erwidern, das ist einfach richtig, richtig asozial.«

MARTIN: Ja.

CHARLOTTE: Und ich habe mich sehr gewundert, wie schwer du das genommen hast. So: Das ist der Anfang vom Ende, wir gehen jetzt langsam an den Arsch, und die macht jetzt ein Ding nach dem nächsten, oder die flüchtet jetzt nach und nach. Das hat eine Zeit gedauert. Nachher konntest du eigentlich darüber lachen. Aber am Anfang dachtest du: Nee, das kriegen wir nicht hin. Und dann hast du ganz lange gewartet. Die Zeit hat die Wunden geheilt. Irgendwann war es einfach so vorbei. Dann war das nur noch eine lustige Anekdote von früher, die uns gar kein bisschen zerstört hat. Aber ich muss noch eine Sache erzählen: Wir waren ja in diesem Sportsverein mit vielen Freunden von uns. Und danach konnten wir ja nicht einfach in dem Verein bleiben. Und dann hast du dir eine Strafe ausgedacht. Du hast gesagt: »Charlotte, ich werde dir das verzeihen, aber warte einfach, bis ich bereit bin. Derweil verlange ich von dir eine Sache. Du hast jetzt jeden von unseren Freunden im Verein – also von Markus und uns – einzeln anzurufen und denen zu sagen, was du mit dem und mir gemacht hast.« Und du wolltest dabeisitzen und zuhören.

MARTIN: Was?

CHARLOTTE: Ja, Martin.

MARTIN: Das klingt total schrecklich.

CHARLOTTE: Das fand ich irgendwie auch, aber es war auch lustig. Wie der *walk of shame* in *Game of Thrones*. Wo die Königin nackt durch die Menge muss und mit Scheiße beworfen wird.

MARTIN: Ich glaube, ich habe gedacht: Wie sollen wir das denn machen? Werden wir jetzt wochenlang immer damit belästigt, dass die fragen, wo denn der Markus ist? Oder fragen: »Was ist denn hier los, warum redet ihr denn nicht mehr mit dem Markus?« Aus diesem Dilemma, dachte ich, kann man nur mit Offenheit raus.

CHARLOTTE: Ich glaube, deswegen lache ich auch immer noch.

MARTIN: Da habe ich gedacht: Das ist deine Aufgabe.

CHARLOTTE: Oh Gott. Und dann saßt du daneben und alle Markussens und alle Barbaras habe ich einzeln mit Lautsprecher angerufen und gesagt: »Hallo, hier ist Charlotte, ich möchte dir was erzählen, was ich dem Martin angetan habe.« Das und das ist passiert. Und jeder Einzelne hat reagiert mit: »Charlotte, du bist so ein Arschloch.« Alle hatten Mitleid mit dem Markus und haben mich total beschimpft oder laut angefangen zu lachen über die Personenwahl. Und sie haben mir gesagt, wie gemein das war bei dem Altersunterschied. Am Ende haben sie dann gesagt: »Danke für die Info.« Und ich habe den Nächsten angerufen. Das war wie Leute einladen zu einer Beerdigung, einen nach dem anderen. Danach hattest du bessere Laune. Du wolltest mich nicht davonkommen lassen.

Podcast 3

MARTIN: Die eigentliche Frage, die mich bewegt: Wie meinst du das eigentlich mit der offenen Beziehung? Du hast da so viel drüber geredet in letzter Zeit.

CHARLOTTE: Mein alter Trick ist, dass ich Witze mache über ... Partnertausch, Swingerclubs, Dreier oder so. Bis du dann irgendwann wütend fragst: »Warte. Möchtest du mir irgendwas sagen damit? Weil, dann sag's einfach.« Und dann sag ich aber nix.

MARTIN: Genau deswegen wollte ich jetzt wissen: Erstens, wie meinst du das? Und zweitens, was ist das überhaupt für dich? Darf ich noch was sagen, bevor du antwortest? Ist das gegen die Regeln?

CHARLOTTE: Nein, es gibt keine Regeln.

MARTIN: Dieser Begriff ist für mich so reduziert. Ich habe das Gefühl, »offene Beziehung« ist so verdorben oder reduziert, weil es offensichtlich nur darum geht, ob man mit jemandem anderen Sex haben darf. Das wird nicht sanktioniert. »Offene Beziehung« heißt dann, man kann rummachen, wie man will. Das ist so armselig.

CHARLOTTE: Aber warum denn armselig?

MARTIN: Das reduziert das Bedürfnis nach Offenheit oder nach Freiheit einfach auf Sex mit jemandem anderes. Wenn ich das neu und positiv definieren würde, dann würde ich sagen, »offen« in folgendem Sinne: »Mach, was du willst oder brauchst für deine Entwicklung.« Kein *Judgement*.

CHARLOTTE: Keine Strafe.

MARTIN: Ja, im Sinne von Freiheit: Entwickle dich und suche deine Bedürfnisse. Da gibt es ja viel mehr als sexuelle. Lebe die aus, ohne dass du denkst, dass das die Partnerschaft gefährdet oder dein Partner sauer ist. So, ab jetzt halte ich die Fresse, weil ich dich was gefragt habe.

CHARLOTTE: Okay. Aber zum Beispiel der Punkt »ohne dass du die Partnerschaft gefährdest oder dein Partner sauer ist«: Das ist das, was abgesprochen werden muss.

MARTIN: Da bin ich der Meinung, dass wir das schon seit vielen Jahren so abgesprochen haben.

CHARLOTTE: Wann denn?

MARTIN: Ich sage dir seit vielen Jahren: »Charlotte, du kannst doch machen, was du willst. Mach, was du willst.« Aber vielleicht weißt du einfach nicht, was du machen willst?

CHARLOTTE: Ich glaube ja, dass wir in »Mach, was du willst« sehr unterschiedlich sind. Deswegen war das eine Zeit lang so, dass ich mit dir Sachen gemacht habe, die dein »Mach, was du willst« waren.

MARTIN: Zum Beispiel?

CHARLOTTE: Mit einer dritten Person was zu machen.

MARTIN: Okay, aber du hast es sehr glaubhaft verkörpert, dass du das gerne möchtest. Ich dachte, du wolltest das.

CHARLOTTE: Ja, ich bin ein guter Schauspieler. Nee, ich habe das vorher in Filmen gesehen, wie man das macht, und dann habe ich das gemacht, weil ich dich liebe. Ich dachte, das macht dich glücklich. Das war keine schlimme Überwindung für mich, aber na ja ... Von mir war das nicht ernst gemeint, sondern ich finde, man kann viele Sachen machen für einen Partner, wenn man den liebt und weiß, der steht auf was, und das tut einem selber nicht weh. Und irgendwann denkt man sich: Nee, mach alleine. Früher war ich mit dabei, und dann habe ich gesagt: »Ich muss nicht mit dabei sein, mach alleine.« Das ist ganz schön. Dreier ist oft auch richtig kontrolletti. Ein Dreier ist eigentlich: Ich erlaube dir fremdzugehen, aber ich will dabei sein, um genau sehen zu können, was ihr macht, und abzuchecken, ob du das zu gut findest oder ob du dich anders benimmst als bei mir.

MARTIN: Oder ob du dich in dem Moment verliebst, oder?

CHARLOTTE: Genau. Wenn man aber ein paarmal dabei war, denkt man sich: Jetzt brauche ich nicht mehr dabei sein, weil das voll *lame* ist im Sinne von: Da passiert nichts.

MARTIN: Weil das nicht deine Fantasie ist.

CHARLOTTE: Nein, da passiert nichts, was man kontrollieren muss. Du kannst das schön alleine machen, weil es nicht mein Ding ist. Das ist eine Riesenerkenntnis, wenn man lange zusammen ist und viel ausprobiert.

MARTIN: Aber Charlotte, wenn du nicht dabei bist, ist das ja gar kein Dreier.

CHARLOTTE: Im Prinzip will derjenige, der einen Dreier will, doch eigentlich nur mit einer anderen Person was machen und der Partner ist mit dabei.

MARTIN: Das ist aber eine Interpretation von dir. Vielleicht stimmt das gar nicht? Ich kann mich erinnern, dass die Frau Amalfi erklärt hat, ich möchte, dass du dabei bist, damit das abgesegnet ist.

CHARLOTTE: Ja, im christlichen Sinne von Schuld und Scham. Ne?

MARTIN: Du musst mir den Segen geben.

CHARLOTTE: Ich werte das auf und mache das legal, weil ich dabei bin. So war das. Erst mal war das für mich bahnbrechend, mitzugehen und mitzumachen. Ich kam mir vor wie die coolste Sau auf der ganzen Welt. Weil ich weiß, dass ganz viele Leute davon träumen und nicht wissen, wie die das hinkriegen sollen mit dem Partner. Auch wenn es gar nicht mein Ding war, dachte ich: Boah, bin ich cool. Weil man sich vorkommt wie in einem Film, weißt du?

MARTIN: Ja, aber vielleicht probiert man solche Sachen auch aus, um zu zeigen, dass das geht. Da passiert gar nichts. Das macht die Liebe, die Partnerschaft, die Ehe gar nicht kaputt. Und dann ist auch gut. Dann kann man sagen: Kann man machen, muss man nicht machen. Ist aber egal. Es ist gar nicht so wichtig.

CHARLOTTE: Für mich war dann die nächste bahnbrechende Erkenntnis, dass ich einfach gar nicht mehr dabei sein muss und dir einfach sage: »Mach, was du willst.«

MARTIN: Aber weißt du, ich habe das Gefühl gehabt, du sagst das, und dann bin ich dich los. Das war ja auch in einer Phase, wo es uns schlecht ging, wo wir nicht sehr nah waren. So: Geh. Nerv mich nicht. Lass mich in Ruhe. Du wolltest dich nicht mehr kontrolliert fühlen und du wolltest dich von mir nicht gegängelt fühlen, oder auch bewertet und beurteilt. Also hast du gesagt: »Weißt du was? Ich gebe dir die totale Freiheit, dann habe ich meine Ruhe.« Eigentlich tut man so, als wäre das was Großzügiges, aber in Wirklichkeit ist die Motivation eine andere.

CHARLOTTE: Das sind zwei Sachen. Bei der zweiten gebe ich dir total recht. Der Trick in einer Partnerschaft ist: Wenn man dem anderen alles erlaubt, dann darf man auch machen, was man will. Ich muss damit klarkommen, dass du machst, was du willst, weil ich es dir erlaubt habe. Und dafür nehme ich mir raus, zu machen, was ich will.

MARTIN: Ja. Aber das ist nicht grundsätzlich so, es gibt auch Partnerschaften, wo der eine etwas für sich in Anspruch nimmt und dem anderen das nicht automatisch zugesteht.

CHARLOTTE: Das kenne ich von mir auch, von früher. Das ist natürlich voll unfair, so ein Gefühl: Ich darf fremdgehen, aber der andere darf noch nicht mal jemanden angucken, sonst raste ich aus. Das ist eine hyperunsichere Superdominanz. Diesen Gedanken kenne ich ein bisschen. Ich wollte aber noch zu dem ersten Punkt was sagen. Zu »Ich bin froh, dich loszuwerden«. Das ist ein komplexes Thema. Deshalb noch mal: Wie will man eine offene Beziehung definieren? Also, du kannst supergut Sexualität auslagern aus unserer Beziehung. Du willst keine

Gefühle mit anderen Leuten haben, weil das gefährlich für dich ist.

MARTIN: Du meinst, ich bin emotional monogam.

CHARLOTTE: Genau. Und ich nicht.

MARTIN: Ja, weiß ich.

CHARLOTTE: Woher weißt du das?

MARTIN: Das ist ja offensichtlich. Aber das ist doch geschenkt. Das ist doch nicht schlimm. Außer, du würdest jetzt sagen, du möchtest eine weitere gleichwertige Beziehung haben. Dann würde ich auch nicht sagen: »Das ist das Ende.« Dann würde ich darüber nachdenken oder gucken, ob so was geht. Ich sage nicht, dass das geht. Aber ich wundere mich schon. Du guckst die ganze Zeit diese Serie, wo der Mormone viele Ehefrauen hat. Ist das ein Mormone?

CHARLOTTE: Ja, ein ultraorthodoxer Mormone.

MARTIN: Der hat viele Frauen. Ist keine Frau, die viele Männer hat.

CHARLOTTE: Ein fundamentalistischer Mormone. Da denke ich immer: Ist ja klar, warum ich das gucke. Das ist cool. Und zwar umgekehrt. Das hätte ich gern.

MARTIN: Schwebt dir denn konkret jemand vor? Hast du da jemanden im Auge?

CHARLOTTE: Nein. Ich kann Sexualität von Gefühlen nicht trennen. Ganz einfach. Mich interessiert nicht, absichtlich zu jemandem hinzugehen, den ich nicht liebe, um mit dieser Person Sex zu haben. Was ist denn das männliche Pendant zu einer Prostituierten? Ein Gigolo.

MARTIN: Eine männliche Prostituierte. Ein Sexarbeiter.

CHARLOTTE: Eine männliche Prostituierte kommt für mich nicht infrage.

MARTIN: Ein Escortboy.

CHARLOTTE: Bei mir ist es so, dass ich schon als Jugendliche fremdgegangen bin ...

MARTIN: ... Machst du jetzt eine Pause oder ich?

CHARLOTTE: Du. Du reagierst ja nicht.

MARTIN: Ich kann da doch gar nicht viel dazu sagen.

CHARLOTTE: Ich will ja nur sagen, dass ich anders bin als du. Und du findest, dass du weniger bedrohlich für unsere Beziehung bist. Aber jeder muss doch machen können, was er will. Was zu ihm passt und was er toll findet. Also, was er aufregend oder geil findet. Du würdest, glaube ich, eher sagen, dass das, was ich mache, für uns bedrohlich ist. Aber ich passe auf, dass uns das nicht bedroht.

MARTIN: Dann mach. Fängst du morgen damit an? Oder übermorgen? Reden wir dann nächste Woche drüber? Stehen die irgendwo Schlange, in die du dich verlieben wirst/willst? Und wie lange geht das dann?

CHARLOTTE: Willst du das denn wissen?

MARTIN: Nee, ich glaube nicht.

CHARLOTTE: Nee, denn das ist dieses eklige Siebzigerjahre-offene-Beziehung. Wo man dem Partner unter die Nase reibt, wie potent man ist. Oder wen man abgeschleppt hat. Und was man im Detail mit dieser Person gemacht hat. Ich glaube, dass das richtig verletzend ist und total scheiße. So was macht man nicht.

MARTIN: Es gibt doch dieses Modell, dass Paare sich darauf einigen, einmal in der Woche oder im Monat den sogenannten freien Tag oder den freien Abend zu haben. Da können beide machen, was sie wollen, und da wird nicht drüber gesprochen, was die eigentlich machen. Das Vertrauen ist da. Ein paar Stunden Nichterreichbarkeit. Einmal in der Woche, einmal im Monat, einmal im Jahr – das ist egal. Vielleicht geht der Mann dann in den Keller und baut seine Eisenbahn auf, und die Frau setzt sich an eine Hotelbar. Ist so ein Klischee. Kenne ich aus Serien. Frauen gehen immer an die Hotelbar.

CHARLOTTE: Ich mache mir eher Sorgen darüber, dass du denkst, dass der Mann eine Eisenbahn im Keller baut. Das finde ich viel schlimmer.

MARTIN: In einem Modell, wo es nur um Sexualität geht, kann man das einfach einordnen in so ein Zeitfenster. Aber in dem Moment, wo es um Emotionen geht und um Verliebtsein, wird das schwieriger, weil du ja nicht nach sechs Stunden gehst, dich entliebst und wieder zurückkommst.

CHARLOTTE: Ja, doch.

MARTIN: Und bist nicht mehr verliebt? Und dann gehst du nächste Woche Donnerstag wieder von 20 Uhr bis 24 Uhr verlieben. Ich bin skeptisch in der praktischen Umsetzung dieser Idee.

CHARLOTTE: Das ist das eben, was ich gar nicht so mag an dir. Dass du total wertest. Du findest, dass das, was du machst, unbedrohlich ist. Und das, was ich machen will, ist bedrohlich. Du bestimmst.

MARTIN: Nee, das verstehst du falsch.

CHARLOTTE: Das sexuelle Fremdgehen ist harmlos, weil du das zeitlich eingrenzen kannst. Verliebtsein nicht. Dadurch wertest du, dass das, was du machen willst, ungefährlicher ist und dadurch moralisch höher.

MARTIN: So ist das nicht. Erst mal finde ich gar nicht, dass sexuelles Fremdgehen automatisch harmlos ist. Das sage ich gar nicht. Ich finde, es kommt immer darauf an, wie die Absprachen sind und wie die Partner damit umgehen können. Wenn sexuelles Fremdgehen den anderen Partner verletzt, ist das überhaupt nicht harmlos. Das ist auch ein guter Grund, das vielleicht gar nicht zu machen. Ich höre jetzt auf, dir das irgendwie schlechtzureden.

CHARLOTTE: Das ist ja ehrenhaft, du willst uns nicht zerstören.

MARTIN: Das ist ja dann deine Aufgabe.

CHARLOTTE: Das muss ich dann machen.

MARTIN: Ja.

CHARLOTTE: Vielleicht finde ich aber auch keinen. Das ist ja auch nicht so einfach für mich. Viele haben ja auch Angst vor mir.

MARTIN: Ich sag mal so: Man muss einfach die Erwartung deutlich nach unten schrauben.

CHARLOTTE: Wer jetzt?

MARTIN: Du.

CHARLOTTE: Das ist schlecht, wenn man so verwöhnt ist, ne?

MARTIN: Ja, jetzt sitzen wir hier.

CHARLOTTE: Dein Kopf ist so richtig am Arbeiten.

MARTIN: Nee, ich finde, du hast mit allem recht. Sowieso. Und du hast auch das Recht darauf. Ich spreche dir das gar nicht ab. Ist doch logisch, wenn einem selber was fremd ist, dass es nicht so einfach ist, das zu akzeptieren.

CHARLOTTE: Auf jeden Fall glaube ich, dass Verliebtsein schneller weggeht, wenn es erlaubt ist. Schneller, als wenn es verboten ist.

CHARLOTTE: Habe ich denn deine Frage jetzt vernünftig beantwortet oder fehlt dir noch was als Antwort?

MARTIN: Nee, das ist jetzt mal ausgesprochen.

CHARLOTTE: Geht es dir jetzt schlecht? Machst du dir Sorgen? – Ich will nicht, dass es dir schlecht geht. Deine Körpersprache spricht Bände. Die Arme sind verschränkt, die Hände sind quer unter die Achseln geklemmt.
MARTIN: Nein, überhaupt nicht.
CHARLOTTE: Nee?
MARTIN: Alles spitze.

Podcast 4

CHARLOTTE: Ich will ja nicht eine zweite Familie aufbauen oder so etwas. Sondern nur mich treffen und rumflirten oder verliebt sein und schreiben und so etwas. Du bist mein Superheld, weil ich das ohne schlechtes Gewissen machen darf. Dadurch stirbt die andere Sache von alleine in meinem Gefühl viel schneller, weil sich das so totläuft. Ich kann dem nachgehen, und dann wird das uninteressant. Ich bin immer bei dir und denke, wie toll das ist. Und dann bin ich aufgeregt, weil ich kurz fremdverliebt bin, schreibe, mich treffe. Da denke ich: Das kann man machen, muss man aber nicht. Weil du das erlaubst, liebe ich dich noch mehr.
MARTIN: Aber was sagt der oder die andere denn dann, wenn du sagst: »Tschüss.« Ich habe Mitgefühl.

Podcast 8

MARTIN: Mich würde interessieren, was du tun würdest, wenn du merken solltest, dass du im Grunde genommen gar keinen Sex mehr mit mir haben möchtest?
CHARLOTTE: Also nur keinen Bock oder Ekel? Was meinst

du mit nicht mehr haben wollen? Einfach keine Lust mehr, meinst du?

MARTIN: Beides. Also, das sind ja schon mal zwei Wege. Ich finde schon, wenn du keinen Bock mehr hättest, das würde schon reichen. Wenn du Ekel empfinden würdest ...

CHARLOTTE: Das war nur ein Scherz. Nicht, dass du denkst, das ist jetzt schon so.

MARTIN: Das ist das Risiko, wenn man solche Fragen stellt. Dann kann es auch sein, dass du sagst: »Gut, dass du das fragst.« Okay, mal ehrlich.

CHARLOTTE: Ja, jetzt ohne Witz. Es ist eine Frage, die einfacher zu beantworten ist, als man erst mal denken würde. In den Jahren, wo wir zusammen sind, haben wir schon immer mal nur ganz kurz mit einem Satz darüber geredet. Es kommt ja manchmal vor, dass in einem Buch, in einem Artikel, in einer Serie oder so Paare zum Beispiel getrennt schlafen. Meistens, weil der Mann schnarcht. Wenn ich dann nachdenke, meine ich: Vielleicht schnarcht der extra, damit der alleine schlafen darf. Dazu haben wir schon mal einen Satz gesagt, weil wir wissen: Ja, das kann in der Zukunft passieren. Und dann haben wir gesagt: »Würdest du mit mir zusammenbleiben, wenn wir keinen Sex mehr haben?« Wenn ich dich das gefragt habe, hast du immer gesagt: »Klar.« Und wenn du mich das gefragt hast, wenn wir so eine Serie geguckt haben, habe ich auch immer gesagt: »Ja, klar.« Früher habe ich immer bei der Arbeit, also in Interviews oder so, gesagt, dass das ein Zeichen für die schwindende Liebe sein kann, wenn der Sex weggeht. Wenn ich keine Lust mehr hätte, mit dir zu schlafen, würde ich dir sagen: »Ich habe keine Lust mehr, mit dir zu schlafen.« Und würde trotzdem sagen, dass ich dich liebe und bei dir bleiben will. Dann müsstest eher du gucken, was du machst. Du hast ja gerade gefragt, was ich dann mache. Ich würde es dir sagen und dann hoffen, dass du mit mir zusammenbleibst.

MARTIN: Und wenn du dir das vorstellst, denkst du dann, dass du dir andere Leute suchen würdest, mit denen du schlafen möchtest?

CHARLOTTE: Ja, würde ich, wenn es so wäre. Das ist ja nicht so, wenn wir miteinander schlafen, wie du hoffentlich merkst. Du merkst ja, dass ich Lust habe. Das ist wirklich hypothetisch. Du fragst nicht, weil du denkst, ich hätte keine Lust mehr? Das hat nichts mit der jetzigen Situation zu tun?

MARTIN: Nein, ich würde sagen, das ist ein Gedankenexperiment.

CHARLOTTE: Das ist wirklich so: Je älter ich werde, umso mehr Lust habe ich. Ich hoffe, das merkst du auch. Früher musste ich mich ja immer bitten lassen. Wenn du heute sagst: »Haben wir Sex?«, dann sage ich immer Ja. Ich finde es also viel besser als früher, den Sex. Keine Ahnung, woran das liegt.

MARTIN: An mir nicht, da ist alles so wie immer.

CHARLOTTE: Ich würde hoffen, dass ich dir in der Zukunft sagen kann: »Weißt du was, lass uns das doch einfach sein lassen. Das bringt mir nichts mehr, das ist langweilig.« Das klingt so schlimm. Ich will dir dann sagen können: »Ich liebe dich, und ich möchte weiter bei dir sein. Wir haben so viel anderes im Zusammensein außer Sex.« Und dann würde ich dich fragen, ob das für dich okay ist, wenn ich dann einfach mit anderen Leuten Sex habe. Das ist ja deine eigentliche Frage. Ich würde dich am liebsten direkt zurückfragen, wie das dann für dich wäre, wenn ich das sagen würde. Aber es ist nicht an mir, jetzt zu fragen, so eine Scheiße.

MARTIN: Das heißt ja nicht ... Wir haben ja keine Regeln. Wir können ja machen, was wir wollen.

CHARLOTTE: Würdest du denn dazu Ja sagen?

MARTIN: Ich weiß, dass ich früher ganz klar gedacht habe, wenn der Sex weg ist, dann: Feierabend, Schluss, aus, da muss man sofort das Weite suchen. Heute würde ich das überhaupt nicht mehr ausschließen. Das ist nicht mein Wunschergebnis, aber ich kann damit leben. – Entschuldigung, das war ein Zitat. Das sagen die Schalker immer.

CHARLOTTE: Das war hypothetisch gefragt. Aber würdest du machen, ne?

MARTIN: Ich weiß ja nicht, wie schwer das ist. Erst mal wäre es so: Wenn du sagst, du schläfst mit anderen Männern, dann wäre es ja logisch, dass ich mich, obwohl ich das vielleicht gar nicht will, gezwungen sähe, auch mit anderen Frauen zu schlafen.

CHARLOTTE: Ja, ich würde dir sogar welche vorschlagen.

MARTIN: Es ist wirklich nur ein Gedankenexperiment. Weil ich nicht weiß, was das bedeutet und wie man damit umgeht.

CHARLOTTE: Ich muss aber sagen, ich finde tatsächlich gerade die Antwort von mir sehr romantisch. Früher war man so hart und dachte: »Mann, Sex ist mit das Wichtigste.« Was alle so denken. Und wenn man älter wird oder länger mit jemandem zusammen ist, mit seiner großen Liebe, dann wird man auch weich und anders. Man kann sich viel mehr Zusammenlebensarten vorstellen, ohne dass man das sofort wegschmeißt, weil irgendeine Sache fehlt.

MARTIN: Ich hatte mal eine Freundin und die hatte eine Freundin, die schon länger mit ihrem Freund zusammen war.

CHARLOTTE: Also Barbara?

MARTIN: Genau. Barbaras Freundin Barbara war mit Markus zusammen. Und Markus wollte Sex und Barbara wollte keinen Sex.

CHARLOTTE: *It's a classic.*

MARTIN: Die haben sich tatsächlich so arrangiert, dass Barbara abends auf ihrer Seite des Bettes lag und ein Buch gelesen hat und Markus lag auf der anderen Seite und hat masturbiert. Und Barbara fand das okay.

CHARLOTTE: Hat er denn Avancen gemacht, und sie hat gesagt: »Ich will lieber lesen. Du kannst gerne masturbieren, auch hier im Zimmer«? Oder hat er einfach angefangen zu masturbieren, wenn sie liest?

MARTIN: Dieses Detail habe ich nie erfragt.

CHARLOTTE: Es ist aber wichtig.

MARTIN: Ich habe dieses Bild von früher, als ich darüber nachgedacht habe. Die Frau liegt da und liest ein Buch. Und der Mann liegt daneben und macht so und holt sich einen runter. Das fand ich damals unfassbar deprimierend und völlig unmöglich. Das fand ich schlimm, die schlimmste Form einer Beziehung. Heute kann ich nicht sagen, dass ich Fan davon bin oder dass ich mir das persönlich vorstellen könnte. Aber ich möchte auch überhaupt nicht mehr darüber urteilen, ob das nicht auch eine Möglichkeit ist. Weil die Offenheit ja auch auf irgendeine Weise total gut ist.

CHARLOTTE: Voll, finde ich auch, ehrlich. Es ist nicht Platz Nummer eins der erstrebenswerten Sachen, aber Platz Nummer zwei auf jeden Fall.

Dr. Amalfi

Die untreue Person ist von ihrem Ausflug in eine andere Welt zurück. Das allerdings ist kein Grund, sich zufrieden zurückzulehnen. Es genügt nicht, die Außenbeziehung aufzugeben, es muss die Botschaft dieses Ereignisses verstanden und Vertrauen neu aufgebaut werden. Wie aber kann das gehen?

Zunächst hat der Betrogene ein Recht auf Information. Der oder die Untreue sollte Rede und Antwort stehen und dem Partner, der Partnerin offen und ehrlich die drängendsten Fragen beantworten: Warum diese Frau, warum dieser Mann? War es rein sexuell oder war es mehr? Dabei sollte immer darauf geachtet werden, wie viel Wahrheit notwendig ist und wie viel Wahrheit der betrogene Partner ertragen kann. Als Regel gilt: Spezielle sexuelle Vorlieben, Erlebnisse oder Details aus der Affäre sollten nicht erzählt werden. Sie fügen der Partnerin oder dem Partner nur Schmerzen zu und sind Futter für quälende Fantasien. Auch Vergleiche sind wenig hilfreich. Die Partnerin oder den Partner quält es nur, wenn er oder sie erfährt, was am anderen so viel besser war.

Gespräche über die Affäre allein reichen jedoch nicht aus, um sie zu bewältigen. Der Untreue sollte dem Partner, der Partnerin zudem vermitteln, was ihn in die Arme des anderen getrieben hat. Bekam er zu wenig Anerkennung, ist der andere zu bestimmend und dominant? Hat er sich alleingelassen gefühlt, oder kam es zu Kränkungen? Es sollte größtmögliche

Transparenz über die Bedürfnisse und Gefühle des Untreuen, aber auch die des Betrogenen hergestellt werden. Nur so können beide ihren jeweiligen Anteil an der Beziehungskrise erkennen und gemeinsam an Veränderungen arbeiten. Es geht dann nicht mehr um Schuld und Sühne, nicht mehr um Betrug und Betrogenwerden. Vielmehr geht es um die Frage: Was ist mit uns beiden im Laufe der Zeit geschehen?

Autonomie und Abhängigkeit

»Offensichtlich ist es meine Rolle.«

Dr. Amalfi

Warum ist es so schwer, glückliche und dauerhafte Beziehungen zu führen? An Analysen mangelt es nicht: Allzu romantische Vorstellungen von der Liebe, die Überforderungen durch Beruf und Familie, überzogene Erwartungen an eine Partnerschaft werden ebenso als Schuldige identifiziert wie die Hoffnung, dass es »da draußen« – oder in den Tiefen des Internets – noch einen besseren Partner oder eine bessere Partnerin gibt.

Der letzte Punkt bekommt zurzeit viel Aufmerksamkeit. Jüngeren Erwachsenen, aber nicht nur ihnen, wird Beziehungs- und Bindungsunfähigkeit bescheinigt. Sie würden nur noch um sich selbst kreisen und ihr Wunsch nach Selbstoptimierung würde auch nicht vor dem Partner, der Partnerin Halt machen. Sobald Beziehungsprobleme auftauchten, kämen sie ins Grübeln, ob sie nicht mit einem anderen Mann, einer anderen Frau glücklicher werden könnten. Zu schnell würde dann die Suche nach einem Menschen, der scheinbar besser passt, eingeleitet.

All diese Argumente sind nicht falsch. Aber sie reichen als Erklärung für Beziehungsprobleme nicht aus. Ein wichtiger Aspekt fehlt: die Angst vor Abhängigkeit. Viele Paarbeziehungen sind heute chronisch schwierig oder scheitern, weil Liebende glauben, sie dürften auf gar keinen Fall abhängig vom geliebten anderen werden. Das führt dazu, dass sie der Autonomie in Beziehungen eine viel zu hohe Bedeutung zuschreiben und ihre Unabhängigkeit mit allen Mitteln verteidigen. Dass sie dabei häufig ihre eigenen Bedürfnisse ignorieren, ist ihnen meist nicht bewusst.

Abhängigkeitsgefühle sind in Liebesbeziehungen unvermeidlich. Sobald man sich verliebt, lässt man einen anderen Menschen ganz nah an sich heran. Man lässt zu, dass er extrem wichtig wird. Und damit entsteht ein heftiger Konflikt. Man spürt, dass man den anderen braucht, sich nach ihm sehnt, sich manchmal ganz klein und bedürftig fühlt, wenn er nicht da ist. Aber gleichzeitig wehrt man sich gegen diese Gefühle. Sich abhängig fühlen? Das geht gar nicht!

Diese Reaktion ist verständlich. Denn wer abhängig ist, gilt als schwach und unselbstständig. Doch es gibt eine Art von Abhängigkeit, die in Paarbeziehungen unverzichtbar, ja geradezu eine notwendige Voraussetzung für Beziehungsglück ist: Diese Abhängigkeit wird in allen funktionierenden Beziehungen gelebt; und sie fehlt Partnerschaften, die mit Problemen zu kämpfen haben. Mit Selbstaufgabe und Verzicht auf Autonomie hat diese Abhängigkeit nichts zu tun. Ganz im Gegenteil: Sie ist, so paradox das klingt, die unabdingbare Voraussetzung für Unabhängigkeit.

Jeder Mensch braucht emotionale Sicherheit, um – gleichgültig, wie alt er ist – mutig und neugierig die Welt zu erkunden. Fühlt man sich auf gute Weise abhängig in der Beziehung zu einem geliebten Menschen, stärkt diese Erfahrung das Selbstwertgefühl und das seelische Gleichgewicht; und das wiederum ermöglicht unabhängiges Handeln. Ohne die Absicherung durch eine gewisse Abhängigkeit von einem wichtigen anderen Menschen ist niemand wirklich autonom. Erst wenn grundlegende Bindungsbedürfnisse erfüllt sind, kann man seine Unabhängigkeit stärken und ausbauen.

Autonomie zeigt sich also nicht daran, dass man möglichst unabhängig vom anderen funktioniert, sondern dass man eine positive Abhängigkeit zu einem geliebten Menschen aufbauen kann. So wie Kinder abhängig sind von der feinfühligen und bedingungslosen Zuwendung der Eltern, so sind auch erwachsene Frauen und Männer von der Zuwendung und Akzeptanz wenigstens eines wichtigen Menschen abhängig. Solange man sich für dieses Bedürfnis schämt oder gar Angst davor hat, wird man in Liebesbeziehungen auf selbstschädigende Weise um Unabhängigkeit kämpfen und dem eigenen Glück im Wege stehen.

Podcast 1

MARTIN: Was ich dich immer schon mal fragen wollte: Wenn ich nicht Ja gesagt hätte zu *Paardiologie*, was hättest du gemacht? Mit wem?

CHARLOTTE: Ich trinke mal kurz, um Zeit zu gewinnen zum Nachdenken. Du willst, dass ich einen anderen Mann nenne, damit du weißt, dass der dann Plan B wäre, damit du eifersüchtig sein kannst?

MARTIN: Nein, du kannst auch einfach sagen: »Dann hätte ich keinen Podcast gemacht.«

CHARLOTTE: Tatsächlich habe ich total lange überlegt, mit

wem ich einen Podcast machen könnte. Und kam nicht auf das Naheliegendste, die einfachste Idee überhaupt. Denn das ist das ja, was wir machen. Aber es ist noch keiner drauf gekommen. Also, dann gäbe es jetzt keinen Podcast mit mir, Punkt, ganz einfach. Findest du das *romantical*?

MARTIN: Ja. Das finde ich mindestens so *romantical* wie die Tatsache, dass ich Ja gesagt habe.

CHARLOTTE: Krass. So nahe, wie uns das zusammenbringt: die ganze Idee, seit Wochen daran zu arbeiten, im Kopf einfach darüber nachzudenken. Das bringt uns einerseits zusammen, aber wir fliegen auch schön auseinander. Regelmäßig kriegen wir richtig krasse Streite. Wenn der eine vorschlägt, dass wir etwas machen könnten, dann wird der andere total aggro. Ohne schlagen natürlich, nur verbal.

MARTIN: Du meinst, wenn wir über den Podcast reden, theoretisch. Und wenn ich sage: »Wir könnten ja mal ...« Dann sagst du: »Halt die Fresse.«

CHARLOTTE: Ich will es nicht wissen, hör auf, Sachen abzusprechen. Und wenn du hörst, dass ich zu dir das Wort »Sachen absprechen« sage, rastest du komplett aus. Warum?

MARTIN: Weil du das total falsch verstehst. Weil du totale Panik davor hast, dass ich dir was vorschreibe. In dem Falle wortwörtlich vorschreibe. Du denkst, ich will dir eine Art Sketch schreiben oder eine Line, und das musst du dann tun. Aber das würdest du nie tun, eher würdest du sterben.

CHARLOTTE: Unsere schlimmsten Ausraster in der Vorbereitung waren, wenn ich gesagt habe: »Stopp, ich will nichts absprechen.« Und du sagst: »Ja, ich will nichts absprechen, aber ...« Und dann schlägst du vor, ob wir nicht das oder das machen könnten. Und dann sage ich: »Stopp, ich habe doch gerade gesagt, ich will nichts absprechen.« Und dann, bamm, explodiert es total.

Podcast 4

CHARLOTTE: Weißt du noch, als wir Kanufahren gelernt haben? Kanufahren als Ehepaar, das ist ja wie ein Tandem auf dem Wasser. Ein Tandem kriegst du auch nicht geteilt. Man kann nicht in verschiedene Richtungen fahren. Unser Kanulehrer hat immer gesagt, das wäre der beste Test für die Beziehung. Hinten muss der Schwerere oder Größere sitzen, weil der steuern muss. Vorne ist der Motor, der paddelt einfach. Und guckt nach Steinen, gegen die man nicht fahren darf. Bei einem Mann und einer Frau ist ja meistens der Mann größer und schwerer. Der sitzt dann hinten, und die Frau ist einfach der Motor. Der Hintere bestimmt aber, wo es langgeht. Und das ist ... Das habe ich keine 30 Minuten ausgehalten. Dann habe ich mir ein eigenes Kanu genommen, weil mich das so abgefuckt hat, dass du dahinten bestimmst, wo wir langfahren, und ich sitze vorne. Ich kann nichts machen, weil man von vorne nicht lenken kann.

MARTIN: Das ist, weil du ein Kontrollproblem hast. Du kannst dich nicht entspannen. Du könntest doch die Augen zumachen und denken: Boah, der Martin, der ist so ein super Steuermann. Der lenkt mich hier durch die Stromschnellen.

CHARLOTTE: Nein. Das ist wie Tanzen. Ich habe keinen

161

Bock. Ich mag das einfach nicht, geführt zu werden. Ich will hinten sitzen und der Steuermann sein, also die Steuerfrau.

MARTIN: Ja, aber du willst auch Schützenkönig sein.

CHARLOTTE: Dieses Wochenende ist Schützenfest bei uns im Dorf.

MARTIN: Und du möchtest Schützenkönig werden.

CHARLOTTE: Jetzt ganz im Ernst: Ich möchte wirklich schießen lernen und dann mal checken, ob ich Schützenkönig werden kann. Den Vogel da oben abschießen. Wieso nicht? Aber wenn ich Schützenkönig werde, dann musst du meine Schützenkönigin sein. Oder wie sagt man dann? Wird man vom Schießen Schützenkönigin?

MARTIN: Das klingt wie Shitstorm, wenn du das sagst, merkst du das?

Podcast 4

CHARLOTTE: Meine Frage an dich lautet: Warum darf ich dir nie helfen?

MARTIN: Du meinst es ganz allgemein, oder? Nicht: helfen ins Auto einzusteigen.

CHARLOTTE: Dabei brauchst du keine Hilfe. Noch nicht. Ich meine emotional, alltagsmäßig. Sagen wir mal, du hast Rückenschmerzen, und ich frage dich, nur ein einziges Mal, wie es deinem Rücken geht. Dann sagst du: »Wie soll es dem schon gehen, frag mich das bitte nicht.« Dann denke ich so: Hä? Ich habe das Gefühl, dass du so lebst, als wärst du alleine. Weil du alles alleine hinkriegen und alles für Polly und mich und deinen Sohn machen willst. Selbst wenn du krank bist, und selbst wenn du ganz dolle

Schmerzen hast und im Bett liegst, willst du einfach nicht, dass ich dir helfe. Aber du hilfst mir die ganze Zeit. Das ist die Frage: Warum darf ich dir nie helfen?

MARTIN: Offensichtlich ist meine Rolle, mir nicht helfen zu lassen. Also die Rolle, die ich mir selber ausgedacht habe oder die mir gegeben wurde, in die ich hineingeraten bin. Die sieht eben nicht vor, dass die Frau, mit der ich verheiratet bin, die mich liebt und die ich liebe, dafür da ist, mir zu helfen. Sondern, dass ich dafür da bin, ihr zu helfen. Andererseits, ich kann einfach alles besser. So ist es.

CHARLOTTE: Aber ich finde es richtig traurig. Ich möchte dir auch mal helfen. Du hilfst mir wirklich 100 Prozent und ich helfe dir 0 Prozent. Mir fällt überhaupt nichts ein, wo du mich mal nach einem Gefallen fragst oder sagst, ich kann das jetzt nicht, mach du das. Ich finde das richtig traurig.

MARTIN: Bei sozialen Kontakten zum Beispiel sage ich: »Bitte, mach du das.«

CHARLOTTE: Nein, gar nicht, du willst keine sozialen Kontakte. Du sagst nie: »Mach!« oder irgendetwas in diese Richtung. Wenn ich soziale Kontakte mache, dann sagst du: »Wo müssen wir wieder hin, was hast du wieder ausgemacht?« Ist so.

MARTIN: Mhm.

CHARLOTTE: Ich habe richtig angefangen zu weinen, als du gesagt hast, dass du einfach derjenige bist, der alles macht. Das ist nicht gut, Martin. Nichts ist gut, wenn die Rollen so verteilt sind, dass du immer der Helfer bist und ich nie helfen darf. Das ist einfach nicht gut. Das muss geändert werden, aber ich weiß nicht, wie.

MARTIN: Deswegen hast du ja diese Fantasie, dass ich irgendwann pflegebedürftig bin, und dann kannst du endlich richtig loslegen. Schiebst mich durch die Gegend und ...

CHARLOTTE: Das hilft dann mir, weil ich dir helfen kann. Aber du willst ja nicht geholfen kriegen. Ich glaube, deswegen wird das ganz schlimm. Sagen wir mal, du würdest pflegebedürftig werden: Dann würdest du dich wahrscheinlich einfach sofort umbringen, damit du mir keine Minute zur Last fällst. Ich will aber, dass du mir zur Last fällst. Ich will dir gerne helfen. Wenn du Schmerzen hast, will ich dir helfen, ich will dir gerne im Alltag helfen, ich würde auch so helfen. Ich darf dir so wenig helfen, gar nicht helfen. Ich würde mich freuen, wenn du mir sagst, du bist gerade da und da – und dann: »Kannst du mir einen Gefallen tun und mir das mitbringen?« Selbst so etwas machst du nie. Nie, Martin, das ist nicht gut. Für dich ist das nicht gut, glaube ich.

MARTIN: Vielleicht habe ich auch Angst davor, dass ich enttäuscht werde oder dass die Hilfe nicht ausreicht. Ich habe kein Vertrauen, dass das klappt. Ich erinnere an Peek&Cloppenburg. Ich hatte dich gebeten, mich abzuholen, und dann wurde ich stehen gelassen. Vielleicht bin ich traumatisiert.

CHARLOTTE: Man muss erklären, was passiert ist. Es ist jetzt keine Ausrede, aber man muss nur einmal sagen, was da war. Das kann ja sonst keiner verstehen. Peek&Cloppenburg: Polly und ich waren im Auto unterwegs in der Stadt, und wir sollten dich einsammeln auf dem Weg. Dann waren Polly und ich da, wo wir hinfahren wollten fürs Wochenende, und du hast angerufen und gefragt, wann wir kommen, um dich abzuholen, weil wir zu spät sind. Wir waren eine Stunde weit weg! Und haben dich einfach vergessen. Das Auto war voll, und wir haben megalaute Bumsmusik gehört. Wir waren abgelenkt und aufgeregt. So haben wir dich da stehen lassen. Bin ich zurückgefahren oder musstest du mit der Bahn fahren?

MARTIN: Ich bin dann mit der Bahn gefahren.

CHARLOTTE: Aber das ist kein Gefallen.

MARTIN: Guck mal, ich kriege Sachen auch gerne hin. Mir geht es ja gut. Erst einmal geht es mir sowieso gut. Es ist ja nicht so, dass ich die ganze Zeit nach Hilfe rufe oder gerne Hilfe hätte. Ich glaube, ich löse Sachen gerne selbst. Das ist doch gar nicht so doof.

CHARLOTTE: Was ich besorgniserregend finde, ist, dass du wie so ein Männersoldat erzogen wurdest. Nicht wie ein Kindersoldat, sondern wie ein Männersoldat. Der sich kümmert und alles für sich alleine macht, niemandem zur Last fällt, niemals jammert. Und alles für alle anderen stillschweigend erledigt, ohne zu jammern und ohne jede Vorwürfe. Über-, Über-, Überkümmerer. Und Versorger. Selbst als wir mal ins Krankenhaus gefahren sind, weil du einen Bandscheibenvorfall oder so was hattest. Der Rücken hat zugemacht, die Muskeln neben der Wirbelsäule waren so hart wie die Wirbelsäule selbst. Dann haben die Ärzte dir sofort in der Notaufnahme eine Spritze in den Rücken gerammt. Die haben gefragt, wie stark die Schmerzen sind. Auf einer Skala von eins bis zehn. Zehn ist, wenn man stirbt vor Schmerzen. Und du sagst: »Zehn.« Aber du hast nicht geschrien und nicht geweint. Und selbst dann jammerst du nicht. Du sagst nicht: »Ich kann nicht mehr.« Oder: »Ich brauche Hilfe.« Selbst da

165

nimmst du keine Hilfe an, von mir nicht. Okay, ich bin gefahren, weil du nicht fahren konntest, aber sonst ...

MARTIN: Das kommt von den falschen Kindheitssprüchen: »Indianerherz kennt keinen Schmerz.« Aus heutiger Sicht ist das ja ein unfassbar bekloppter Spruch, in jeder Hinsicht.

CHARLOTTE: Du meinst wegen den Indianern.

MARTIN: Als ob diese Indianer keinen Schmerz empfunden haben bei ihrer eigenen Ausrottung. Bescheuert.

CHARLOTTE: Hast du denn Lust, das mal zu ändern? Mich ein bisschen helfen zu lassen? Guck mal, wie krass das ist, dass ich mich die ganze Zeit darauf freue, dass du ein Pflegefall wirst, damit ich dir endlich zurückhelfen kann, was du mir all die Jahre geholfen hast. Das ist doch nicht normal, dass man sich freut, dass der Mann ein Pflegefall wird, damit man dem helfen kann. Kannst du dir einfach heute irgendetwas ausdenken, was ich dir helfen kann?

MARTIN: Ich nehme mir das jetzt vor, ja. Die ganze nächste Woche, du wirst dich wundern.

CHARLOTTE: Nein, nicht die ganze Woche.

MARTIN: Das auch wieder nicht.

Podcast 7

MARTIN: Spektakulär spitze ist auch das gemeinsame Hauttestscreening. Danke, Charlotte, dass du mich da immer mit hinnimmst.

CHARLOTTE: Gerne. Es muss ab und zu sein. Das nervt zwar, das zu machen, aber wie schön ist das Gefühl, dass man es gemacht hat und sich sicher sein kann, dass nichts ist. Das hast du nur, wenn du es machst. Und das ist cool.

MARTIN: Ich fühle mich dann wie ein Tatort. Weißt du? Die Ärztin hat eine Lupe und geht jeden Zentimeter deiner Haut ganz sorgfältig ab und sucht was. Und du musst wirklich alles frei machen, alles öffnen, dich verrenken. Die nimmt das sehr genau. Die erzählt aber auch immer, warum sie das so genau nimmt. Das ist dann sehr beeindruckend, wenn sie sagt, dass Leute Hautkrebs gerade an den Stellen kriegen, wo man sich nicht gern von einem Arzt oder einer Ärztin hingucken lässt, und dass die das hätten verhindern können, wenn man es gemacht hätte.

CHARLOTTE: Ja. Haut ist eben auch Schleimhaut, man kann auch Hautkrebs an Schleimhaut haben. Und deswegen müssen die innen in den Mund gucken und ins Poloch, komplett den Sack entfalten, äußere Schamlippen, innere Schamlippen.

MARTIN: Hoden-Origami muss man da machen. Aber ich finde das richtig gut, dass du da so hinterher bist. Wirklich danke.

CHARLOTTE: Bitte. Das ist auch eine Art Romantik.

MARTIN: Ja, das ist auch Sich-Kümmern. Ich würde das wahrscheinlich einfach so verschlunzen, und das geht bei dir nicht.

Podcast 10

MARTIN: Warum packst du eigentlich nicht deinen Koffer aus, wenn du nach Hause kommst?

CHARLOTTE: Ich war schon so als Jugendliche. Ich war *barely eighteen* und musste immer reisen für die Arbeit. Fürs Fernsehen und so. Das ist bei mir wie ein Arbeitsreisetrauma. In dem Moment, wo ich zu Hause bin, will ich nicht mehr daran denken, wo ich war. Ich sehe natürlich die Tasche und weiß rational, ein Mensch, der sein Leben im Griff hat, würde jetzt diese Tasche ausräumen: die Ohropax einräumen, die dreckigen Unterhosen waschen und die stinkigen Socken, alles trennen von den sauberen Sachen. Wenn ich eine Tasche mit dreckigen Sachen von einer Reise sehe, sinkt mein Herz nach unten. Dann ist meine ganze Energie weg, ich kann da nicht ... Das ist genau das Gleiche wie Post öffnen. Das ist irgendwas von früher. Solche Sachen wie gut mit Geld umgehen, Post öffnen und Rechnungen bezahlen oder Taschen auspacken – das gehört alles in die gleiche Kategorie von »Ich packe es nicht«. Ich kann es einfach nicht.

MARTIN: Das Blöde daran ist ja, dass die Tasche dann rumsteht und mich die ganze Zeit daran erinnert, dass du gerade weg warst. Und dass du wieder weggehst. So wie du erreichst, nicht daran zu denken, führt das bei mir dazu, dass ich die ganze Zeit daran denken muss.

CHARLOTTE: Ich habe das letztens gemerkt. Das war das erste Mal, dass du zu mir gesagt hast: »Du bist immer nur weg, Charlotte.« Das ist wirklich im Moment krass. Ich bin so viel weg, beruflich und auch privat.

MARTIN: Ich könnte das ja einfach pragmatisch lösen: Ich könnte ja die Tasche nehmen und sie ausräumen, aber ich habe das Gefühl, das ist so falsch. Das kann ich nicht machen, dann bin ich so unter dir.

CHARLOTTE: Das ist Hundeerziehungssprache.

MARTIN: Also, das würde zwar einerseits für mich das Problem lösen, aber das wäre auch eine Schieflage. Dann hätte ich das Bewusstsein: Guck mal, ich räume jetzt sogar deine Taschen aus.

CHARLOTTE: Das geht nicht.

MARTIN: Das ist dann so wie früher. Meine Mutter: »Ich räume euch die ganze Zeit hinterher.« Und dann wird man auf einmal selber so. Ich muss da sowieso aufpassen, dass ich nicht so einer werde, der denkt: Die kriegen das nicht hin, so wie ich das gerne hätte, also mache ich das selber. Das ist nicht gut, also werde ich das auch nicht machen. Ich bewege die Tasche nicht, ich bewege sie noch nicht mal zu der Ecke. Ich lasse die da stehen.

CHARLOTTE: Ich habe den Druck gemerkt von dir und gesagt: »Hey, ich räume die Taschen aus.« Und dann setze ich mich da hin und fühle mich wie Aschenputtel. Als wenn ich was als Strafarbeit machen muss, Erbsen aus der Asche picken.

CHARLOTTE: Was soll ich machen? Ich könnte zum Beispiel sagen, ich hole mir so eine Gartenplastiktonne. Damit diese unausgepackten Taschen im Zimmer wenigstens nicht alles blockieren. So eine 200-Liter-Tonne auf den Balkon, und dann tue ich alle Taschen, die ich nicht auszupacken schaffe, draußen in die wasserdichte Tonne. Dass die Sachen nicht unsere Wohnung verunordentlichen.

MARTIN: Und dann suche ich da nach den Kopfhörern und den Ladekabeln? Nein. Das ist so: Ladestationen sind eigentlich neue Altäre.

CHARLOTTE: Wollte ich auch gerade sagen: Das ist wie ein Tempel.

Podcast 13

MARTIN: Wieso hast du eigentlich jetzt einfach bestimmt, dass Feierabend ist?

CHARLOTTE: Du hast so nach unten geguckt, und da dachte ich, ich nehme jetzt das Ruder in die Hand. Wolltest du noch was sagen?

MARTIN: Nein, ich frage ja nur.

CHARLOTTE: Ich finde es blöd, wenn man sich mit Augenkontakt sagt, machen wir jetzt Schluss oder nicht? Da habe ich einfach alleine beschlossen, dass Schluss ist.

Dr. Amalfi

Für manche Menschen ist es besonders unerträglich, vom Partner, der Partnerin abhängig zu sein. Sie setzen deshalb alles daran, ihre Unabhängigkeit sich selbst und dem anderen zu beweisen. »Lass nur, das mach ich schon«, sagen sie, wenn der andere ihnen helfen will. Oder: »Du brauchst mich nicht zum Arzt zu fahren, das schaffe ich alleine.« Oder: »Es macht mir nichts aus, wenn du mit deinen Freundinnen übers Wochenende wegfährst, alles prima!« In Wirklichkeit aber würden all diese tüchtigen Menschen nur allzu gerne auch mal Schwächegefühle oder Hilflosigkeit zulassen und sich an den Partner, die Partnerin anlehnen. Doch leider wehrt sich alles in ihnen dagegen.

Das hat Gründe, die meist wenig mit der konkreten Liebesbeziehung zu tun haben, aber sehr viel mit der eigenen Vergangenheit. Wer zum Beispiel als abhängiges Kind mit seinem ganz normalen Bedürfnis nach Nähe und Geborgenheit ins Leere lief, wer sich auf die Zuwendung der Erwachsenen nicht verlassen konnte, wer als Kind schlimme Verluste erlitt (zum Beispiel wenn ein Elternteil starb oder die Eltern sich trennten) oder wer in jungen Jahren lange im Krankenhaus war, reagiert verständlicherweise mit Vorsicht, sobald eine Beziehung sehr nah wird. Um nicht erneut verletzt zu werden, betont dieser Mensch dann seine Autonomie und beweist sich selbst, dass er notfalls auch gut ohne den anderen leben kann. Er bleibt lieber auf Abstand, hält seine Gefühle unter Verschluss und spielt selbst dann, wenn es ihm schlecht geht, den »Coolen«. Oder er schwankt zwischen Annäherung und Vermeidung. Mal lässt er Nähe zu, mal schiebt er den anderen von sich weg. Ein Muster, das zu großer Verunsicherung in einer Beziehung führen kann.

Die meisten Beziehungsprobleme, die durch Angst vor Abhängigkeit entstehen, sind auf frühe Bindungsenttäuschungen zurückzuführen. Das bedeutet: Der Blick in die Kindheit ist notwendig, um zu erkennen, dass die wahren Ursachen aktueller Schwierigkeiten in der Vergangenheit liegen und nicht im Paarsystem.

Gesehenwerden und Anerkennung

»Gedacht ist nicht gesagt ...«

Dr. Amalfi

Um heutzutage Aufmerksamkeit zu bekommen, muss man sich gehörig anstrengen. Aufmerksamkeit wird einem nicht einfach geschenkt, nur weil man nett und tüchtig ist. Im Gegenteil – man muss sie sich regelrecht erkämpfen. Wer die Regeln der Selbstdarstellung gut beherrscht, bekommt natürlich mehr vom Aufmerksamkeitskuchen ab als ein stiller, zurückhaltender Mensch. Doch gilt das auch für Partnerschaften? Muss man auch hier um Wertschätzung und Anerkennung kämpfen? Oder anders gefragt: Ist es nicht Anerkennung genug, wenn der andere einem hin und wieder sagt, dass er einen liebt? Wer das glaubt, sitzt auf einer Zeitbombe!

Manche Paare haben sich so sehr aneinander gewöhnt, dass sie gar nicht mehr viel über den anderen nachdenken. Der Partner, die Partnerin ist wie ein schönes Möbelstück, über das man gedankenlos mit der Hand streicht, wenn man daran vorbeigeht. Die Möglichkeit, dass dieses Möbelstück eines Tages verschwunden sein könnte, wird gar nicht in Betracht gezogen. Doch dieser selbstverständliche Umgang hat schwerwiegende Folgen: Respekt und Wertschätzung bleiben auf der Strecke. Das zeigt sich in vielen Kleinigkeiten: Man schmeißt sich nur noch für andere Menschen oder den Job in Schale, zu Hause will man es gemütlich haben, da tut es der Schlabberlook. Berührungen und Zärtlichkeiten geschehen kaum noch bewusst. Die selbstverständlich gewordene Partnerin oder der Partner bekommt geistesabweisend einen Kuss zur Begrüßung auf die Wange, Kosenamen werden gewohnheitsmäßig verwendet, sie haben keine Bedeutung mehr. Erzählt der Partner, die Partnerin von Dingen, die ihn oder sie beschäftigen, oder von Erfolgserlebnissen, hört der andere kaum zu. Hat der eine berufliche Herausforderungen zu meistern, fragt der andere am Abend nicht nach, wie es gelaufen ist. Steht ein unangenehmer Arzttermin an, wird keine Begleitung angeboten. Auch eine nachlässige und unachtsame Kommunikation kann ein Zeichen von mangelnder Wertschätzung sein. Der Klassiker ist wohl, dass man dem anderen Fragen stellt oder mit ihm spricht, ohne darauf zu achten, ob er auch im Zimmer ist.

Wenn man sich vom Partner nicht anerkannt und nicht gesehen fühlt, kommt es zu herben Enttäuschungen. Wird das in einer Beziehung zum durchgehenden Muster, ist das eine gefährliche Entwicklung. Nicht nur sinkt die Zufriedenheit mit der Beziehung rapide, wenn man sich nicht wahrgenommen fühlt. Langfristig kann fehlende Anerkennung sogar körperlich und psychisch krank machen. Man fühlt sich antriebslos, und die Gefahr von depressiven Verstimmungen wächst. Die Leichtigkeit verschwindet aus der Beziehung und macht einer seltsamen Schwere Platz. Fehlende Wertschätzung und Anerkennung verunsichern zudem: Liebt er oder sie mich wirklich? Was bedeutet ihm oder ihr die Beziehung überhaupt?

Die Bindung der Partner aneinander wird mit der Zeit immer schwächer.

Wie aber vermeidet man die Selbstverständlichkeitsfalle? Um sicherzugehen, dass man einander im Alltag nicht aus den Augen verliert, kann ein Paar ein kleines Ritual ins gemeinsame Leben einführen: eine kurze Wertschätzungsübung am Ende des Tages. Jeder sagt dem anderen kurz und bündig: Das hat mir heute an dir gefallen. Dafür bin ich dir dankbar. Das fand ich toll. Dabei geht es nicht nur um die großen Dinge, sondern vor allem um die Kleinigkeiten, die gerne übersehen werden.

Mit dieser Achtsamkeitsübung am Ende eines Tages zeigen sich die Partner: »Ich sehe dich. Ich respektiere dich. Du bist nicht selbstverständlich für mich.« Eine Partnerschaft muss gepflegt werden – wie eine Pflanze. Achtsamkeit, Anerkennung und Respekt – das sind die Düngemittel, die eine Liebesbeziehung am Blühen halten.

Podcast 7

CHARLOTTE: Jetzt kommst du ins Spiel mit deinem Spruch: »Gehört ist nicht verstanden.«

MARTIN: Aber du hasst das total, wenn ich davon anfange.

CHARLOTTE: Ja, aber sagst du es noch mal? Kriegst du es zusammen, dieses Gemuggel?

MARTIN: Also, Konrad Lorenz, berühmt durch seine Graugansforschung, mittlerweile auch nicht mehr unumstritten wegen seiner Verstrickung in den Nationalsozialismus, hat ein Kommunikationsmodell aufgestellt. Und das nervt dich total, wenn ich darüber rede. Ich versuche es mal. Also: Gedacht ist nicht gesagt, gesagt ist nicht gehört,

gehört ist nicht verstanden, verstanden ist nicht einverstanden, einverstanden ist nicht umgesetzt, umgesetzt ist nicht beibehalten. So.

CHARLOTTE: Bämm, Alter.

MARTIN: Krass, ne?

CHARLOTTE: Ja, das sagst du oft zu mir.

MARTIN: Das heißt auch, man kann es direkt lassen. Aber für mich war das total wichtig: Ich habe früher immer gedacht, wenn ich jemandem etwas sage, dann ist alles klar. Wir sind vernünftige Menschen, ich habe das gesagt, ich habe mich deutlich ausgedrückt, der hat das verstanden.

CHARLOTTE: Und wird das umsetzen. Dieser Spruch aber sagt, was eigentlich alles in einem langen Prozess überhaupt passieren muss. Dass da jeder Groschen fallen muss, bis man ein Verhalten ändert und das auch noch beibehalten wird.

MARTIN: Ja, und du kannst auf jeder dieser einzelnen Stufen, bewusst oder unbewusst, absichtlich oder unabsichtlich, scheitern. Wenn man sich das klarmacht, dann muss man nicht so sauer sein. Dann muss man nicht denken: Was ist der andere für ein Arschloch. Dann ist man halt bei den großen Tücken der Kommunikation.

CHARLOTTE: Es zeigt, wie schwer das ist, etwas umzusetzen, was man schon verstanden hat, aber aus Gründen von Erziehung oder Gewohnheit ... Es zeigt, wie schwer das ist, Gewohnheiten abzulegen.

MARTIN: Wenn man dann sagt: »Ich habe dir das doch schon tausendmal gesagt.« Dann kann der andere zu Recht sagen: »Ja, und? Ich habe es gehört, aber – zum Beispiel – ich bin gar nicht damit einverstanden.« Oder:

»Ich bin zwar damit einverstanden, aber ich schaffe es nicht.« Oder so.

Podcast 8

CHARLOTTE: Ich kriege einen richtigen depressiven Schub, wenn ich nur daran denke, wie das im Urlaub war: wie viel ich gekocht habe. Ich dachte: Das ist das Leckerste und Aufwendigste. Schon morgens hab ich angefangen. Weißt du noch, wie ich früher immer so alles so ganz, ganz klein geschnitten habe? Sagen wir mal, ich habe eine frische klare Rinderbouillon gemacht. Dieses Gemüse wollte ich so klein haben, dass das so edel ist. Und dann hat die Hälfte der Leute im Urlaub das nicht gegessen, und die andere Hälfte hat das einfach getrunken oder gegessen und nichts gesagt. Das waren solche überhöhten Erwartungen an den Urlaub, an das Verhalten von Leuten. Ich habe selber ganz viel dafür gearbeitet, und es kam nichts zurück.

MARTIN: Weißt du, meine Freundin Barbara sagt immer: »Enttäuschung ist eine Überraschung, mit der man nicht umgehen kann.«

CHARLOTTE: Ja. Und ich habe es immer wieder gemacht.

MARTIN: Und du warst immer wieder überrascht.

CHARLOTTE: Immer wieder enttäuscht. Ich hatte das ja nicht nur im Urlaub, sondern auch ein bisschen zu Hause. Aber das habe ich schneller aufgehört. Ich hatte zum Beispiel diese Vorstellung von einem offenen Haus. Das ist so eine Idee, aber es klappt einfach nicht. Das fuckt mich richtig ab.

MARTIN: Da sind wir aber auch sehr unentspannt. Das Chillen ist jetzt nicht gerade unsere Topqualifikation.

Podcast 12

CHARLOTTE: Samstag war das höchste High von der Ausstrahlung. Das ist so ein unglaubliches Gefühl, live dieses riesige Publikum in dieser Liveshow zu sehen. So ein riesenraunendes Publikum, das war so toll, unglaublich toll. Dass man so was macht, dass kaum jemand hingucken kann. Ich bin richtig stolz. Sonntag war auch noch high, das war wie eine Droge, die noch nachwirkt. Montagmorgen bin ich wach geworden und dachte, du hast mir nachts mit einer Pipette Stroh-Rum in den Mund geträufelt oder so. Ich konnte mir das Gefühl nicht erklären. Mein ganzer Körper fühlte sich so adrenalinvergiftet an. Ich bin gegangen wie eine 80-Jährige, und mein ganzer Körper hat wehgetan. Die Psyche war im Keller. Und seitdem hast du so einen Haufen Elend an der Backe.

MARTIN: Das Interessante ist ja, dass die Leute mich fragen, warum ich das nicht verhindere. Ich weiß aber, dass ich das nicht verhindern kann. Deswegen probiere ich das gar nicht mehr. Ich will es ja auch nur verhindern, weil du meine Frau bist. Wenn du nicht meine Frau wärst und ich würde mir das angucken, was du da im Fernsehen gemacht hast, würde ich das genauso abfeiern wie fast alle anderen. Jetzt bist du aber meine Frau, und ich weiß, wie du danach bist und auch, wie du davor bist. Was das für ein Ausnahmezustand ist über viel zu lange Zeit, wo es keinen Alltag gibt.

CHARLOTTE: Ja, es gibt nur das eine Thema. Ich habe wirklich öfter mal gedacht, dass du nicht genug Respekt zeigst. Nein, das ist blöd, Respekt einzufordern. Weißt du, was ich meine? Ich wollte, dass du das als das siehst, was es ist. Und dann hatte ich das Gefühl, in der ganzen Zeit zwischen dem tatsächlichen Sprung bis zur Ausstrahlung, dass mich andere Leute mehr lieben als du mich.

MARTIN: Aber wie krank und verheerend wäre das denn, wenn ich dich dafür lieben würde, dass du so was machst? Was wäre denn dann, wenn du das nicht mehr machst? Dann würde ich dich nicht mehr lieben und würde sagen: »Die springt nicht mehr mit vier Titanhaken im Rücken von der Brücke? Langweilig!«

CHARLOTTE: Du hast das abgelehnt, weil du weißt, was für ein Haufen Elend ich davon werde. Du willst mir einfach das High und das Low ersparen.

MARTIN: Ich möchte doch auch nicht, dass du von diesem externen Applaus und dieser externen Anerkennung abhängig bist oder dein Glück davon abhängig ist. Mir wäre es viel lieber, du würdest einfach zu Hause sitzen, würdest hier vom Küchentisch springen, und gut wäre es, weißt du? Deswegen bist du ja krasser als die anderen: Weil dir die Anerkennung und das Schaffen wichtig ist. Gerade weil alle sagen: »Das machst du nicht.« Das klarzustellen ist dir so wichtig, dass dir alles andere egal ist, inklusive deinem eigenen Mann. Im Grunde willst du es auch immer den Männern zeigen. Ich kann mich erinnern, als du vor ein paar Jahren die Stock-Car-Crash-Challenge gefahren bist. Jede andere Frau, die da mitfährt, kommt da hin, setzt sich ins Auto, fährt ein bisschen rum, wird Letzte und geht wieder nach Hause.

CHARLOTTE: Nicht jede andere Frau war Letzte.

MARTIN: Ja, Entschuldigung. Aber als du gesagt hast, du machst das, hast du trainiert wie eine Verrückte. Dein Ziel war, besser als alle Männer zu sein, die da mitfuhren.

CHARLOTTE: Besser als der beste Mann von denen zu sein.

MARTIN: Und dann standest du diesem – wer war es noch gleich? – Martin Kesici gegenüber in so einem Karambolage-Shootout, und ihr seid ungebremst frontal ineinandergefahren. Welches Auto oder welcher Fahrer das länger aushält, der gewinnt. Ich wusste natürlich, dass du das gewinnst. Weil dir alles andere egal ist.

CHARLOTTE: So ist das, wenn man eine Stuntfrau ist. Ich bin ein Kampfhuhn.

MARTIN: Ich weiß, dass du mit deiner Willenskraft wettmachen willst, dass du als Frau, rein körperlich gesehen, den Männern leider unterlegen bist. Das verstehe ich, dass das deprimierend ist. Egal, wie hart man trainiert, wie hart man sich vorbereitet, wenn es in einen direkten körperlichen Kampf geht, ist in der Regel die Frau schwächer – und das deprimiert dich.

CHARLOTTE: Ja, weißt du noch, als wir im Urlaub waren mit Markus und Barbara: Da war ich auf der Höhe meiner Fitness, ich hatte mit einem Personal Trainer sogar immer Sprinttraining. Ohne Grund, ich wollte nicht Sprintmeisterschaften machen, sondern privat schneller laufen. Natürlich wollte ich schneller als Männer laufen, und dann habe ich zu so einem Lauch gesagt: »Komm, wir machen ein Wettrennen am Strand.« Wir sind losgerannt, und dann hatte der mich nach zehn Metern schon eingeholt und überholt. Und ich dachte einfach: Okay, ich will sterben. Was ist das denn, dieser körperliche Unterschied? Das fuckt mich so unfassbar ab. Ich hab mal zu einem Mann gesagt aus Spaß: »Halt mich fest und lass mich nicht weg.« Weil ich dachte, ich kann mich wehren, wenn ich stark und fit bin. Aber ich hatte keine Chance, einfach keine Chance. Er hat sich auf mich gesetzt und mit den

Knien meine Arme fixiert. Egal, wie ich getreten und geschrien habe, egal, wie ich den Torso aufgebäumt habe, ich konnte mich nicht befreien. Das finde ich richtig, richtig schlimm.

MARTIN: Ich habe neulich einen Krimi gelesen, da leidet eine Polizistin – die Titelheldin Renée Ballard – auch darunter, dass sie als Frau einfach körperlich immer den Kollegen unterlegen ist. Egal, wie viel die macht, egal, wie hart die arbeitet. Also brauchst du andere Techniken. Du wolltest den Jungs zeigen, dass man unter Ausblendung heftigster Schmerzen und Überwindung aller Instinkte was macht, was die sich nicht trauen würden.

CHARLOTTE: Das ist bestimmt auch, weil die Sendung von zwei Männerchefs gemacht wird. Das treibt mich noch mehr an. Das ist eventuell auch der Grund, warum du der ganzen Angelegenheit eher negativ gegenüberstehst. An dem Tag, wo ich gesprungen bin und wo wir das gedreht haben, habe ich irgendwie diesen Plan vom Dreh falsch interpretiert und dachte, wir sind um zwei irgendwo und drehen das. Ich habe dir gesagt: »Das ist mittags.« Ich bin dann in dem Moment wie so ein Kind, ich blende alles aus und möchte ein richtig doller Teamplayer sein. Das war Hängebrückentheorie: dass das so verbindet, dass man so was Krasses gemeinsam macht. Die sind dabei, ich bin dabei. Ich habe gedacht – mittags, nachmittags und am frühen Abend: Ich muss den Martin mal anrufen, weil der seit fünf Stunden denkt, ich bin gesprungen, und nichts hört. Ich war da so konzentriert und so mit den Leuten verbunden, dass ich es nicht geschafft habe, anzurufen. Da habe ich total unterschätzt, dass du dir voll die Sorgen machst, wenn du nichts hörst, die Fantasie durchdreht und du denkst, es könnte was passiert sein, wenn die sich so lange nicht meldet.

Dr. Amalfi

So wichtig gegenseitige Anerkennung und Wertschätzung in einer Beziehung auch sind – ebenso wichtig ist, sich selbst wertzuschätzen und nicht allzu abhängig von der Beachtung des anderen zu werden. Denn wer seinen Selbstwert mehr oder weniger ausschließlich der Anerkennung anderer verdankt, wird nicht wirklich zufrieden werden. Er gerät schnell aus der Bahn, wenn der andere mal nicht wie erhofft reagiert. Das macht die Beziehung extrem anstrengend.

Leider ist ein starkes Selbstwertgefühl keine Selbstverständlichkeit. Wenn es daran mangelt, sind meist in der Kindheit entstandene Selbstbilder und Grundüberzeugungen dafür verantwortlich. Bekommt man als Kind häufig zu hören: »Du bist aber schlau!«, wächst das Selbstvertrauen in die eigenen Fähigkeiten. Wer dagegen hören muss: »Stell dich nicht so dumm an« oder dauernd ermahnt wird, den Mund zu halten, entwickelt die selbstwertschädigende Grundüberzeugung, dass er wohl nicht viel kann und nur stört. Oder wer die Erfahrung machen musste, dass er nur für perfekte Leistung Anerkennung bekommt, wird nie zufrieden mit sich sein und immer das Gefühl haben, dass das, was er leistet, nicht gut genug ist.

Doch das Selbstwertgefühl ist keine festgeschriebene Größe. Man kann sich auch als Erwachsener noch ein starkes Selbst erarbeiten. Dazu müssen in den meisten Fällen zunächst die Grundüberzeugungen, die man als Kind aufgrund der damaligen Erfahrungen entwickelt hat, überprüft und über Bord geworfen werden. Manchmal gelingt das nur mit therapeutischer Unterstützung. Wer diesen Weg geht, lernt, sich selbst mit neuen, freundlichen Augen zu sehen; er oder sie lernt außerdem, unabhängiger von der Anerkennung anderer zu werden. Das wiederum kommt einem erfüllten Liebesleben zugute.

Kinder

>Dass das immer eine
Art Mutprobe ist.«

Dr. Amalfi

Ein Kind zu bekommen, das ist für die meisten Paare ein Symbol für die Tiefe ihrer Liebe. Entsprechend erleben sie Schwangerschaft und Geburt als eine ganz besonders innige Zeit. Doch sobald der ersehnte Nachwuchs auf der Welt ist, zerplatzt das Glück meist schnell. Das Paar, das sich so sehr auf die Elternschaft gefreut hat, entfernt sich nun zunehmend voneinander. Besonders groß ist die Ernüchterung im ersten Lebensjahr des Kindes, sie kann aber auch anhalten und die Partnerschaft bis zu fünf Jahre nach der Geburt belasten.

Der Grund ist nicht das Kind. Der Grund sind vielmehr die erheblichen Veränderungen, die ein Paar verkraften muss, sobald es ein Elternpaar ist. Nichts ist mehr wie vorher. Das Leben steht auf dem Kopf. Sobald das Kind auf der Welt ist, nehmen die Konflikte zu. Dem Paar bleibt kaum noch Zeit für Zweisamkeit. Mal spontan ins Kino gehen, das angesagte Restaurant testen, am Wochenende wegfahren, Freunde einladen, lange Gespräche über Gott und die Welt und die Beziehung – was ohne Kind problemlos möglich war, findet nun so gut wie gar nicht mehr statt. Auch die Sexualität liegt im ersten Jahr nach der Geburt des Kindes, manchmal auch länger, auf Eis. Und häufig kommt es zu einem Rückfall in traditionelle Rollenmuster, worauf das Paar oft nicht vorbereitet ist. Zur typischen Überforderung und Erschöpfung junger Eltern kommen Ärger und Enttäuschung hinzu. So hat man sich das nicht vorgestellt!

In der Folge nehmen die gegenseitigen Vorwürfe zu. Jeder wünscht sich vom anderen mehr Unterstützung und mehr Verständnis. Erkennt das Paar nicht, dass allzu romantische Vorstellungen über die Elternschaft und die äußeren Umstände ihre Liebe unter Druck setzen, können die erheblichen Anpassungsprobleme nach einer Familiengründung zu schweren gegenseitigen Schuldvorwürfen und chronischen Beziehungskrisen führen.

Was hilft? Muss die Liebe warten, bis die Kinder aus dem Gröbsten heraus sind? Das wäre der absolut falsche Weg. Auch wenn es nicht leicht ist: Liebende sollten sich von Anfang an bewusst machen, dass sie mehr sind als »Mama« und »Papa«. Nur wenn sie mit gutem Gewissen regelmäßig das »alte« Paar wieder aufleben lassen, haben sie eine Chance, sich als »Frau« und »Mann« zu begegnen.

Wenn schon die Paardynamik in traditionellen Konstellationen nach der Geburt eines Kindes schwierig wird, wie groß muss dann erst die Herausforderung für die Liebe sein, wenn sie Kinder aus einer anderen Beziehung »verkraften« muss? Sehr groß! Patchworkfamilien, früher Stieffamilien genannt, gelten als eine besonders schwierige Familienform. Hier sind in besonderem Maße Geduld, Flexibilität, Kompromissbereitschaft und eine hohe Frustrationstoleranz gefragt. Der oder die »Neue« muss tolerieren, dass der leibliche Elternteil nach wie vor eine große Rolle im Leben der Kinder und damit auch im Leben der Partnerin, des Partners spielt. Eifersuchtsgefühle bleiben da nicht aus. Die Kinder wiederum sind im Patchwork heftigen Loyalitätskonflikten ausgesetzt, und auch sie müssen lernen, die neue Liebe des Vaters oder der Mutter (und oftmals auch neue Geschwister) zu akzeptieren – selbst dann, wenn die Chemie nicht stimmt.

Patchwork, Regenbogeneltern, traditionelle Kleinfamilie: Gleichgültig, um welche Familienform es sich handelt – Familiengründung ist kompliziert. Doch Studien und die Erfahrung zeigen: Am besten gelingt Familie, wenn die beiden »Gründer« sich nicht aus den Augen verlieren und eine stabile, sichere Bindung aneinander auch dann nicht aufgeben, wenn die Fetzen fliegen. Gelingt das, schauen alle Familienmitglieder, die Erwachsenen wie die Kinder, im Rückblick oftmals mit großer Zufriedenheit auf die turbulenten Familienphasen. Sie haben viel erlebt, viel geleistet – und es war nie langweilig.

Podcast 1

CHARLOTTE: Ich habe so viele Interviews gegeben zu unserem *Paardiologie*-Podcast, und da wurde ich auch unfassbar romantische Sachen gefragt. Wie zum Beispiel: Was liebst du an deinem Mann am meisten? Und dann habe ich nachgedacht. Deswegen bin ich auch in so einem *romantic film* dir gegenüber, aber du hast nichts davon mitbekommen. Willst du wissen, was ich geantwortet habe: Was ich am meisten liebe?

MARTIN: Ja.

CHARLOTTE: Dass du der beste Stiefvater der Welt bist für Polly.

MARTIN: Okay. Das ist akzeptiert.

Podcast 2

CHARLOTTE: Ich möchte, dass du ehrlich antwortest. I can take it. Wirklich wahrheitsgemäß antworten, okay? Warum hast du mit mir kein Kind bekommen?

MARTIN: Weil wir schon zwei haben. Und weil ich in der einzigen Situation, wo das konkret war, absolut nicht in der Lage war, das hinzukriegen. Wir waren da noch überhaupt nicht lange zusammen, und für mich war das alles so unfassbar schwer mit der Trennung und meinem gerade erst geborenen Sohn und deiner gerade erst geborenen Tochter, den Kindern, die wir beide mitgebracht haben. Wir haben das ja nie extra versucht. Ich glaube, ich habe gedacht, ich kriege das nicht hin von der Loyalität gegenüber meinem Sohn. Ich dachte sowieso, ich verrate alles, ich verrate ihn durch die Trennung und die Scheidung. Ich glaube, ich habe das nicht gekonnt.

CHARLOTTE: Kannst du dich noch erinnern, dass du mal gesagt hast, du findest, dass ich keine gute Mutter bin? Dass du denkst, dass ich zu verrückt bin, um Mutter zu sein?

MARTIN: Also, ich kann mich da nicht dran erinnern, aber das war bestimmt im Streit.

CHARLOTTE: Ja. Das war im Streit, aber ich denke, dass das dann manchmal die Wahrheit ist. Das, was man denkt.

MARTIN: Nein, gar nicht. Ich weiß, dass du eine total gute und wunderbare Mutter bist, absolut. Du hattest unglaublich viele Probleme damals, und wir waren viel betrunken.

Dann habe ich das bestimmt in einem Streit rausgehauen. Aber ich meinte damit ja auch nicht – und vor allen Dingen heute nicht mehr –, wie du mit Polly bist. Ich finde wirklich, dass du eine unglaublich gute Mutter bist.

CHARLOTTE: Ich werde ganz oft von Leuten, die viele Kinder haben, gefragt: Warum hast du mit Martin kein Kind? Dann weiß ich immer nicht, was ich sagen soll. Es gibt ja dafür auch verschiedene Gründe. Dafür reicht die Zeit nicht, da noch mehr Fässer aufzumachen. Dass wir ganz am Anfang schwanger waren und dann abgetrieben haben zum Beispiel. Oder dass du jetzt sterilisiert bist, damit ich die Pille nicht weiter nehmen muss. Aber du hast immer als Witz gesagt: »Charlotte, wenn du noch ein Kind kriegen willst, ist das nicht mit mir, aber es bestünde die Möglichkeit, innerhalb unserer Beziehung noch ein Kind zu kriegen, was du dir irgendwo holst. Nur falls du mal Torschlusspanik bekommst.« Ich habe es nicht vor, ich will nur sagen, wie nett du bist, dass du erlauben würdest, dass ich ein Kind kriege, wenn ich unbedingt wollte.

MARTIN: Das ist natürlich in der Theorie leicht gesagt. Wahrscheinlich müssen wir da wirklich noch einmal anders drüber reden, aber einen Satz: Ich habe nie das Gefühl gehabt, dass man eine Liebe mit einem Kind in irgendeiner Form besiegelt oder krönt oder dass das dazugehört. Das ist überhaupt nicht so. Ich finde, eine große Liebe, das sind zwei Menschen. Ob die Kinder bekommen oder nicht, das hat mit dieser Liebe nichts zu tun. Bei uns war es ja auch so: Wir haben zwei Kinder mitgebracht. Du hast damals schon gesagt, du findest das super, dass du so jung dein Kind bekommen hast und dann einfach wieder arbeiten konntest.

CHARLOTTE: Aber das ist nur eine Theorie. Wir können jetzt sagen, wir haben es so lange geschafft, weil wir viele Stresspunkte nicht haben. Du hast einen eigenen Sohn, ich habe eine eigene Tochter – beide aus früheren Beziehungen. Wir sind Eltern, aber nicht miteinander. Wenn wir uns um die Erziehung unseres eigenen Kindes streiten, wäre das eine ganz andere Nummer, als sich über die Erziehung in einer Patchworkfamilie zu streiten. Am Ende kann ich immer noch sagen: »Mit Polly entscheide ich.« Du bist dann praktisch raus. Du musst dann sagen: »Okay, ich bin nicht der Vater, und das entscheiden Pollys Vater und Mutter.« Und deswegen haben wir weniger Konfliktpotenzial. Aber weißt du, wie blöd das ist, wenn Leute da fragen?

MARTIN: Vielleicht sollten Leute, die viele Kinder haben, auch aufhören, andere damit zu belämmern, warum die nicht so viele Kinder haben. Ich belämmere auch niemanden damit, wie ich lebe und ob ich ein oder zwei Kinder habe. Ich finde das übergriffig, wenn Leute mit großen Familien zu anderen sagen: »Ja, warum habt ihr das nicht?« Das ist doch deren Entscheidung. Ich sage ja auch nicht zu einem kinderlosen Paar: »Mensch, warum habt ihr kein Kind? Das ist doch das Wichtigste.« Das muss doch jeder selber wissen. Das regt mich auf. Nächstes Mal, wenn jemand so was sagt zu dir, dann ...

CHARLOTTE: Da haust du denen auf die Fresse.

MARTIN: Außerdem wollte ich nie ein alter Vater sein. Das wäre ja dann schnell so. Ich bin wesentlich älter als du, und nachdem wir ein paar Jahre zusammen waren, wurde es immer mehr so, dass ich dachte: Guck mal, wenn du jetzt noch Vater wirst, dann bist du ... Man kann auch sagen, dass das doch scheißegal ist. Das ist keine Wertung über alte Väter. Ich merke nur, ich kann das offenbar nicht, ich komme mir dann komisch vor. Die sagen ja jetzt alle schon ... Die Topsituation in der Schule von Polly war folgende: Polly, du und ich gehen zu irgendeiner komischen Schulparty, und die Mutter einer Schulkameradin von Polly sagt total entzückt mit glücklichem Gesicht für alle hörbar: ...

CHARLOTTE: »Oh cool, drei Generationen Roche in einem Raum!«

MARTIN: Tädääää.

CHARLOTTE: Also, ich fand es witzig. Du auch, ne?

MARTIN: Ich fand es auch witzig.

CHARLOTTE: Aber sie kann uns nie wieder in die Augen gucken. Du siehst halt aus wie mein Vater. Was willst du machen? – Ich habe ganz viele Fragen aufgeschrieben für die Folgen. Die hier lag mir am meisten am Herzen, und deswegen musste die als erste raus.

Podcast 10

MARTIN: Ich würde gerne mal über Erziehung reden. Ich finde, das war von allen Sachen in meinem Leben das Schwierigste. Ich habe da das Gefühl, dass ich das gar nicht wirklich ...

CHARLOTTE: Kann?

MARTIN: Nein, dass das so schwer ist, da gut und souverän zu sein. Und dass man in dem Moment, wo man ein Kind erzieht, vor allem, wenn die klein sind, nach Hilfe sucht. Da gibt es Bücher, die alle richtig und gut finden. Also macht man es danach und denkt: Das ist super. Aber jetzt, zehn oder 25 Jahre später, haben andere Leute kleine Kinder, und die haben komplett andere Ideen. Die haben neue Literaturpäpste und -päpstinnen, die denen sagen, wie die das machen sollen. Das ist zum Verrücktwerden.

CHARLOTTE: Die Erziehungsbibeln von damals waren, glaube ich, ebenso arrogant den Vorgängereltern gegenüber wie die von heute, weil jede Generation denkt: Jetzt haben wir die Weisheit mit Löffeln gefressen. Das ist schon ein Stich ins Herz, dass diese und jene Bücher, nach denen wir erzogen haben, jetzt als das Schlimmste gelten, was man mit Kindern machen kann. Das ist, als wenn du zum Friseur gehst. Der Friseur fragt: »Wo waren Sie denn vorher? Die Haare sind ja total schief geschnitten.« Jeder Handwerker, der kommt, sagt: »Wer hat denn diese Silikonfugen gemacht? Das ist ja total schlimm.« Die wollen immer weiter Bücher verkaufen, und deswegen muss man immer neue Moden der Erziehung erfinden und sagen, dass alles vorher total falsch war.

Podcast 10

CHARLOTTE: Wie findest du das eigentlich, dass ich Polly auf ein Festival begleite, damit ihre Freunde auf das Festival dürfen?

MARTIN: Ich finde das von dir richtig nett. Ich finde das von allen anderen Eltern nicht gut, dass 16-, 17-Jährigen nicht zugetraut wird, alleine auf ein Festival zu gehen. Die ganze Erfahrung von Teenagern auf einem Festival ist ja die, dass keine Eltern dabei sind. Aber dass du mitgehst, hat ja nichts damit zu tun, weil du Polly ja auch alleine da hinlassen würdest.

CHARLOTTE: Auf jeden Fall. Ich fände es viel besser, wenn ich da nicht mitmuss.

MARTIN: Du bist quasi Helikoptermom.

CHARLOTTE: Helikoptermom wider Willen. Das ist ein guter Filmtitel.

MARTIN: Du gehst richtig ab dort. Blamiere die mal richtig, wälze dich im Schlamm, hau richtig rein. Zieh dich aus, geh in die erste Reihe.

CHARLOTTE: Ich werde so ein Chanelkostüm anziehen, mit Gummistiefeln, Perlenohrringen und einer Handtasche. Und die ganze Zeit am Infopoint stehen, so einem Sammelpunkt, wo man sich trifft, wenn irgendwas passiert: Handy weg, Schlägerei, Zähne weg.

MARTIN: Gut, da kannst du vielleicht auch ein entsprechendes Auto ausleihen, einen Mietwagen, der zu dieser Rolle passt. Einen Porsche SUV oder so.

CHARLOTTE: Oder ich warte einfach die ganze Zeit auf dem Parkplatz im Auto und höre Radio. Festival heißt für mich Arbeit. Seitdem ich nicht mehr beim Musikfernsehen gearbeitet habe, war ich nie wieder auf einem Festival.

MARTIN: Du könntest dir ein altersentsprechendes Festival suchen, also Bayreuth oder so eine Seebühne, wo *Best of Musicals* gespielt wird. Ich hoffe jedenfalls, das ist das letzte Mal, dass du so was machen musst. Ich hoffe, dass die Kinder dann mit 18 alleine gehen.

CHARLOTTE: Ich höre oft, dass Eltern ihren jugendlichen Kindern heutzutage verklickern, dass die Welt extrem gefährlich ist. Das ist aber ganz sicher statistisch belegbar, dass das nicht stimmt. Wenn eine Gruppe von Leuten auf Festivals geht, passiert da einfach nichts. Wie denn auch?

Podcast 4

MARTIN: Ich finde, dass du eine tolle Mutter gerade für Polly bist. Für deine Teenagertochter. Ich sehe das und habe total große Gefühle für dich, weil du so toll mit ihr umgehst und sie so total unterstützt. Ich habe also darüber nachgedacht, wie innig Mütter und Töchter sind. Ich glaube, inniger als Mütter und Söhne oder Väter und Söhne. Das ist so eng wie sonst nichts. Durch dich erinnere ich mich an Sachen, die wir erlebt haben mit anderen Paaren, wo die Mütter ihre Töchter so verraten oder preisgeben oder fertigmachen. Also, Barbara und Markus, Überraschungsparty. Weißt du noch? Fast nur Männer im Raum und ein vielleicht 13-jähriges Mädchen? Und die Mutter kommt dazu, und dann gibt es diesen Brüste-Kommentar.

CHARLOTTE: Die Mutter hat kleine Brüste und hat dann die Aufmerksamkeit des ganzen Raumes auf die Brüste der Tochter gerichtet. Sie sagte so etwas wie: »Der passt ja noch nicht einmal mehr mein BH.« Wo man schon dachte: Oh bitte, nein, nein, nein, ich sterbe.

MARTIN: Alle guckten natürlich in dem Moment dem Mädchen auf die Brüste. Ja, ich auch.

CHARLOTTE: Die steht da und stirbt tausend Tode, das sieht man ihr im Gesicht an. Und dann haut die Mutter noch eins drauf. Es war so spöttisch dahergesagt: »Die hört ja nicht auf zu wachsen, und ihre Brüste werden immer größer. Sie hat schon als Teenager größere Brüste als ich.« Und dann hat die Barbara einfach so lustig stumpf weitergeredet: »Ich habe meiner Tochter schon gesagt, dass Männer von Frauen mit kleinen Brüsten an die Freundin mit den großen Brüsten rankommen wollen.« Das ist dann das, was die Mutter der Tochter beibringt darüber, was Männer wollen oder worum es in Beziehungen geht. Das war so ein fucking Albtraum. Wir leiden dann wie die Schweine mit dem Mädchen mit. Wenn man mit Familien zusammen ist, sehen wir manchmal, wie die Mutter scheiße zu ihrer Tochter ist, auf so eine erniedrigende, sexuelle Art. Das geht alles in die Richtung, dass die Mutter nicht mit dem Wachstum oder mit der aufblühenden Sexualität oder der Schönheit der Tochter klarkommt.

MARTIN: Und deshalb sagt die Mutter dann: »Die Beine hast du aber leider vom Vater.« Sie zeigt auf ihre eigenen schönen Beine und sagt dann original zu ihrer Tochter: »Tja, leider hast du die Beine vom Vater.« – Aber warum schafft man das nicht, in dem Moment etwas zu sagen?

CHARLOTTE: Du sagst ja ganz oft etwas bei Abendessen, wenn du findest, dass ein Mann seine Frau verbal erniedrigt. Dann sagst du mittlerweile immer was ohne Rücksicht auf Verluste. Aber die beiden sind erwachsen. Ich finde das unglaublich schwer, im Zuhause einer anderen Familie der Mutter vor der Tochter zu sagen: »Du bist scheiße für deine Tochter.«

MARTIN: Bei dem Beispiel der Überraschungsparty wäre das für die Tochter noch viel schlimmer gewesen.

CHARLOTTE: Total.

MARTIN: Irgendwann war diese Party endlich vorbei, und ich habe die ganze Zeit nur darauf gewartet, endlich mit dir im Auto zu sitzen und darüber zu reden. Aber ich habe trotzdem das Gefühl, es muss doch irgendeinen Weg geben, so eine Situation anders zu lösen.

CHARLOTTE: Wir müssten mal die Doktor Amalfi fragen. Wenn man vor dem Kind die Mutter demontiert, führt das ja nicht dazu, dass die Mutter Einsehen hat und das Kind in Ruhe lässt. Sondern das führt eher dazu, dass sie noch aggressiver gegen ihre Tochter wird, wenn die alleine sind. Ich finde, es geht um Bewusstmachung.

MARTIN: Mir fällt noch etwas ein, das Allerkrasseste, diese Kaiserschnittgeschichte.

CHARLOTTE: Da saß eine Mutter am Tisch, die Barbara, mit zwei Töchtern. Die beiden waren jetzt nicht zwei oder drei, dass die nichts mitkriegen. Sondern vielleicht sieben und neun. Wir haben über Geburten geredet, und dann hat sie gesagt, dass alle ihre Kinder ein Kaiserschnitt sind, damit die Vagina schön eng bleibt für den Papa. Die beiden Töchter hingen rechts und links an der Mutter. Und die sagt ganz selbstbewusst, dass man für den Papa eng bleiben muss, und deswegen darf kein Kopf durch die Scheide. Und die beiden Töchter sagen: »Ja, deswegen wurden wir vor der Scheide rausgeholt.« Das passt schon nicht, wenn das wie ein Gesetz ist. Ich hoffe, dass wir immer zu unseren Kindern sagen: »Andere Familien sind anders, jeder sieht das anders. Wir sehen das so, aber ihr könnt das anders sehen.« Diese Mutter erzählt denen, dass ihr Weg der einzig richtige ist, dass alle Männer so sind und dass alle Frauen so sein müssen. Das fuckt mich so ab.

MARTIN: Ja, geschlossene Systeme sind verheerend.

CHARLOTTE: Ekelhaft, das ist richtig abstoßend und total intolerant. Wenn jede Familie das so macht, kannst du einen Krieg anfangen mit anderen Familien, weil die alles falsch machen. Ich habe übrigens meinen Frauenarzt mal gefragt, ob der findet, dass man von einer natürlichen Geburt ausleiert und irgendetwas nicht wieder zurückgeht, wie es vorher war. Und der hat das weit von sich gewiesen. Das ist so ein Mythos über Enge und Weite. Das ist so ein

Wahnsinnsgewebe, das geht auseinander und wieder zusammen, wie es vorher war. Das andere stimmt alles nicht, das ist frauen- und geburtsfeindlich. Findest du denn, man kann da was sagen?

MARTIN: Nein, man kann nur sagen: Ich möchte da nie wieder hin.

CHARLOTTE: Aber dann frage ich mich, ist das nicht feige? Man lässt Leute so labern, wie die einfach labern. Die Eltern erzählen den Kindern irgendeine Scheiße, wo wir denken, dass das total fatal ist. Wir haben ja gelernt, dass daraus solche Glaubenssätze werden, je nachdem, was die Eltern den Kindern eintrichtern. Stillschweigend zu denken, wir gehen da nicht mehr hin, ist so ein bisschen feige.

MARTIN: Ich glaube, je enger man mit den Leuten ist, umso schwieriger ist es, das zu besprechen. In der Familie ist es sowieso am schwierigsten. Eine Kollegin von mir hat mir gestern erzählt, dass sie in einem Park war und dort plötzlich gehört hat, wie eine Mutter ganz laut schreit: »Ich bring dich um, wenn du damit nicht aufhörst.«

CHARLOTTE: Zu einem Kind?

MARTIN: Und sie hat sich umgedreht und das Kind gesehen: ungefähr fünf Jahre.

CHARLOTTE: Oh Gott.

MARTIN: So, und dann ist die da hingegangen und hat gesagt: »Entschuldigung, das geht so nicht, das können Sie nicht sagen.« Da hat die Mutter die angeschrien: »Wissen Sie denn, was die gemacht hat?« Und sie hat gesagt: »Das ist egal, Sie können das so nicht sagen, das Kind glaubt das.« – »Ja, aber wissen Sie denn, was die gemacht hat?« Was soll das Kind denn gemacht haben, dass man ihm sagt »Ich schlag dich tot« oder »Ich bring dich um«?

CHARLOTTE: Trotzdem habe ich das Gefühl, dass es über die Jahrzehnte besser geworden ist. Den Leuten in deinem Alter wurde früher erzählt, dass euch zum Beispiel irgendeine Horrorfigur holen kommt, wenn ihr nicht lieb seid. Damit ihr euch benehmt. Oder wenn die in der Oma-Generation geweint und zu ihren Kindern gesagt haben: »Du bist mein Sargnagel.« Ich glaube, das wird immer weniger. Oder nicht?

MARTIN: Ich überlege gerade. Wir sind drei Jungs und ein Mädchen zu Hause gewesen. Und irgendwann hat meine Mutter mal gesagt: »Lieber drei Jungs als ein Mädchen.«

CHARLOTTE: Das ist schön für die Jungs und scheiße für das Mädchen, sehr scheiße. Also, ich habe gerne Mädchen. Ich hab ja nur ein Mädchen, ich habe keinen Vergleich. Aber ich finde es easy peasy.

Podcast 8

CHARLOTTE: Man merkt das der ganzen Familie an, dass das immer eine Art Mutprobe ist, wenn wir alle zusammen in Urlaub fahren. Alle haben so ein bisschen das Gefühl: Da wollen wir mal gucken, ob das jetzt einigermaßen glattläuft oder ob das in eine komplette Katastrophe ausartet. Und ich finde ja, die schlimmsten Urlaube, die wir im Leben hatten, waren die mit Barbaras und Markussens zusammen. Die Barbaras und Markussens, die mit uns als Familie in Familienurlaub fahren, machen das immer ein Mal und nie wieder, oder? Das muss ganz klar an uns liegen.

MARTIN: Wenn die Kinder hatten, war es immer schwierig, damit klarzukommen, wie unterschiedlich Kinder erzogen sind, wie unterschiedlich Familien miteinander sind.

Wenn man diese Vorstellungen dann in einen Raum packt oder an einen Tisch, beispielsweise zum Essen ... Unsere Kinder haben dagesessen und haben sooo große Augen gekriegt, was andere Kinder durften oder auch nicht durften. Das war, als würden sie mit einem komplett anderen Rechtssystem konfrontiert werden. Die haben gedacht, das kann nicht sein.

CHARLOTTE: Kinder sind so moralisch und auf Gerechtigkeit aus – zu Recht. Ein Klassiker ist doch der folgende: Wir sind im Urlaub mit einer befreundeten Familie und deren Kindern. Meistens waren diese Kinder kleiner. Aber die durften mehr. Das war das erste Problem. Leider sind wir umgeben von Menschen, die mit ihren Kindern befreundet sein wollen und die sehr, sehr ungern Nein sagen. Die erst mal gar nicht Nein sagen und niemals bei Nein bleiben. Dir und mir ist das aber sehr, sehr wichtig. Das haben wir wahrscheinlich aus einem Erziehungsbuch, oder wir haben als Eltern gelernt, dass man wenigstens diese Konstante haben soll. Gewisse Sachen sind einfach verboten. Oder dass man, wenn man Nein sagt, auch ohne Erklärung bei Nein bleiben muss, weil das die Kinder sonst verwirrt, wenn die Eltern ständig einknicken, weil ein Kind blökt. Es bekommt ja sonst immer seinen Willen. Wenn Eltern weich sein wollen, sagen sie erst: »Nein, das darfst du nicht.« Zum Beispiel am Tisch alle Leute mit Essen bewerfen. Jetzt macht das Kind einfach weiter. Und alle gucken die Eltern von den Essen werfenden Kindern erwartungsvoll an, in der Hoffnung, dass die jetzt durchgreifen.

MARTIN: Die sagen auch weiter: »Nein!« – fünf, sechs, sieben Mal.

CHARLOTTE: In dem gleichen Ton. »Ich habe dir gesagt, du sollst aufhören, mit Essen zu werfen.« Aber dann wird noch mal mit Essen geworfen: »Ich habe dir doch gerade gesagt, du sollst aufhören, mit Essen zu werfen.« Und du sitzt da und denkst: Oh Gott. Es gibt keine weiteren Ideen, das zu stoppen. Man könnte ja zum Beispiel das Kind vom Tisch entfernen. Rückblickend wurden wir ständig von Kindern am Tisch mit Essen beworfen, und die Eltern sagten immer gleichbleibend, als beste Freunde von ihren Kindern: »Schatzi, ich habe dir doch gesagt, du sollst Martin und Charlotte nicht mit Essen bewerfen.« Immer, immer wieder, bis kein Essen mehr auf dem Teller war.

Podcast 8

CHARLOTTE: Ein Problem mit anderen im Urlaub, die Kinder haben, war, dass wir im Vergleich sehr, sehr streng wirkten. Obwohl ich denke, wir waren eigentlich nicht streng. Aber im Vergleich zu einer Erziehung, wo einfach alles erlaubt ist ... Weißt du noch, wo wir in Karlsberg auf dem Spielplatz waren und sich eine lange Schlange an der einzigen Schaukel bildete? Ein Vater von einem kleinen Mädchen guckte seiner Tochter beim Schaukeln zu. Die war schon gefühlt zweieinhalb Stunden alleine am Schaukeln. Alle sagten zu dem Vater: »Unser Kind möchte auch mal schaukeln.« Und dann hat der gesagt: »Ich habe meiner Tochter nichts zu sagen. Die entscheidet selber, wann sie aufhört zu schaukeln.« Er hat dann vor allen Leuten seine Tochter gefragt: »Willst du denn mal von der Schaukel runtergehen, damit die anderen Kinder schaukeln können?« Und das Mädchen: »Nein.« Da hat der die Leute angeguckt und gesagt: »Nein.« Alle standen da und dachten: »Okay, oh Gott.«

MARTIN: Ich weiß noch, als unsere Kinder eine Holzmurmelbahn hatten, die sie ab und zu mühevoll in stundenlanger Arbeit aufgebaut haben. Und dann kam immer dieser kleinere andere Gast.

CHARLOTTE: Der kleine Markus Junior.

MARTIN: Markus Junior kam und fand es am lustigsten, diese Murmelbahn kaputt zu machen. Nicht mitzuspielen und auch die Murmeln runterfahren zu lassen, sondern einfach da reinzucrashen und die kaputt zu machen. Das hat der nicht nur einmal gemacht. Der Vater von Markus Junior hat sogar mitgeholfen, die Bahn wieder aufzubauen. Und als Markus Junior die Bahn wieder kaputt gemacht hat, fand sein Vater offenbar, dass das seine Aufgabe ist, die Bahn wieder aufzubauen, und nicht, dem Junior beizubringen, dass es vielleicht keine gute Idee ist, den anderen Kindern die Bahn kaputt zu machen.

CHARLOTTE: So sind unsere Urlaube. Das klingt schlimm, und es ist noch schlimmer gewesen. Auch die Bettgeherei. Unsere Kinder werden um neun oder zehn ins Bett geschickt. Denn wir sind ja in einem Ferienhaus mit anderen Familien und Kindern. Da denken wir, soll es auch eine Elternzeit geben, wo Erwachsene sich unterhalten können über Themen, die Kinder nicht hören sollen. Deshalb tun wir unsere Kinder früh ins Bett, auch als Zeichen für die Markusse und Barbaras: »Guckt mal, unsere Kinder sind jetzt im Bett.« Unsere Kinder liegen dann im Bett und sagen: »Warum sollen wir ins Bett? Die Kleineren klettern da unten auf dem Esstisch rum, wo die Erwachsenen reden.« Deren Kinder hängen am Kronleuchter. Bis zwei Uhr morgens klettern die mit ihrer Windel über die Gesichter der Markusse und Barbaras. Und man kann sich mit denen nicht unterhalten, weil die die ganze Zeit mit ihren Kindern rummachen.

MARTIN: Darüber habe ich mich immer am meisten gewundert: dass die Eltern kein Bedürfnis haben, Zeit ohne die Kinder zu verbringen. Mir ist das total scheißegal, von mir aus können die Kinder die ganze Nacht aufbleiben. Aber ich hatte und habe das Bedürfnis, dass wir Erwachsenen einfach noch Zeit für uns haben. Ich glaube, die haben das gar nicht gemerkt. Für die war das völlig normal. Bei denen war das Bedürfnis total weg. Ich bin aber als Erwachsener nicht nur Mutter und Vater. Ich bin im Idealfall doch auch mal Paar und vielleicht sogar Liebespaar.

CHARLOTTE: Glaubst du nicht, dass wir unsere Kinder ein bisschen verraten haben? Wenn wir die so hart rangenommen haben, erziehungstechnisch.

MARTIN: Wir haben die Kinder ja nicht benutzt, um den Freunden was vorzuführen, was wir sonst nicht machen würden. Sondern wir haben unsere Kinder weiter so behandelt und sie erzogen und ihnen Grenzen gesetzt, wie wir das für richtig gehalten haben.

CHARLOTTE: Aber wir haben auch gehofft, dass die anderen das sehen. Wir haben auch ein Exempel statuiert an unseren Kindern. Und haben gehofft, dass die das verstehen. Aber die haben das nicht verstanden. Und unsere Kinder lagen im Urlaub alleine im Bett, weil wir gesagt haben: »Es ist jetzt Elternzeit.« Und die haben gehört, wie die anderen Kinder Faxen machen da unten.

MARTIN: Diese Episode darf nie das Licht der Wirklichkeit erreichen.

CHARLOTTE: Warum?

MARTIN: Das dürfen unsere Kinder nie hören, was du da gerade sagst.

CHARLOTTE: Ist dir schon mal aufgefallen, dass unsere Kinder sich überhaupt nicht für unsere Arbeit interessieren?

MARTIN: Ja, da bin ich sehr froh drüber. Ich habe mich auch nie für die Arbeit meiner Eltern interessiert. Ich finde, das ist ein gutes Zeichen.

Podcast 15

CHARLOTTE: Ich finde das richtig gut, dass unsere Kinder uns so langweilig finden. Die finden uns so unfassbar langweilig. Die fragen sich, glaube ich, wieso überhaupt privat Leute mit uns reden. Denn sie selbst können uns nicht eine Minute aushalten, wenn wir mit denen reden. Dann verdrehen die schon die Augen und wollen das Zimmer verlassen, so langweilig ist denen dann.

MARTIN: Das ist ein Kinderprivileg. Kinder dürfen Eltern langweilig finden, oder im Idealfall müssen sie die Eltern sogar langweilig finden. Andersrum ist das ... Manchmal machen das ja Comedians, dass die behaupten, dass das, was ihre kleinen Kinder fabrizieren oder sprechen oder malen, langweilig ist. Das ist wie eine totale Beleidigung oder eine Infragestellung der Mutter- und Vaterliebe. Also, wenn wir die Kinder so hart rannehmen würden wie die uns. Nee, das machen wir nicht.

CHARLOTTE: Nee, das wäre schrecklich. Umgekehrt wäre es schrecklich, und so rum ist es eigentlich sehr lustig.

Dr. Amalfi

Wie erzieht man heute ein Kind richtig? Wie vermeidet man Erziehungsfehler? Ratschläge gibt es viele. Manche Eltern versuchen es mit einem lässig-verwöhnenden Erziehungsstil. Sie verzichten fast vollständig auf Forderungen und Grenzen. Die Motive solcher Eltern sind vielfältig, ein Motiv spielt fast immer eine Rolle: Es fehlt schlicht die Zeit, sich intensiver mit dem Kind zu beschäftigen. Die mangelnde Aufmerksamkeit soll durch Verwöhnung ausgeglichen werden. Der Nachteil: Verwöhnte Kinder lernen nicht, den Wert von Menschen und Dingen zu erkennen, sie halten alles für selbstverständlich. Und: Wenn jeder Wunsch erfüllt wird und man sich nicht anstrengen muss, geht die Freude verloren.

Andere Eltern setzen auf einen partnerschaftlichen Umgang mit ihren Kindern. Sie erklären ihnen ihre Erziehungswünsche ausführlich und wollen demokratisch darüber entscheiden. Diese Methode ist mühsam und wenig erfolgreich. Denn Kinder sind nun mal nicht auf Augenhöhe mit den Eltern, sie brauchen Orientierung und auch Grenzen, um zu lernen, was richtig und was falsch ist. Begegnen die Eltern ihnen wie Freunde, vermissen sie die notwendige Führung.

Beide Erziehungsstile haben also Schattenseiten. Entwicklungspsychologen propagieren daher einen anderen Weg – den autoritativen Erziehungsstil. Er hat nichts mit der streng autoritären Erziehung früherer Zeiten gemein, leugnet aber nicht die Machtverhältnisse zwischen Eltern und Kindern. Autoritativ erziehende Mütter und Väter setzen selbstverständlich Grenzen und fordern die Einhaltung von Regeln.

Den Kindern bekommt dies gut, wie Studien zeigen. Sie finden es in Ordnung, wenn Eltern den Ton angeben. Sie akzeptieren die elterliche Autorität, weil sie spüren: Als Gegenleistung für ihren Respekt vor den Eltern bekommen sie deren Schutz und Unterstützung. Ein Tauschhandel, mit dem beide Seiten gut fahren.

Nähe und Distanz

>»Ich bin nicht dafür verantwortlich,
> dich glücklich zu machen.«

Dr. Amalfi

»Wie kann ich dich vermissen, wenn du nie weggehst?«, heißt es in einem Countrysong. Ein kluger Satz. Er bringt kurz und knackig zum Ausdruck, warum zu viel Nähe in einer Beziehung schaden kann. Soll die Liebe nicht in Unfreiheit und Langeweile enden, braucht ein Paar immer mal wieder einen gewissen Abstand. Der aber fällt Menschen besonders schwer, die einer Liebesideologie anhängen, wonach man als Paar alles miteinander teilen muss und jede eigenständige Regung als Alarmsignal interpretiert. Man glaubt: Je ungeteilter das Leben ist, desto größer die Liebe und umso stabiler die Beziehung. Da kann schon der Wunsch nach getrennten Schlafzimmern zu heftigen Turbulenzen führen. Getrennte Schlafräume – ist das nicht ein klares Zeichen, dass es mit der Beziehung nicht zum Besten steht? Nicht unbedingt.

Anklammernde Nähe und wenig eigenes Leben können einer Partnerschaft die Leichtigkeit nehmen. Die Umklammerung wird zur Bürde, man nimmt einander kaum noch wahr. Wer sich immer nur in Beziehung erlebt, verliert den anderen und schließlich sich selbst aus den Augen.

Die Lösung heißt dann: »Tritt einen Schritt zurück, damit ich dich sehen kann!« Viele Paare tun dies unbewusst, indem sie durch heftige Auseinandersetzungen, Seitensprünge, Überstunden einen gewissen Abstand zueinander schaffen. Das allerdings sind destruktive Maßnahmen, welche die Verbundenheit des Paares auf Dauer schwächen, wenn nicht gar zerstören können. Es geht also darum, konstruktive Wege zu finden, um sich aus zu großer Nähe zu lösen und vom anderen ein Stück abzurücken.

Eine Möglichkeit besteht darin, regelmäßig Ich-Zeiten für sich in Anspruch zu nehmen. Ich-Zeit, das ist Zeit, die man mit niemandem teilen muss. Es ist eine Zeit, in der man seinen Gefühlen und Gedanken freien Raum lassen und seinen Interessen ungestört nachgehen kann. Man muss mit sich alleine sein können, um zu sich zu kommen und über sich und die eigenen Bedürfnisse nachdenken zu können. Ohne regelmäßige Ich-Zeit ist kein Wachstum und keine Selbstentwicklung möglich.

Auf gute Weise Distanz schafft in einer Beziehung auch etwas »Drittes«. Nein, damit sind nicht die Kinder, nicht das Haus und auch nicht eine Außenbeziehung gemeint. Paare brauchen vielmehr ein »Projekt«, in das sie sich sowohl als Einzelperson als auch als Paar einbringen können. Ob ein Paar leidenschaftlich Schneekugeln sammelt, sich hingebungsvoll über Literatur, Kunst und Musik austauscht oder soziale Aufgaben übernimmt – wichtig ist, dass das Projekt für beide gleichermaßen wichtig ist. Das gemeinsame Engagement für etwas Drittes, also nicht die Beziehung, gibt dem eigenen Leben, zugleich aber auch dem Paarleben einen besonderen Sinn. Man entdeckt bei sich selbst, aber auch beim Partner andere Facetten, Talente und Seiten.

Freunden und Freundinnen kommt übrigens ebenfalls eine wichtige Rolle zu, damit ein Paar keinen Kokon um sich spinnt. Wichtig ist, dass jeder für sich Freunde haben darf, dass die Freundschaften nicht in die Beziehung integriert werden. Hat jeder Freunde für sich allein, ist er oder sie nicht nur unabhängig vom Partner und dessen emotionaler Unterstützung, sondern erlebt sich außerhalb der Beziehung als eigenständig und unabhängig.

Ja, und dann ist da noch die Frage der getrennten Schlafräume. Sind sie nun ein Indiz für Beziehungsprobleme? Nein. Sowenig wie eine gemeinsame Schlafstatt ein Liebesbeweis ist. Wer den Partner, die Partnerin wirklich liebt, sollte ihn oder sie allein schlafen lassen. Das sagen jedenfalls Schlafforscher. Zwar kann ein gemeinsames Schlafzimmer das Bedürfnis nach Geborgenheit und Intimität befriedigen, nicht aber das Bedürfnis nach ungestörtem Schlaf. Den aber sollten sich Liebende eigentlich gönnen. Und den gesunden Abstand, der die Wiedersehensfreude am Morgen erhöht.

Podcast 5

CHARLOTTE: Beim Aufwischen hab ich gerade gemerkt, dass ich Muskelkater habe, weil wir vor zwei Tagen zusammen Armmuskeltraining mit Hanteln gemacht haben. Und dann fiel mir ein: Wir machen zu wenig zusammen.

MARTIN: Schon bei der ersten Übung hast du mich dermaßen korrigiert und zurechtgewiesen, dass ich keinen Bock mehr hatte. Weil ich dachte: Guck doch auf die Tante in dem Video, sieh zu, dass du das selbst richtig machst, und lass mich in Ruhe.

CHARLOTTE: Aber das ist deine Art. Andere Sportler wären

froh für eine Korrektur. Es tut mir leid, Martin, ich liebe dich, aber du hast die Übung komplett falsch gemacht, und deshalb mache ich mir Sorgen um deine Wirbelsäule und um unsere gemeinsame Zukunft.

MARTIN: Ungefragt dem anderen Tipps zu geben, führt immer zu Ärger.

CHARLOTTE: Ich weiß, aber das Problem ist, du würdest mich nie fragen. Deswegen muss ich das unaufgefordert machen.

MARTIN: Wenn wir zusammen joggen, dann bin ich noch nicht mal drei Meter gelaufen, da sagst du schon: »Du musst die Arme anders bewegen.«

CHARLOTTE: Wie oft muss ich das noch sagen? Du läufst, und deine Arme gehen von rechts nach links, anstatt von hinten nach vorne. Die Ellenbogen müssen an den Rippen vorbei.

MARTIN: Aber guck mal, wie weit ich es damit gebracht habe. Eigentlich haben wir doch gesagt: »Das ist aber schön, dass wir was zusammen machen.« Gut ist, wenn man zusammen was lernt auf Augenhöhe. Also nicht so, dass du was total toll kannst und sagst: »Komm, mach das auch, ich zeig dir das.« Dann hat man direkt eine Schieflage. Sondern wenn man sagt: »Komm, wir gehen in den Tanzkurs, wir lernen das jetzt beide zusammen.« Wenn dann du, Charlotte, deutlich mehr Talent hast, und dafür habe ich, Martin, vielleicht mehr Erfahrung – dann ist das schön, das verbindet.

CHARLOTTE: Wir lernen ja gerade, zusammen Podcasts zu machen. Da sind wir auf einer Stufe, oder nicht? Da kann ich dir nichts erzählen und du mir auch nichts.

MARTIN: Also, wenn ich was gelernt habe bei der Doktor

Amalfi, auch wenn ich das dann vielleicht nicht immer so hinkriege, dann ist es das: Die hat immer gesagt, wir sollen aufhören, darüber zu reden, und uns nicht martern. »Stell nicht so viel Fragen, lass die in Ruhe.« Weil das gar nichts in einem bestimmten Moment bringt. Dann ist es viel schlauer, gar nichts zu sagen. Man muss auch mal Dinge mit sich selbst abkaspern.

Podcast 1

CHARLOTTE: Wenn man zusammenkommt und sich unfassbar liebt, das reicht dann zum Glücklichsein. – Es ist eine bahnbrechende Erkenntnis, dass das nicht stimmt. Du dachtest das ja viele, viele Jahre. Dass ich einfach glücklich sein muss, weil ich dich habe. Und du hast gedacht, du machst alles dafür, dass ich glücklich werde. Das war eine unglaublich spannende Erkenntnis für dich, dass ich meine Sachen allein lernen muss. Und wenn es mir schlecht geht, dann bist du nicht schuld. Du hast nicht als mein Mann versagt, der mich immer glücklich machen muss.

MARTIN: Wir sind ja zusammen zu der Doktor Amalfi gegangen. Es ging viel um dich und deine Themen. Deswegen hat die gesagt, ich soll mal zu jemand anderem gehen. Dann bin ich eine Zeit lang zu einem anderen Amalfi gegangen. Ich habe immer wieder in Großbuchstaben aufgeschrieben: »Du bist nicht verantwortlich.« Weil ich in allen Beziehungen gemeint habe: Ganz klar, der Mann ist verantwortlich.

CHARLOTTE: Eine klassische Versorgerbeziehung. Ich finde es ja einerseits mega. Für mich bist du als Versorger ultrageil.

MARTIN: Sag das noch mal. Betone das noch mal, dass die Leute nicht Versager sind, sondern Versorger.

CHARLOTTE: Für mich als Versorger ultrageil. Das glauben viele Leute nicht, dass mir das unfassbar viel bedeutet.

MARTIN: Ich bin aber nicht nur Versorger, ich bin auch unfassbar loyal. Für mich hat Liebe immer geheißen, man muss auch loyal sein. Ich habe nie schlecht über dich gedacht. Geredet sowieso nicht. Für mich ist das Verrat an der Liebe, wenn ich schlecht über dich denke. Das kannst du besser.

CHARLOTTE: Ich leide darunter. Für mich ist das eine total übertriebene Loyalität deiner Liebsten gegenüber. Wenn ich mich bei einer Freundin auskotze über einen Streit mit dir oder eine Charaktereigenschaft von dir, die mich nervt, ist das doch kein Verrat. Du würdest lieber sterben, als zu einem deiner Freunde in einem Vieraugengespräch zu sagen: »Ich habe gerade massive Probleme mit Charlotte.« Und das tut mir richtig leid. Das heißt nämlich, dass du damit alleine bist. Wenn es bei uns scheiße ist, kannst du nur mit mir darüber reden.

MARTIN: Ich würde vielleicht sogar sagen: »Ich habe Probleme mit Charlotte.« Aber ich würde dich gleichzeitig verteidigen, damit du in einem guten Licht dastehst.

CHARLOTTE: Aber warum? Woher kommt das? Dass man nicht einfach sagen kann: »Die kotzt mich an. Die ist so anstrengend.« Oder: »In diesem Punkt ist die so Horror.« Hast du das bei deinem Doktor Amalfi herausgefunden? Willst du nichts dazu sagen?

MARTIN: Ich überlege: Das ist, weil das schlechte Reden an sich schon unchristlich ist. Und weil ich eine sehr christliche Sozialisation gehabt habe in den Sechzigerjahren, werde ich das nicht los. Loyalität steht über allem. Aber ich höre jetzt auf damit.

Podcast 4

CHARLOTTE: Ich bin nach all den Jahren noch immer richtig abgefuckt, wenn ich zu Hause sitze und denke: Jetzt ist es Zeit fürs Mittagessen. Und dann gucke ich dir zu, wie du dir ein Brot machst. Dann hate ich dich so weg, weil du dir einfach Essen machst, wenn du Hunger hast. Ich denke dann immer: Man muss zusammen essen. Wenn man nicht zusammen isst, dann esse ich nicht.

MARTIN: Ich bin eher wie ein Tier. Ich habe Hunger. Das ist das Signal: Ich muss essen. Und dann mache ich mir etwas zu essen. Ist doch ganz sympathisch, oder nicht? Außerdem sagt Jack Reacher: »Iss, wenn du kannst.«

CHARLOTTE: Nein, der sagt: »Schlaf, wenn du kannst.«

MARTIN: Auch. Er sagt beides. Das ist so *military*. – Du erwartest, dass ich dir auch ein Brot mache?

CHARLOTTE: Das wäre cool. Wenn ich etwas mache, frage ich ja auch. Ich kann nichts für mich alleine genießen oder nehmen oder kaufen. Das heißt, ich bin es nicht wert, mir alleine ein Brot zu machen. Ich funktioniere nur in der Gemeinschaft, glaube ich. Das ist das Problem mit dem Essen.

MARTIN: Oder positiv gewendet: Du bist nur glücklich, wenn du das Glück teilen kannst.

CHARLOTTE: Aber andererseits denke ich, ich bin das alleine nicht wert. Ist ja nicht so cool.

MARTIN: Ich habe tatsächlich gerade gestern ein Interview im Radio mit dem Regisseur Klaus Lemke gehört. Der hat gesagt: »Du kannst nur glücklich sein, wenn du andere glücklich machst.«

CHARLOTTE: Dann mach mir doch bitte ein Brot mit.

MARTIN: Ja, wenn wir hier fertig sind, dann mache ich dir ein Brot.

CHARLOTTE: Ja, mach ruhig.

MARTIN: Ich war heute Morgen laufen, und mir ist wieder mal ein Paar auf einem Tandem entgegengekommen. Mir kommen oft Paare auf Tandems entgegen. Die sehen immer total unglücklich aus. Dann möchte ich die festhalten und sagen: »Probiert es mit getrennten Fahrrädern.«

CHARLOTTE: Oder so wie wir: Einer fährt Fahrrad und der andere nie.

MARTIN: Doktor Amalfi würde jetzt die Gegenfrage stellen: »Warum denken Sie denn, dass diese Paare unglücklich sind?«

CHARLOTTE: Ich habe auch gedacht, das hat mit dir zu tun. Aber du denkst das nicht. Deren Mundwinkel hängen wahrscheinlich nach unten, oder?

MARTIN: Ja, aber vielleicht sind die nur tiefenentspannt. Ich finde, die sehen nicht euphorisch aus. Ich finde diesen Anblick traurig. Ich denke uns auf so einem Fahrrad und was das für ein Debakel wäre.

Podcast 5

CHARLOTTE: Die Frage »Wer ist besser?« war am Anfang unserer Beziehung sehr stark. Ich war ja sehr jung, 25, als wir zusammengekommen sind. Du warst 40, 41. Du warst so alt wie ich jetzt. Du hattest Erfahrung und ich nicht, und dann haben wir beide uns darauf festgelegt, dass es so richtig ist, wie du das machst. Ich war dann so ein bisschen geäppelt bei vielen Sachen. Ich habe dann soziale Kontakte verkümmern lassen. Ich dachte einfach, ich mache das mit dir. Und dann musste ich alles wieder rückwärts machen.

MARTIN: Du bist eine sehr überzeugende Darstellerin gewesen. Ich habe überhaupt nicht das Gefühl gehabt, dass ich was durchdrücke oder dass ich dominiere.

CHARLOTTE: Nein, das war vorauseilend.

MARTIN: Genau, du hast das mindestens mir und vielleicht sogar dir glaubhaft vorgespielt, dass du davon total überzeugt warst. Deswegen war es dann eine krasse Zurückweisung, als das so plötzlich anfing zu bröckeln. Ich dachte: Oh, die liebt mich nicht mehr so.

Podcast 5

MARTIN: Ich wollte dich fragen, ob es dir wichtig ist, dass du Geheimnisse hast vor mir.

CHARLOTTE: Erst mal sage ich: Wieso? Damit ich ein bisschen Zeit zum Nachdenken habe. *Very good question.* Du meinst das wegen gestern Abend? Wenn ich im Internet hänge und jemandem Geld überweise, und du kommst so von hinten an und tust so, als willst du mich auf die Wange küssen, aber in Wirklichkeit guckst du auf den Bildschirm, was ich mache.

MARTIN: Nein, Moment. Also, dann erzähle ich es so, wie ich es sehe. Ich komme von hinten, du sitzt am Tisch. Nicht in deinem Zimmer oder einem abgeschlossenen Raum, sondern du sitzt im Wohnzimmer. Dann sage ich: »Na, was machst du gerade?« Ich weiß ja nicht, was du machst. Ich weiß auch nicht, ob du gerade jemandem Geld überweist. Aber du fühlst dich offenbar in dem Moment ...

CHARLOTTE: Ertappt.

MARTIN: Ertappt oder kontrolliert oder so.

CHARLOTTE: Ja, total.

MARTIN: Das war gar nicht meine Absicht. Das ist, als würde ich mit einer Zeitung am Tisch sitzen und den Sportteil lesen. Und wenn du kommst, würde ich den Sportteil ganz schnell wegmachen. Einfach so, obwohl es nur der Sportteil ist. Aber zurück zur Frage. Ist dir das wichtig, Geheimnisse zu haben?

CHARLOTTE: Ja, sehr. Aber ich weiß nicht, ob das gut für mich ist. In der Familie, aus der ich herkomme, hatten alle Geheimnisse, und das kam mir nicht so gut vor. Als wenn die ein Doppelleben geführt haben vor dem Partner oder ... Ich weiß nicht, ob das feige ist und ob ich deswegen immer verteidigen will, dass man Geheimnisse voreinander haben muss. Gestern habe ich zum Beispiel jemandem etwas geschenkt, von dem ich denke, dass du dagegen bist, weil das zu großzügig ist. Ich fühle mich dann in meiner Euphorie oder Großzügigkeit von dir in vorauseilendem Gehorsam gehemmt. Deshalb mache ich das heimlich und denke: Ich darf machen, was ich will. Ich mache solche Sachen oft heimlich. Einerseits ist das wichtig für mich. Andererseits ist es nicht sehr selbstbewusst. Ich sage eben nicht: »Fick dich, ist mir egal, was du dazu sagst, ich will das machen, und ich darf das auch.« Sondern ich suche mir den Weg des geringsten Widerstands. Wir haben uns dann gestern gestritten über diese ganze Sache, weil ich gemotzt habe, dass du mich kontrollierst.

Und dann hast du gesagt: »Charlotte, was du da machst, ist so kompliziert. Das geht viel einfacher so und so. Warum sagst du mir nicht einfach, was du vorhast? Du kannst auch sagen: Ich vermute, du findest das nicht gut, dass ich das vorhabe, aber es ist mir egal. Hilf mir bitte, das umzusetzen.«

MARTIN: Die Polly ist total gut darin. Die sagt auch so was zu mir: »Ich habe das und das gemacht, und ich weiß, du findest das nicht gut, aber darum geht es nicht, darüber will ich nicht reden, ich habe eine Frage.« Das finde ich total cool. Da ist dann klar: Halt die Fresse, ich will nicht deinen Rat, ich will nicht deine Meinung, ich will nicht deine Erfahrung, ich will nicht deinen kritischen Blick, ich will nicht wissen, dass du alles besser weißt, sondern ich will einfach nur von A nach B. Damit kannst du mir helfen, und wenn du das nicht machen willst oder nicht machen kannst, dann halt die Fresse und geh. Das ist sehr beeindruckend.

CHARLOTTE: Was denkst du denn? Denkst du, ich brauche Geheimnisse vor dir?

MARTIN: Ich habe ja nicht gefragt, ob du Geheimnisse vor mir hast, sondern ob dir das wichtig ist, welche zu haben. Weil ich es überhaupt nicht schlimm finde, Geheimnisse voreinander zu haben. Ich würde mir wünschen, ich hätte manche Sachen lieber als Geheimnis behalten.

CHARLOTTE: Ich auch.

MARTIN: Ich finde das gar nicht schlimm. Ich frage mich nur, warum du mir das Gefühl gibst, dass ich so ein Kontrolletti bin? Ich fühle mich gar nicht so.

Podcast 8

MARTIN: Wir machen das seit acht Wochen, das kann man ja schon als eine Tradition bezeichnen. Da ist dir ja nicht verborgen geblieben, dass ich nicht vom ersten Augenblick an ein großer Fan dieser Treffen war. Aber ich merke, dass das eine richtig feine Sache für uns ist. Das hat eine Wirkung auf uns beide, auch auf mich, weit über diese Stunde hinaus.

CHARLOTTE: Eine positive, meinst du?

MARTIN: Ja, meinst du nicht?

CHARLOTTE: Jaja, ich wollte nur wissen, was du meinst mit der Wirkung.

MARTIN: Einerseits ist es ja eine Zwangsveranstaltung durch die Regelmäßigkeit. Und dadurch ist es immer ein bisschen komisch, weil ich mich hier hinsetze und nie weiß, wo geht das hin. Aber wenn ich hier sitze mit dir, egal, was wir besprechen, oder egal, was du sagst, ich finde das nie doof, und ich bin nie genervt. Wenn wir gleich hier weggehen, dann nervst du mich ja auch wieder. Nicht dauernd, aber mit vielen Sachen. Wie man sich so nervt.

CHARLOTTE: Aber hier nicht.

MARTIN: Alles hat irgendwie einen Grund. Früher, wenn in anderen Beziehungen ein Partner sagte: »Können wir mal reden?«, dann ging man so in eine Abwehrhaltung, kniff den Arsch zusammen und dachte: Was kommt jetzt? Oder: Was hat die jetzt schon wieder? Oder: Huch, ich dachte, es ist alles gut. Man war sofort in der Haltung: Ich bin schuld, jetzt muss ich wieder ... Das ist hier überhaupt nicht so. Das nimmt man mit unserer Sache raus. Ich finde, uns geht es dann besser, insgesamt.

CHARLOTTE: Wenn es uns hier in der Zeit, wo wir in unserem Kabuff sind, so gut geht: Wieso gehen wir eigentlich nicht öfter hierhin? Auch wenn wir nicht aufnehmen?

MARTIN: Weil das der Zweck ist. Wenn man in die Kirche geht, fährt man da auch nicht Rollschuh. Dieses Kabuff, diese magische Höhle, die ist dafür da. Aber ich glaube nicht, dass es gut ist, wenn wir uns hier hinsetzen und ein Buch lesen.

CHARLOTTE: Nein, ich meine reden: Mikrofon an, ohne aufzunehmen, und die Kopfhörer anzuziehen und so miteinander zu reden.

MARTIN: Wir könnten ja mal ein Experiment machen und eine ganze Woche hier wohnen.

CHARLOTTE: Hier oben? Das geht nicht, du bist zu groß.

MARTIN: Aber ich wollte mich dafür wirklich bei dir bedanken.

CHARLOTTE: Weil ich dich dazu gezwungen habe? Ha!

MARTIN: Ich denke über viele Sachen nach. Auch Sachen, die ganz lange zurückliegen. Nicht nur von uns beiden, sondern noch viel länger und weiter zurück. Was bei mir ja schon sehr, sehr, sehr weit zurück ist, weil ich ja sehr, sehr alt bin. Oft merke ich, dass ich das, was ich damals gedacht habe oder wovon ich damals felsenfest überzeugt war, heute komplett anders sehe.

Podcast 12

MARTIN: Und jetzt klären wir das endlich mal mit der Hängebrückentheorie.

CHARLOTTE: Die Hängebrückentheorie bezieht sich bei uns beiden im Speziellen darauf, dass wir uns kennengelernt haben, als ich gerade ein Kind gekriegt hatte und du kurz

219

vor der Geburt von deinem Sohn standest. Das war ein verbindendes Element, eine krasse Ausnahmesituation im Leben. Das ist wichtig für die Theorie. Martin, jetzt berichtige mich, wenn es falsch ist: Das Experiment von der Hängebrücke geht so: Eine attraktive Frau mit einem Klemmbrett, einem Zettel und einem Stift befragt Männer auf der Straße nach irgendeinem vorgeschobenen Umfragegedöns. Das wahre Experiment ist, wie viele heterosexuelle Männer sich nach diesem Fakeinterview, was die Frau führt, trauen, diese Frau nach ihrer Telefonnummer zu fragen. Das ist dann eine Zahl. Und dann wird das Gleiche auf einer Hängebrücke gemacht. Die gleiche Frau mit ihrem Klemmbrett spricht Männer an, und man vergleicht dann, in welcher Situation sich mehr Männer mit der Frau verbunden fühlten. Auf der Hängebrücke waren das sehr viel mehr Männer, weil die wackeliger dastanden. Die haben etwas gemeinsam mit dieser Frau erlebt, nämlich auf einer Hängebrücke zu stehen. Die Theorie ist nun: Das verbindet mehr, wenn man gemeinsam etwas vermeintlich Gefährliches erlebt oder in einem Ausnahmezustand ist. Deswegen haben viel mehr Männer auf der Hängebrücke die Frau nach ihrer Telefonnummer gefragt. Ist das richtig wiedergegeben?

MARTIN: Ja. Wenn man schwankt nach viel Alkohol, dann geht man auch eher mit.

CHARLOTTE: Alkohol gilt jetzt nicht. Aber wenn du jemanden beispielsweise im Krankenhaus kennenlernst oder auch Menschen, die man bei einem Unfall kennenlernt.

MARTIN: Genau, eine Ausnahmesituation, eine Erschütterung, eine besondere Situation verbindet.

CHARLOTTE: Mit Menschen, die gerade Gleiches erleben.

Dr. Amalfi

»Wir haben keine Geheimnisse voreinander.« Paare, die das von sich behaupten, sind meist enorm stolz auf die Offenheit, die zwischen ihnen herrscht. Doch dieser Stolz ist nicht angebracht. Keine Geheimnisse voreinander zu haben, heißt im Extremfall: Es gibt kein eigenes Leben mehr.

Damit Nähe und Distanz in einer Partnerschaft in Balance sind, sollte auch in der innigsten Verbindung Raum bleiben für unausgesprochene Gedanken, für Unabhängigkeit und eigene Interessen. Und sogar für Geheimnisse. Damit sind nicht Geheimnisse gemeint, die den anderen bedrohen oder sein Vertrauen erschüttern. Selbstverständlich haben schwere Lügen, Betrug und heimliche Außenbeziehungen keinen Platz in einer Liebesbeziehung. Aber nicht jeder Gedanke, jede Idee, jeder Wunsch, jeder Plan, jedes Gefühl muss mit dem Partner oder der Partnerin geteilt werden. Manchmal sollte man schweigen, um die eigene Integrität zu schützen oder sich einen kleinen Freiraum innerhalb der Beziehung erlauben.

Geheimnisse dienen der Liebe. Das widerspricht der gängigen Vorstellung, dass zwischen Liebenden völlige Offenheit herrschen muss. Allerdings ist der Anspruch nach totaler Transparenz im Alltag kaum durchzuhalten, noch ist er der Liebe förderlich. Muss er wirklich wissen, woher die Ohrringe stammen, die sie so gerne trägt? Muss sie wissen, welche guten Erinnerungen er noch an eine Ex-Partnerin hat? Und darf es eine verschlossene Schublade geben, in der wirklich Privates gut geschützt aufbewahrt wird? Die Erfahrung zeigt: Beziehungen, in denen es keinerlei Geheimnisse gibt, werden mit der Zeit langweilig. Umgekehrt gilt: Die Ahnung, dass die oder der Geliebte auch Seiten hat, die man nicht kennt, belebt die Liebe. Die Partner bleiben füreinander geheimnisvoll – und damit anziehend. Der Schriftsteller Baudelaire wusste das, als er schrieb: »Wir lieben die Frauen umso mehr, je fremder sie uns sind.« Das gilt natürlich für beide Geschlechter.

Eifersucht

> »Ich habe viele Vergleiche, und
> alle kacken gegen dich ab.«

Dr. Amalfi

Der Eifersucht entkommt niemand. Auch die nicht, die von sich behaupten, niemals eifersüchtig zu sein. Solange man aus Liebe und nicht aus Vernunft einen Partner, eine Partnerin wählt, solange ist man auch vor Eifersucht nicht geschützt. Nur Menschen mit einem völlig übersteigerten Selbstwertgefühl sind sich ihres Liebespartners völlig sicher. Alle anderen wissen nur zu gut, dass auch andere Mütter interessante Söhne oder Töchter haben.

Eifersucht entsteht in der Regel, wenn man befürchtet, dass eine dritte Person die Exklusivität der Zweisamkeit bedroht. Das ist vor allem dann der Fall, wenn vermutet wird, dass der Partner oder die Partnerin Gefallen findet an einer anderen Frau, einem anderen Mann. Allerdings gibt es hier einen interessanten Geschlechtsunterschied. Normalerweise sind Männer dann extrem eifersüchtig, wenn ein »Rivale« sich um ihre Partnerin bemüht oder wenn sie tatsächlich fremdgeht. Frauen quält dagegen eher die Eifersucht, wenn ihr Partner sich emotional einer anderen Frau zuwendet oder eine enge platonische Freundschaft mit einer Frau pflegt. Wie ist dieser Unterschied zu erklären? Nun, für Männer ist sexuelle Untreue schlimmer als emotionale, weil sie sich in der Sexualität selbst mehr unter Leistungsdruck setzen als im emotionalen Bereich. Sexuelle Untreue signalisiert ihnen, dass ihre Leistung offensichtlich zu wünschen übrig lässt. Deshalb sind sie, wenn ein Dritter ihrer Partnerin zu nahe kommt, besonders alarmiert (es gibt auch Vermutungen, dass die archaische Angst davor, einen »Kuckuck« ins Nest gesetzt zu bekommen, hier ebenfalls eine Rolle spielt). Frauen dagegen ist häufig die emotionale Bindung an den Partner wichtiger als die rein sexuelle. Deshalb empfinden sie es als besonders bedrohlich, wenn eine zu große emotionale Nähe zwischen ihrem Partner und einer anderen Frau entsteht. Was natürlich nicht heißt, dass sie bei einer sexuellen Affäre des anderen völlig cool bleiben.

Doch nicht immer ist es eine dritte Person, die eifersüchtige Gefühle auslöst. Manchmal sind es berufliche Erfolge des anderen oder seine Hobbys, die das grünäugige Monster auf den Plan rufen. Und manchmal ist man sogar auf die eigenen Kinder eifersüchtig, weil sie mehr Zuwendung und Aufmerksamkeit bekommen als man selbst.

Eifersucht entsteht also aus dem Vergleich. Wenn der Eindruck entsteht, dass man im Vergleich zu einem oder etwas Drittem zu kurz kommt, wenn man sich nicht mehr gesehen und wertgeschätzt fühlt, entsteht das Gefühl, dass ein anderer Mensch oder ein Interesse dem anderen wichtiger ist als man selbst. Die Eifersucht ist dann ein deutliches Signal an den Partner, dass er aus Sicht des Eifersüchtigen falsche Prioritäten setzt und die Beziehung vernachlässigt.

Wenn die Eifersucht wütet, ist das für alle Beteiligten – den Eifersüchtigen und denjenigen, dem die Eifersucht gilt – nicht leicht zu ertragen. Aber vielleicht hilft, was Sigmund Freud über dieses Gefühl sagte. Für ihn gehört Eifersucht »zu den Affektzuständen, die man ähnlich wie die Trauer als normal bezeichnen darf … Über die normale Eifersucht ist analytisch wenig zu sagen.«

Die Eifersucht hat also zu Unrecht ein schlechtes Image. Sie ist ein Gefühl, das, wie jedes andere auch, einen Sinn hat. Eifersucht ist zwar nicht, wie manche behaupten, der Beweis für wahre Liebe. Aber sie ist Bestandteil einer Liebe, die – wenn sie realistisch ist – sich niemals in völliger Sicherheit wiegen kann. Übrigens sind Partnerschaften am stabilsten, in denen es hin wieder zu Eifersuchtsszenen kommt. Unaufmerksamkeit und Routine können Beziehungen mehr schaden als normale Eifersucht. Sie ist ein Zeichen dafür, dass zwei Menschen einander nicht gleichgültig sind.

Podcast 4

MARTIN: Für mich ist die emotionale Eifersucht viel schlimmer, und darunter leide ich viel mehr als bei einer Eifersucht auf Sex, also auf etwas Körperliches.

CHARLOTTE: Damit bist du nicht in der klassischen Rollenverteilung. Ich lese viel darüber, dass Männer meistens eifersüchtig sind, wenn ein anderer Mann seine Frau sozusagen beschmutzt, indem er den Penis da reinsteckt. Das finden die meisten Männer richtig schlimm und könnten sich dafür prügeln. Aber Frauen sind meistens emotional eifersüchtig und finden das viel, viel schlimmer, wenn ihr Mann in eine andere verliebt ist, als wenn er einfach nur Sex hat.

MARTIN: Die meisten Beziehungen heute haben ja schon Vorgeschichten. Das heißt, wir reden jetzt nicht über die

Ausnahme, also Sandkastenliebe und dann bis zum Ende des Lebens. Sondern zum Beispiel über uns: Wir haben uns getroffen, es gab schon Kinder, Ehepartner und auch viele Sexpartner vorher.

CHARLOTTE: Nein, die Polly war eine unbefleckte Empfängnis, sorry.

MARTIN: Und natürlich möchte man das eigentlich nicht. Natürlich wäre es am schönsten, wenn ich wüsste, du hattest noch nicht Sex mit jemandem anderen. Da denkt man doch so, das wäre romantisch. Man will der Erste sein, der Einzige.

CHARLOTTE: Nein, nein, nein. Entschuldigung, stopp. Ich muss sagen, dieses Erster sein, das ist ekelhaft, diese Entjungfernscheiße.

MARTIN: Okay, sagen wir, der oder die Einzige. In der Realität ist es aber so: Man ist das ganze Leben umgeben mit Leuten, die auch schon Sex mit dem Partner hatten.

CHARLOTTE: Hä?

MARTIN: Freunde, Patchwork, Ex-Partner et cetera. Sagen wir mal, man geht auf eine große Party, dann könnte es sein, dass wir in einem Raum sind mit fünf, sechs oder sieben anderen Männern, die schon einmal Sex mit dir hatten. Und du bist in einem Raum mit mehreren Frauen, die schon einmal Sex mit mir hatten. Wir sind das gewohnt, und das funktioniert ganz kultiviert. Man geht einfach so miteinander um, sitzt am Tisch, redet, und nicht wie bei den Wikingern oder so. Man haut nicht mit dem Schwert allen anderen einfach den Kopf ab. Obwohl ich weiß, es liegt in der Vergangenheit, macht das eigentlich keinen Unterschied. Und trotzdem regt mich das nicht so auf, als wenn ich wüsste oder mir vorstellen würde, du hast auch während unserer Liebe Sex mit anderen. Ist das nachvollziehbar?

CHARLOTTE: Ja, total. Ich finde das voll krass, was du sagst.

MARTIN: Man könnte doch, guck mal ...

CHARLOTTE: Keiner redet darüber.

MARTIN: Keiner redet darüber, man könnte doch auch ...

CHARLOTTE: »Wie war sie denn bei dir?«

MARTIN: Ja, genau.

CHARLOTTE: »Schreit die da auch immer so laut?«

MARTIN: Oder: »Sag mal, fand die das bei dir auch so toll?« Nein, man redet da natürlich nicht drüber. Aber trotzdem sieht und weiß man das, hat sich aber damit arrangiert und daran gewöhnt.

CHARLOTTE: Aber im Kopf ist es. Wenn ich von Frauen weiß, mit denen du geschlafen hast, und ich bin mit denen in einem Raum, gucke ich die dann immer an: Ah, mit der hat er also geschlafen. Das denke ich stundenlang.

MARTIN: Was denkst du denn dann?

CHARLOTTE: Mehr nicht. Nur: Aha, mhm, mhm.

MARTIN: Es gab eine Zeit, da hast du wieder eine ganz große Nähe zu einem deiner Ex-Freunde gehabt.

CHARLOTTE: Ja, ich habe mich angefreundet mit einem Ex.

MARTIN: Der hing dann plötzlich dauernd bei uns rum. Wie so ein ...

CHARLOTTE: Wie eine Klette.

MARTIN: Wie so ein Hausgeist. Der war einfach immer da, wenn ich da war. Manchmal stand der auf dem Balkon und rauchte. Und als ich einmal nicht zu Hause war, musste der wieder rauchen, und dem war kalt. Da hast du dem meine Lieblingsstrickjacke gegeben.

CHARLOTTE: Also geliehen.

MARTIN: Geliehen. Der hat die angehabt, und da bin ich total ausgerastet. Ich habe diese Jacke nicht wieder angezogen. Weil ich das viel schlimmer und intimer und verletzender fand als alles andere.

CHARLOTTE: Als wenn der mit mir geschlafen hätte?

MARTIN: Wahrscheinlich schon. Sagen wir mal: Wenn der in der Strickjacke mit dir geschlafen hätte, dann hätte ich dich wirklich verlassen.

CHARLOTTE: Ja, ich weiß, deswegen habe ich es dir nicht erzählt. Die Strickjacke war total wertvoll. Die haben wir mal zusammen gekauft, als wir in London waren. In so einem kleinen Schickimicki-Laden. Das war so eine schicke Designerin, und die Strickjacke war wirklich schön. Es war deine absolute Lieblingsstrickjacke. Und du sahst darin auch total schön aus.

MARTIN: Was dich nicht daran gehindert hat, diese Jacke ausgerechnet dem zu geben.

CHARLOTTE: Ich fand das so bissig von dir, dass du die dann einfach weggeschmissen hast. Aber es zeigt auch, wie sehr du den gehasst hast. Ich glaube, dass du den gerne weggeschmissen hättest. Der hat mich behandelt wie früher und sich in jedem Satz über mich gestellt. Das hat dich so aufgeregt, dass der respektlos zu mir war. Du hast gedacht: Wieso erlaubst du dem, so respektlos zu dir zu sein? Ich dachte aber, der ist ein Schnulli, der hat ein kleines Selbstbewusstsein und muss sich immer verbal über andere stellen. Der kriegt nichts auf die Reihe im Leben. Ich hatte Mitleid mit dem. Und dich hat das so aufgeregt.

MARTIN: Außerdem hat der so getan, als kennt er dich viel besser als ich. So: »Ach, die Charlotte, ach klar. Das war ja immer schon so.«

CHARLOTTE: Du hast doch gewonnen, er ist weg. – Wenn du wissen willst, wie oft ich fremdgegangen bin oder wie oft ich fremdverliebt war in 15 Jahren: Ich kann dir das ausrechnen, ich kann es spontan jetzt nicht so sagen, weil es so viel ist.

MARTIN: Zweistellig?

CHARLOTTE: Ja. Das ist ja alles nichts Ernstes. Ich bin ja hier. Das wertet dich nur noch mehr auf, denn ich habe viele Vergleiche, und alle kacken gegen dich ab.

Podcast 11

CHARLOTTE: Ich hatte Eifersuchtsgefühle, aber eigentlich will ich cool sein. Ich will dir alles erlauben, was ich mir rausnehme. Ich weiß ja, was ich alles gemacht habe oder machen will oder denke, was ich alles machen könnte. Also, auch wenn man cool sein und alles erlauben will, gibt es Gefühle, die man nicht kontrollieren kann. Die knabbern an einem.

MARTIN: Das ist doch offensichtlich ein ganz archaisches Gefühl oder ein Instinkt. Wenn man beispielsweise mit Puki draußen rumläuft, und es kommt ein anderer Hund, den ich aufmerksam und zugewandt begrüße, dann will sich Puki sofort dazwischenwerfen. Eifersucht ist erst mal im Grundsatz nicht schlecht, sondern offensichtlich was, womit man die Partnerschaft und die Liebe schützen will.

CHARLOTTE: Genau, aber mit falschen Mitteln. Auf Dauer finde ich das nicht gut, diese Monogamie. Der darf nichts machen, ich mache alles – das ist ein Gefühl, gegen das man anarbeiten muss, für die Freiheit des anderen.

MARTIN: Ich muss gerade daran denken, dass ich letztes

Jahr einmal kurz so eifersüchtig war, dass ich dachte: Das war es mit uns. Das hast du wahrscheinlich gar nicht so wichtig genommen wie ich. Du warst auf einem Dreh in Afrika, und dann hast du mich angerufen. Du hast mir was erzählt, durch das ich in dem Moment, als du das erzählt hast, gedacht habe: Alles klar, das war es, die ist weg, die liebt jemand anderes. Eine magische Begegnung mit einem Mann. Und dann hast du mir auch noch ein Foto von dem geschickt. Ich dachte: Das ist dieser Super-GAU, vor dem man sich nicht schützen kann in der Liebe. Ich war der Meinung, dass das, was wir erlebt haben und weshalb wir zusammengekommen sind vor vielen Jahren, dir auf einmal mit jemand anderem passiert. Der Moment war total schrecklich.

CHARLOTTE: Ich schäme mich richtig doll, weil ich dir das so begeistert erzählt hab. Das ist ein bisschen bescheuert. Ich habe da die Ebenen verwechselt, dass ich dir das dann so erzählt hab, als wärst du meine beste Freundin, mein bester Freund. Dabei war das null sexuell, aber so war es ja bei uns auch am Anfang. Das heißt ja einfach gar nichts. So unschuldig wie ein Kind, das ein anderes Kind trifft. Der hatte da eine Familie. Es war nur unfassbar, als würde man sich von früher kennen. Ich glaube ja an so eine Scheiße nicht, aber was soll man denn glauben, wenn so was plötzlich passiert? Ich war so dumm und aufgeregt.

MARTIN: Ich habe viel gefühlt in dem Moment, für dich gefreut habe ich mich gar nicht. Es war ja kein monatelanges oder wochenlanges Martyrium, in dem ich nicht wusste, was los ist. Du bist einfach wiedergekommen.

CHARLOTTE: Ich hatte mit dem die Nummer ausgetauscht. Als ich dann in Südafrika war, hat er einmal geschrieben:

»Schön, dich kennengelernt zu haben.« Dann habe ich geschrieben: »Ja, schön, dich kennenzulernen.« Ende. Trotzdem denke ich dann: Wahnsinn, dass so was passieren kann. Ich hatte kein Interesse. Das kam mir alles total gefährlich vor, da auch nur eine Nachricht zu schreiben. Also habe ich das nicht gemacht, das war bewusst. Und extra war ich ganz schnell weg. Mir tut das echt leid, dass ich dir das erzählt habe. Das war richtig scheiße von mir.

MARTIN: Ich glaube auch, dass ich diese Info gar nicht gebraucht hätte. Wir haben ja schon darüber gesprochen: Soll man Geheimnisse haben oder nicht? Manchmal ist es offensichtlich viel klüger, Sachen für sich zu behalten und mit sich selbst auszumachen oder mit jemand anderem zu besprechen.

CHARLOTTE: Mit wem würdest du eigentlich sprechen? Wem würdest du so was erzählen, wenn du in Afrika wärst und dich in eine Frau verliebst beim Drehen?

MARTIN: Ich würde mir das erst mal selbst erzählen. Wenn es ein Problem geben würde, würde ich natürlich auch zu der Doktor Amalfi gehen. – Ich finde, das war noch nicht mal richtig Eifersucht von mir, das war wie so ein Schock. In dem Falle hast du mir ja auch Grund zur Eifersucht gegeben. Ich habe gestern beim Fahrradfahren plötzlich einen Mann gesehen in so einem Biene-Maja-Fahrradanzug. Ich musste total lachen, weil das Markus, dein Kollege Markus, war. Auf den war ich auch mal total eifersüchtig. Das ist schon länger her, aber wenn ich das jetzt erzähle, weißt du, wen ich meine. Diese Eifersucht war total lächerlich. Das war mein Problem. Es war auch keine Eifersucht auf den Mann oder eine sexuelle Bedrohung, sondern da war ich eifersüchtig, weil ich dachte, du verrätst was, was uns gehört. Früher hatten wir nämlich sehr klare gemeinsame Meinungen über Gut und Böse. Über Cool und Uncool.

CHARLOTTE: Ja, ich will das aber nicht mehr haben.

MARTIN: Da war das aber so. Diesen Kollegen haben wir mal auf einem Sommerfest getroffen. Zu der Zeit wart ihr beide ganz oben in den Bestsellerlisten, und dann hat er dich in meiner Erinnerung so kollegial in den Arm genommen und gesagt: »Hallo, Frau Kollegin Bestsellerautorin.« Und du hast, anstatt dich angewidert wegzudrehen – was ich richtig gefunden hätte –, mindestens 20 Minuten auf dieser Ebene von »wir zwei Erfolgstypen« geflirtet. Ich habe mir das angeguckt und habe mich so geschämt für dich. Ich habe gedacht: Boah, wie ekelhaft. Das meinte ich damit, alles zu verraten. Und da öffentlich vor allen so zu tun, als wärt ihr die besten, coolsten Freunde. Das hat mich richtig abgefuckt. Und das ist auch eine Form von Eifersucht, aber auf einer ganz anderen Ebene. Ich habe ja nicht gedacht, du findest den geil und willst mit dem zusammen sein, und ihr fangt eine Affäre an. Das habe ich überhaupt nicht gedacht.

CHARLOTTE: Ich habe uns verraten.

MARTIN: Ja, richtig.

CHARLOTTE: Das ist ja schon länger her. Damals habe ich das gar nicht gecheckt, dass du so einen Aufstand gemacht hast. Du hast dich gar nicht mehr eingekriegt. Wirklich jahrelang hast du mir das vorgehalten. Dabei ist nichts passiert.

MARTIN: Ich wollte dem die Reifen zerstechen.

CHARLOTTE: Du hast mir so einen Einlauf verpasst, als der weg war. Auf dem Heimweg, alle paar Tage danach, warst du richtig beleidigt, wütend, erniedrigt, angeekelt. Und immer wenn es um Eifersucht geht, kriege ich das wieder auf das Brot geschmiert. Dabei habe ich dir schon gesagt: »Martin, ich kann den genauso wenig leiden wie du. Ich habe nur eine andere Strategie, damit umzugehen.« Ich finde den auch peinlich, aber ich will nicht, dass der das merkt. Ich will ihm nicht die Genugtuung gegeben, dem die kalte Schulter zu zeigen. Ich will nicht, dass der dann denkt: Boah, diese arrogante Kackbestsellerautorin. Dann bin ich natürlich höflich und nett. Aber du hast gesagt: »Was, höflich und nett? Der denkt jetzt, dass du in den verliebt bist. Du übertreibst. Warum tust du so, als wärst du in den verliebt? Du hast dem Honig ums Maul geschmiert. Der muss denken, du stehst auf den. Du hast den auf einen Sockel gehoben.«

MARTIN: Machst du mich gerade nach?

CHARLOTTE: Ja, du warst *ranting around*. Ich habe nicht gecheckt, dass du eifersüchtig bist, dieses Wort »Eifersucht« ist nie gefallen. Ich dachte einfach, du verachtest mich und findest mich peinlich. Erst vor Kurzem hast du gesagt, dass du auf den ganz schlimm eifersüchtig warst. Und dann dachte ich: Deswegen regt der sich die ganze Zeit so auf. Das habe ich gar nicht gerafft damals. Du hast das total gut getarnt in einer Aggression.

MARTIN: In Wirklichkeit war ich nur eifersüchtig?

CHARLOTTE: Ja.

MARTIN: Auf die Schnullibacke, scheiße.

CHARLOTTE: Ich möchte dir erzählen, was für mich das Schlimmste meines Lebens war in Sachen Eifersucht. Es ist eingekapselt als was Hartes, Altes.

MARTIN: Können wir nicht lieber darüber reden, wie wir

das geschafft haben, dass das nicht mehr so ist wie früher? Ich denke nicht gerne daran, wie schlimm das war. Es gab drei Sachen, wo ich gedacht habe: Wir gehen kaputt oder wir schaffen das nicht. Obwohl wir uns so lieben, werden wir das nicht schaffen, miteinander zu leben oder glücklich zu sein. Eifersucht war immer eines von diesen drei Dingen. Aber das ist komplett weg.

CHARLOTTE: Darf ich raten, was die anderen beiden waren? Drogen und Alkoholsucht, dann das mit deinem Sohn – und eben Eifersucht. Man muss aber wirklich sagen, 90 Prozent der Eifersuchtsausraster waren von mir. Du warst immer ziemlich cool, dabei hättest du viel mehr Grund gehabt, eifersüchtig zu sein, wie wir heute wissen. Verhinderst du jetzt gerade, dass ich das Schlimme erzähle?

MARTIN: Nein, ich will es nicht verhindern.

CHARLOTTE: Das passt so gut, aber wenn du jetzt dazwischenschieben willst, wie wir das geschafft haben ... Es ist so viel gut geworden durch das ganze Kämpfen mit der Therapie und durch das Bücherlesen und durch das ganze Kommunizieren. Ich habe so viel Vertrauen gewonnen. Ich liebe mich selber, im Vergleich zu früher. Deswegen ist auch, glaube ich, die Eifersucht wie weggeblasen. Früher wollte ich dir immer beweisen, dass du dich vertust, wenn du mit mir zusammen bist. Wenn du weg warst, habe ich in deinen Erinnerungskisten nachgesehen, um zu gucken, welche Frauen du vor mir hattest. Und was ich da gefunden habe, das war für mich schon ein Grund, dich richtig fertigzumachen. Es ging natürlich um mich, nicht um die anderen. Das ist meine Theorie der Eifersucht: Wenn man eifersüchtig ist, ist man das vor allem ohne Grund. Meine Eifersuchtsanfälle waren ohne Grund. Ich habe nichts herausgefunden, also zum Beispiel, dass ich belogen und betrogen wurde. Oder dass du gegen aufgestellte Regeln der Beziehung verstoßen hast. Das hast du nie gemacht, nichts, gar nichts. Zum Beispiel, wenn wir Sex zu dritt hatten, war ich voll überfordert am Anfang. Das hatte so was von einer Mutprobe. Manchmal war das Folter, manchmal einfach lustig, aber dann auch wieder schwer, weil ich dachte: Was ist, wenn das uns zerstört? Ich war hypermäßig eifersüchtig. Und dann hat es irgendwann klick gemacht, und ich dachte: Ich habe keinerlei Besitzansprüche mehr, das ist keine Gefahr für mich.

MARTIN: Die übertriebene Kontrolle, die übertriebene Eifersucht ist etwas, das, glaube ich, eine Liebe zerstören kann. Das ist ja irrational. Deinen Ausbrüchen, deinem Zorn konnte ich ja gar nichts entgegensetzen. Da gab es überhaupt keine Chance, das zu entkräften. Wenn du erzählst, wie du versucht hast, anhand meiner alten Erinnerungen oder alter Fotos was rauszufinden, dann frage ich mich: Was sollen wir denn machen? Uns zusammen hinsetzen, und ich erkläre dir bei jedem der 300 Fotos, was das im Zweifelsfall bedeutet?

CHARLOTTE: Das darf man nicht. Du hast in der Paartherapie gelernt, diese ganzen Übergriffe, wo ich deinen Computer gehackt oder dein Handy illegal durchgelesen habe ...

MARTIN: Entschuldigung, das klingt jetzt ganz falsch. Du hast nicht meinen Computer gehackt. Und wenn du mein Passwort kennst, weil ich dir das sage, dann ist das nicht Hacken. Du bist da einfach drangegangen.

CHARLOTTE: Lass das doch einmal so stehen.

MARTIN: Nein.

CHARLOTTE: Ich kam mir gerade so cool vor. In Ordnung, ich habe das Passwort, was ich kannte, in deinen Computer eingegeben und auch in dein Handy geguckt. Und wenn dann da eine SMS von einer unbekannten Nummer war mit »Danke für deine Hilfe«, dann bin ich komplett ausgerastet, weil ich sicher war, das ist ein Code. Wie in so einem Eifersuchtswahn. So hat sich damals meine Liebe geäußert. Ich habe versucht, dich überall zu beschneiden und zu bedrängen und zu kontrollieren, weil ich solche Angst hatte, dich zu verlieren. Das war natürlich falsch. Du fühltest dich schnell ungeliebt.

MARTIN: Ja, weil es die Aufmerksamkeit von dir für mich nicht mehr gab, wenn du so was gemacht hast. Das war dann wieder gut, nachdem die Doktor Amalfi das wieder auseinanderklamüsert hat, dass das überhaupt nichts bedeutet. Das war so anstrengend. Die Verletzungen, die Aufregungen und die Verzweiflung waren in dieser Regelmäßigkeit zerstörend und anstrengend. Das, glaube ich, hält niemand aus. Außer, ein Paar ist klar veranlagt.

CHARLOTTE: Hassliebe oder so was.

MARTIN: Genau, das will ich überhaupt nicht.

CHARLOTTE: Ja, aber du musst auch zugeben, dass es ohne meine Ausraster auch langweiliger geworden ist.

MARTIN: Nein, ich finde das, ehrlich gesagt ...

CHARLOTTE: Du warst vorher mit einer Art Hurrikan zusammen, der jeden Tag alles zerstört – und auf einmal ist es weg. Ich will es aber trotzdem erzählen, weil das einfach so schlimm war. Das war wirklich Platz Nummer eins der schlimmsten Gefühle, die ich je hatte, seitdem ich mit dir zusammen bin. Das von dir verursacht wurde.

MARTIN: Ich möchte das jetzt nicht so ans Ende klatschen.

CHARLOTTE: Du meinst, du willst positiv aufhören?

MARTIN: Ich will das dann ausführlich und komplett behandeln. Lass uns das lieber nächste Woche machen.

CHARLOTTE: Du hoffst, dass ich das vergesse. Ich weiß es ganz genau, du schämst dich richtig dolle.

MARTIN: Weil ich ahne, um was es geht. Mein Trick wäre, dass ich nächste Woche sofort mit einer Frage starte, die dich so ablenkt und in Beschlag nimmt, dass du nicht mehr darüber reden willst.

CHARLOTTE: Martin, wirklich, ich schreibe mir das jetzt auf einen Zettel.

MARTIN: Weißt du, was das Absurdeste war in der Zeit, wo das so schlimm war? Ich konnte nicht mehr in enge Gassen mit Kopfsteinpflaster gehen, weil ich genau wusste, wenn irgendwo eine Frau langläuft auf hohen Schuhen und dieses typische, klischeehafte Kopfsteinpflaster-Echogeräusch macht, wartest du nur darauf, dass ich meinen Kopf hindrehe. Und dann machst du mir sofort eine Riesenszene.

CHARLOTTE: Dabei war ich diejenige, die auf das Klackern gehört hat, weil ich dachte: Da kommt die Gefahr, die nimmt meinen Mann weg.

MARTIN: Das ist ein Alarmorgan.

CHARLOTTE: Seitdem ich mich liebe, liebe ich auch andere Frauen. Als ich so viele Komplexe hatte, hatte ich die ganze Zeit Angst, dass andere Frauen meinen Mann wegnehmen. Das war so eine unerträgliche Konkurrenz und ein blanker Hass. Seitdem ich wieder richtig im Kopf bin, mich selber liebe und meinen eigenen Wert fühle, kann ich mit allen Frauen befreundet sein und denen alles gönnen, sogar dich. Wenn du das mal ausprobieren willst, bitte.

MARTIN: Hör auf, die zu nerven, das ist denen richtig unangenehm.

CHARLOTTE: Ja, aber ich kann nicht aufhören, weil ich dich so toll finde. Ich will dich gerne zu *Rent a Martin* machen.

Dr. Amalfi

Eifersucht ist ein quälendes Gefühl. Ein eifersüchtiger Mensch leidet vierfach, wie der Philosoph Roland Barthes meint. Er leidet, weil er eifersüchtig ist. Er leidet, weil er sich seine Eifersucht als Schwäche auslegt. Er leidet, weil er den Partner mit seiner Eifersucht verletzt. Und er leidet, weil er sich ausgeschlossen fühlt und sich für verrückt hält. Schließlich stößt er beim Partner oder der Partnerin selten auf Verständnis, sondern bekommt Kritik: »Was soll das? Du hast doch gar keinen Grund zur Eifersucht. Dein Misstrauen ist ja schon krankhaft!«

Sicher gibt es das: Eifersucht kann überzogen und unangemessen sein. Aber grundlos ist sie deshalb noch lange nicht. Selbst wenn der andere absolut treu ist und es tatsächlich keinen Anlass für Eifersucht gibt, kann der Eifersüchtige Grund zur Sorge haben. Die Wurzeln für diese Form der Eifersucht liegen dann nicht im Verhalten des anderen, sondern in der frühen Kindheit des oder der Eifersüchtigen. Wer in den ersten Kindheitsjahren keine bedingungslose Liebe erfahren hat, wer als Kind am eigenen Wert zweifeln musste oder mit der normalen Eifersucht auf ein nachfolgendes Geschwister von den Eltern alleingelassen wurde, neigt in späteren Beziehungen zur Eifersucht. Um das quälende Gefühl abzuwehren, stellt der oder die Eifersüchtige oft extreme Forderungen an den anderen und versucht, die absolute Kontrolle über ihn auszuüben.

Gibt es einen Weg aus dieser Eifersuchtsfalle? Durchaus. In der Regel verpackt der Eifersüchtige die Verlustangst und die quälenden Gefühle der Minderwertigkeit in eifersüchtige Anklagen. Es wäre viel gewonnen, wenn er oder sie es schaffen könnte, zu seiner, ihrer Eifersucht zu stehen und offen zu sagen: »Ich bin eifersüchtig. Ich habe Angst, dich zu verlieren.« Der Eifersüchtige müsste seine Verlustängste nicht mehr verstecken oder rationalisieren. Die Voraussetzung zum Gespräch wäre durch dieses Bekenntnis geschaffen.

Kränkungen und enttäuschte Erwartungen

»Tragödie plus Zeit ist Komödie.«

Dr. Amalfi

Bei aller Liebe – es bleibt nicht aus, dass zwei Menschen, die eng zusammenleben, sich verletzen, kränken und enttäuschen. Vor allem unter Stress kann es zu »Entgleisungen« kommen. Man vergreift sich im Ton, behandelt den anderen wie ein Kleinkind, macht herabsetzende Bemerkungen oder stellt ihn vor Freunden bloß. Auch wenn man um jeden Preis seine Interessen durchsetzen und keine Rücksicht auf den anderen nehmen will, können tiefe Enttäuschungen und Wunden entstehen. In Liebesbeziehungen bleibt man dem anderen immer etwas schuldig.

Eher selten macht derjenige, der gekränkt worden ist, ein Fass auf. Die meisten Menschen neigen dazu, Verletzungen unter den Teppich zu kehren. Ihm oder ihr zuliebe wird geschwiegen. Man setzt sich über die Kränkung hinweg, gibt sich großzügig (»Das ist doch die Sache nicht wert«) und hofft, dass das, was man nicht benennt, auch keine Auswirkungen hat. Das mag so lange gut gehen, solange es sich um seltene und kleine Ausrutscher des Partners handelt. Sammeln sich jedoch mit der Zeit immer mehr Kränkungen unter dem Teppich an, wächst die Gefahr, dass die dadurch entstehenden »Beulen« zu gefährlichen Stolperfallen werden.

Denn eine lästige Eigenschaft von Kränkungen ist, dass man sie nicht vergisst. Der Spruch »Die Zeit heilt alle Wunden« trifft in den meisten Fällen auf Kränkungen und tiefe Enttäuschungen nicht zu. Die verletzte Person merkt sich in der Regel, was geschehen ist. Sie »klebt Rabattmarken«. Irgendwann ist das Rabattmarkenheft voll. Dann kommt es schon bei Kleinigkeiten zu heftigen Auseinandersetzungen, dann stört man sich an Eigenheiten des anderen, kann ihn oder sie nicht mehr sehen oder riechen, hat keine Lust mehr auf Sex. Die Kränkungen sind zu offenen Rechnungen geworden, die man dem Partner indirekt vorhält.

Wenn alte Verletzungen nicht heilen können, wird der Gekränkte nicht selten untreu. So kann eine Frau dem Charme eines Dritten leichter erliegen, wenn sie irgendwann von ihrem Mann betrogen oder in einer wichtigen Situation schmählich im Stich gelassen worden ist. Oder ein Mann, der kinderlos bleiben wollte, ist von seiner Frau ungewollt zum Vater gemacht worden. Zwar liebt er das Kind, seiner Frau aber kann er den Vertrauensbruch nicht verzeihen. Die Kränkung sitzt so tief, dass er sich irgendwann mit einer Affäre vom zugefügten Schmerz befreien möchte.

Kränkungen sind wie gesagt in einer Partnerschaft unvermeidbar. Unter dem Teppich aber haben sie nichts zu suchen. Runterschlucken, Stillhalten schädigen auf Dauer das Selbstwertgefühl der gekränkten Person. Aus noch einem weiteren Grund ist es wichtig, die Kränkung sofort zu benennen. Sammelt man Negativpunkte über den anderen, kann man irgendwann nichts Gutes mehr an ihm entdecken. Und vergisst dabei, dass einem der Mensch, der einen so enttäuscht hat, eigentlich sehr wichtig ist – sonst hätte er oder sie einen nicht so verletzen können. Deshalb sollte man über den eigenen Schatten springen und dem anderen eine Chance geben. Offenbart man ihm seine verletzten Gefühle, kann er Stellung dazu nehmen und um Verzeihung bitten oder eine Wiedergutmachung anbieten. Das ist ein wichtiger Schritt. Nimmt der »Täter« seine Chance wahr, muss ihn der Gekränkte nicht mehr grundsätzlich verdammen. Sein Blick auf den anderen wird wieder objektiver, er sieht den ganzen Menschen, sieht seine guten Seiten, erinnert sich, was er am anderen trotz Kränkung liebt. Möglicherweise kann er sogar verstehen, warum die Kränkung passiert ist.

Podcast 12

CHARLOTTE: Wir waren gerade frisch zusammen und in dieser aufregenden Phase, wo man seine neue Liebe den alten Freunden vorstellt. Da ist eine Gruppe von Freunden, die dich schon ganz lange kennen.

MARTIN: Kann man das hören, wenn ich mir die Ohren zuhalte?

CHARLOTTE: Ich war 25 Jahre alt, du warst 40 und die saßen alle am Tisch. Alle haben mich das allererste Mal gesehen und wollten mir sagen, wie lange die dich schon kennen. Irgendwann ging es, ich weiß nicht, warum, um Penisse. Ich dachte, das ist ja hier alles interessant. Alle am Tisch haben über deinen Penis irgendwelche Sachen gesagt. Und ich habe gedacht ...

243

MARTIN: Normaler Abend. Oder was hast du gedacht?

CHARLOTTE: Ich habe, so unschuldig, wie ich war, gelacht und gesagt: »Woher wollt ihr denn wissen, wie Martins Penis aussieht? Das könnt ihr ja nicht wissen.« Und dann gab es eine extrem lange Stille, in der alle ein Betongesicht bekommen haben und ständig zwischen mir und dir hin- und hergeguckt haben. Und ich wusste, okay, alle hier am Tisch wissen, wie dein Penis aussieht. Ich weiß nicht, warum. Ich habe es nicht kapiert. Ich dachte, ich habe in so eine Art Wespennest reingestochen. Alle waren total perplex. Es war irgendein Geheimnis, das ich nicht kannte. Und das in einer Phase, in der ich extrem eifersüchtig war und so wahnsinnige Angst hatte, dich zu verlieren.

MARTIN: Vergangenheit in dem Fall. Intimste, schwärzeste Vergangenheit.

CHARLOTTE: Ich glaube, dass jemand dann ganz holzfällermäßig das Thema gewechselt hat. Irgendjemand hat mich geschont und gesagt: »Na ja, der Martin war ja früher auch oft betrunken auf Partys. Wir kennen den, seitdem der 18 ist. Wenn er manchmal so ausgeknockt war, haben wir Betrunkene dekorieren gespielt mit dem, und zwar am ganzen Körper.« Und ich dachte: Mhm, wer's glaubt. Richtig schlecht gelogen. Ich habe mich so in der Wut eingekapselt und dachte, irgendwas stimmt hier kolossal nicht. Ich werde gerade richtig verarscht. Alle am Tisch wissen etwas, was ich nicht weiß. Keiner will mir das sagen. Dann haben wir uns verabschiedet, und auf dem Weg in unser Zimmer bin ich mutiert zu der jungen Frau, die kanadische Wurzeltische hochheben kann. Ich bin komplett ausgerastet. Und dann hast du mir gesagt, dass du mir verheimlicht hast, dass du mit einer Frau früher was hattest, die jetzt eine einfache Freundin ist. Und dass es dir so durchgerutscht ist beim Kennenlernen und beim Erklären, wen wir besuchen. Und ich dachte: Okay, das geht ja schon gut los, Wahnsinn.

MARTIN: Es gibt ja die Phase, wenn man sich kennenlernt, wo man sich viel erzählt von früher und was man alles so gemacht hat. Aber man sagt auch nicht alles, oder manchmal verpasst man irgendwie den Zeitpunkt, was zu sagen. Manchmal verpasst man einfach den richtigen Zeitpunkt, zu sagen: »Übrigens, das ist Barbara, vor 25 Jahren hatte ich mal Sex mit der.«

CHARLOTTE: Vor allem, wenn alle anderen das auch wissen. Alle wussten es, nur ich rassele so dumm da rein und sage: »Haha, könnt ihr doch gar nicht wissen.« Ich bin doch die Einzige, die dieses Königinnenwissen hat. – Was schätzt du so in deiner Erinnerung: Wie lange habe ich darunter gelitten und dich leiden lassen?

MARTIN: Erst mal hast du natürlich geschworen, du gehst da nie wieder hin. Ich glaube, du hast sogar verlangt, dass ich da nie wieder hingehe. Es war schrecklich. Es war lange schrecklich. Es ist aber nicht mehr schrecklich. Und es ist sowieso eigentlich nicht so schrecklich, finde ich.

MARTIN: Im Grunde genommen fehlte diese eine Information. Das Problem war natürlich, dass ich vorher so getan habe, als hätte ich dir alles erzählt. Ich habe ja nie mit etwas hinterm Berg gehalten. Aber in dem Falle ... Ja, weiß ich nicht. Wahrscheinlich war ich nicht stolz darauf.

CHARLOTTE: Ich verstehe das auch. Diese Phase, wo man sich kennenlernt, ist ja auch eine neue Chance. Wenn es nicht die alten Freunde gäbe, könnte man sich ja im Prin-

245

zip neu erfinden. Man kann Sachen weglassen aus der Vergangenheit, auf die man nicht stolz ist oder die man lieber nicht erlebt haben will. Das ist ein Neuanfang.

Podcast 8

CHARLOTTE: Erst mal: Der Urlaub war schrecklich.

MARTIN: Unser gemeinsamer Urlaub mit den Kindern.

CHARLOTTE: Unser vergangener Urlaub, der war in den Sommerferien mit beiden Kindern zwischen zwei Podcast-Aufnahmen, nur fünf Tage. Ein Familienurlaub mit Schulkindern für fünf Tage: Das ist schon kurz.

MARTIN: Aber die sind ja kurz vor der Volljährigkeit. Ich finde, die sollen überhaupt nicht mehr mit uns wegfahren.

CHARLOTTE: Die Kinder sind nicht das Problem. Du warst das Problem. Du sollst nicht mehr mit uns wegfahren. Ich kann nicht richtig feststellen, ob das jetzt wegen *Paardiologie* ist. Das ändert natürlich sehr viel zwischen uns, dass man Sachen noch mal genauer anguckt. In einem guten Sinne: sachlicher beobachten und analysieren. Normalerweise wäre ich richtig wütend gewesen oder hätte geweint im Urlaub. So aber dachte ich die ganze Zeit: Du kriegst das nicht hin. Dir geht es so schlecht.

MARTIN: Wir sind klimaneutral mit dem Zug nach Österreich gefahren. Du bist ein totaler Fan davon, richtig euphorisch. Und du hast gesagt, du möchtest das mir und uns auch zeigen. Das war vielleicht schon das erste Problem, dass ich diese Erwartung in deinen Augen sehe und ausflippe, weil ich diese Erwartung überhaupt nicht erfüllen kann.

CHARLOTTE: Also, wir kamen an. Von Erwartungen erfüllen

warst du wirklich Lichtjahre entfernt. Das ist eine Holzhütte, so eine Art Rezeption, und weiter oben auf dem Berg sind einzelne Holzhütten, wo man drin wohnt. Man hat ein eigenes Haus. Ab und zu kommen Leute mit einem Elektro-Golf-Auto, damit es leise ist, und fragen: »Wann stehen Sie auf?« Und dann kommen die vorher, wenn alle schlafen, und decken den Frühstückstisch im Haus. So stelle ich mir die Heinzelmännchen vor. Wenn dann der Erste aufsteht, der ja immer du bist, ist der Frühstückstisch reichlich gedeckt. Man muss eigentlich nicht aus dem Haus und muss keine anderen Leute treffen. Blick auf die Berge und den Wald. An der Rezeption hat diese Frau erklärt, wie das alles funktioniert mit dem Schlüssel und dem Frühstück. Und dass man ein Auto leihen kann, wenn man im Dorf was einkaufen will, weil man ja den Berg runter muss. Und ich dachte: Hach. Und hab mich richtig gefreut. Die Kinder haben sich auch richtig gefreut, auch wenn du sagst, die machen nur Show für mich. Das glaube ich aber nicht. Ich glaube, die fanden das wirklich gut. Die können damit was anfangen. Das ist ja nun auch was sehr Spezielles. Ich habe noch nie gehört, dass dir jemand den Tisch deckt, während du schläfst. Das ist *paradise*.

MARTIN: Ich habe aber nicht geschlafen. Ich war um halb sieben auf, und plötzlich kommen ständig Leute rein und decken einen Tisch mit Sachen, die man gar nicht essen will.

CHARLOTTE: Das hättest du sagen sollen.

MARTIN: Aber ich kann ja nicht sagen: »Ihr müsst um fünf Uhr den Tisch decken.«

CHARLOTTE: Dein Gesicht war schon bei der Einführungsrede von der Rezeptionistin ein Riesenproblem. Ich kenne dich ja jetzt ziemlich gut, ne? Ich konnte dir das ansehen, du hast gelitten wie ein Schwein. Die Kinder und ich waren so: Wow.

MARTIN: Ich fühlte mich sehr schrecklich.

CHARLOTTE: Du sahst aus, als würdest du gleich anfangen zu weinen. Und so hat sich das durch die ganzen fünf Tage gezogen. Ich wusste ziemlich früh, dass das mit dir sehr, sehr schwierig wird. Ich habe dir angesehen, dass du dir wahnsinnige Mühe gibst, dich zu beherrschen. Aber es hat nicht geklappt. Du kannst es einfach nicht verbergen. Du hast nichts gesagt, und du warst nicht blöd. Aber deine Augen waren verzweifelt. Du hast alles mitgemacht, aber immer, wenn jemand reinkam in das Haus und irgendwas wollte, hast du dich total gestört gefühlt. Du wusstest gar nicht, wo du sitzen sollst.

MARTIN: Das war alles so klein und voll mit Holz. Wenn man ans Waschbecken gegangen ist, hat man sich den Kopf gestoßen. Das ist für Hobbits und nicht für große Menschen.

CHARLOTTE: Früher waren ja die Leute kleiner.

MARTIN: Ja, weiß ich. Das hätten die ja nachbauen können im Modell, dass das klein aussieht, aber trotzdem groß ist. Guck mal, ich bin mit dir gern zusammen. Und ich bin gern mit dir und den Kindern zusammen. Ich bin auch mit den Kindern ohne dich gerne zusammen. Es ist nicht so, dass ich es nicht ertrage, mit euch zusammen zu sein. Ich glaube, ich habe einfach nicht eingesehen, warum ich jetzt ausgerechnet zu dieser Zeit dahin sollte. Weil ich dachte, zu Hause ist es genauso schön.

CHARLOTTE: Das Problem mit Urlaub ist, dass du findest, dass es zu Hause am schönsten ist. Du hast diese Aus-

248

strahlung. Das habe ich auch mit den Kindern besprochen, weil ich dachte, das war ja ein bisschen wie der Elefant im Raum. Man muss das ansprechen. Deshalb hab ich zu den Kindern gesagt: »Habt ihr auch das Gefühl, dass wir den Papa entführt haben und dass der gar nicht hier sein will?« Das war dann unser Running Gag im Urlaub, dass wir ganz starkes Mitgefühl mit Entführern haben, weil das unangenehm ist, wenn das Entführungsopfer einen immer so verzweifelt anguckt. Das warst du.

MARTIN: Also Stockholm-Syndrom umgedreht.

CHARLOTTE: Entführer identifiziert sich mit seinem Entführungsopfer. Und das war unser Fünftageurlaub in Österreich.

MARTIN: Ich glaube, ich kann einfach nicht gut im Urlaub an einer Stelle sein. Also einfach irgendwo sitzen, egal, ob das jetzt ein Holzhaus ist oder ein Hotel oder ein Strand. Wenn ich da rumsitze, dann denke ich darüber nach, was das für ein Konzept ist, dass Leute irgendwo hinfahren, um rumzusitzen. Und da kriege ich die Krise. Du weißt ja, wie ich idealerweise Urlaub mache. Für mich heißt das, ich gehe Wandern von morgens bis abends, irgendwohin.

CHARLOTTE: Du hast dann fünf Tage lang die gleiche Unterhose an und schläfst im Wald ohne Schlafsack, sodass die Schnecken über dich kriechen.

MARTIN: Ich wasche schon. Ich wasche mich und auch meine Wäsche. Aber ich bewege mich. Für mich ist das am schönsten, wenn ich irgendwo bin, wo es schön ist, draußen in der Natur. Ich gehe oder ich reite oder von mir aus fahre ich auch Fahrrad. Aber ich bewege mich und sehe so die Umgebung. Wenn ich irgendwo festgenagelt bin, dann kriege ich Beklemmungen. Dann denke ich zu viel nach über das ganze Konzept von Konsum-Massentourismus-Urlaub. Für mich fühlt sich das falsch an. Mich macht das offensichtlich wirklich unglücklich, und das kann ich dann offenbar schlecht verbergen. Das tut mir leid.

CHARLOTTE: Ich weiß, dass dir das leidtut. Du hast ja versucht, so zu tun, als ginge es dir gut. Es hat halt nicht geklappt. Du rechnest dann auch im Urlaub und sagst so was wie: »Guck mal, wie viele Menschen jetzt in allen Ländern Ferien machen. Und alle bewegen sich von einem Ort zum anderen. Alle wollen in ein anderes Land. Alle wollen was anderes sehen.« Du meinst, dass es eigentlich am besten wäre, wir würden alle zu Hause bleiben. Wenn man sich für andere Kulturen interessiert, kann man auch ein Buch dazu lesen. Ich habe dir da letztens schon von Instagram was dazu vorgelesen. Ich weiß jetzt leider den Philosophen nicht mehr, der sagt, dass die meisten Probleme, die die Menschen haben, sich dadurch ergeben, dass die ihr Zuhause verlassen. Sie sollen einfach zu Hause bleiben. Und dein nächstes Problem war die Parkgarage. Vor diesen Holzhütten war eine Riesenparkgarage, für jedes Haus ein Parkplatz. Wir sind mit dem Zug dahin und dachten dann, wir sind tollere Menschen als die, die da sind. Jeden Tag bist du mit uns mehrmals an diesem Fuhrpark vorbei und hast gesagt: »SUV, SUV, SUV, SUV.« Und ich dachte: Gott, es ist eine Katastrophe hier, oh nein. Du hast ja auch recht mit den Autos.

MARTIN: Ja und nein. Wir machen ja Urlaub mit den Kindern, weil wir denken, dass das richtig und wichtig ist.

CHARLOTTE: Ich habe das Gefühl, dass viele Probleme, die wir in unserer Beziehung hatten, die größten Ausraster, die größten Streite im Urlaub eskaliert sind. Wir hatten wirklich Urlaubsausraster hoch zehn, so schlimm. Ich glaube, deswegen bist du auch so ein gebranntes Kind mit Urlaub. *You fucking hate it.*

MARTIN: Urlaub ist wie eine Hochzeit oder auch Sex. Die Erwartungen sind unglaublich hoch. Das ist immer so heilig und so bedeutsam. Das muss klappen und super sein. Oft ist es das natürlich nicht. Vielleicht wäre es richtiger, die Erwartungen runterzuschrauben. Wir haben ja vor vielen Jahren mal mit den Kindern eine Kalifornienreise gemacht, wo das auch so war. Jahrelang geplant, minutiös, alles musste super sein, alles sehen in kurzer Zeit. Nicht zu viel Autostrecke machen und, und, und, ne? Und das war ja dann ein einziges Desaster. Ich kann mich erinnern, ich bin einmal auf offener Strecke aus dem Auto gesprungen und habe gesagt: »Ich fahre nicht mehr weiter. Ich gehe jetzt alleine durch diese Wüste, ist mir egal. Ich fahre keinen Meter mehr mit euch.« Du warst Fahrer, die Kinder saßen hinten und haben aus irgendeiner Tasche was rausgenommen und gegessen. Und du hattest, wie so häufig, unglaublichen Hunger. Du warst aber nicht in der Lage, das rechtzeitig zu lösen oder zu sagen: »Ich habe Hunger, was kann ich dagegen tun?« Dann haben die Kinder was aufgegessen, auf das du dich gefreut hattest. Und du bist komplett ausgerastet und zusammengebrochen. Deshalb bin ich aus dem Auto gesprungen und habe gesagt: »Feierabend, ich kann nicht mehr. Ich lege mich jetzt hier in die Wüste zum Sterben.«

CHARLOTTE: Ich habe, glaube ich, die Zeitverschiebung nicht so gut vertragen.

MARTIN: Gut, das gilt als Ausrede für ein bis zwei Tage, aber nicht für 14. Das kann nicht sein.

CHARLOTTE: Das war so schlimm. Ich war zurückgeworfen in unser schlimmstes Beziehungsmittelalter. Es war ein richtiger Rückfall in die schlimmsten Zeiten, von denen wir dachten, wir hätten die überwunden. Mit Paartherapie und dem Ganzen. So, wie du das hier beschrieben hast, klingt das so lächerlich. Aber wenn ich da drinstecke, dann geht für mich die Welt unter. Das ist irgendeine Scheiße von früher, dass meine Geschwister mir was weggenommen haben.

MARTIN: Ja, du warst nicht mehr die Mutter in dieser Situation. Die Mutter wäre ja souverän und würde übrigens auch sterben für ihre eigenen Kinder. Die würde sagen: »Nehmt alles, ist egal, wenn ich verhungere.« Aber du warst auf einer Ebene mit denen.

CHARLOTTE: Weil ich dann wie ein Kind bin.

MARTIN: Genau. Und wir dachten aber, wir hätten das hinter uns.

CHARLOTTE: Ich lache, weil das so lächerlich klingt. Aber du weißt ja, das ist in der Situation nicht lächerlich. Weil ich, wenn ich wütend werde, so unglaublich wütend bin, dass mein Herz so kalt und hart ist. Und alle haben Angst vor mir. Alle sind dann in Schockstarre, wenn ich so bin.

MARTIN: Und weißt du noch die Katastrophe direkt am Anfang, erste Nacht, erstes Hotel?

CHARLOTTE: Nein.

MARTIN: Ich war ja der Planer, der Produzent dieser Reise. Ich habe alles vorbereitet, den Kindern gezeigt, wo wir übernachten. Die Ankunft war in Santa Monica. Das war so ein viktorianisches Hotel mit eigenem kleinen Garten, nicht weit vom Strand weg. Und ich habe gesagt: »Guckt mal, das ist super. Da kommen wir an, gemütlich, nicht so ein Hotel. Nur ein paar Gäste, schöner Garten, bisschen Jetlag bekämpfen, mal runter zum Strand.« Aber welcher Mangel nicht notiert war: Klo auf dem Flur.

CHARLOTTE: Oh Gott, ja.

MARTIN: Da bist du direkt auch mal zusammengebrochen. Weil du das Klo und Badezimmer mit anderen, fremden Gästen teilen musstest.

CHARLOTTE: Ich denke dann ja nicht, dass du schuld bist. Aber ich gucke dich so verzweifelt an. Ich stehe mit offenem Mund da und glotze dich an und denke: *Are you kidding me*, Alter?

Podcast 10

CHARLOTTE: Deine Geschenke packe ich gar nicht mehr ein.

MARTIN: Nein, das ist so: Oh, du hast Geburtstag, hier, 50 Euro, kauf dir was. Früher wurde der 50-Euro-Schein wenigstens noch zusammengerollt. Und dann kam ein Schleifchen drum oder ein Glöckchen dran. Aber jetzt ...

CHARLOTTE: Wir schenken uns ja eigentlich gar nichts mehr. Ich weiß auch nicht, ob das gut für uns ist. Wir haben aufgegeben, uns Sachen zu schenken, weil uns nichts mehr einfällt. Ich denke, alles, was du haben willst, kaufst du dir eh, du bist so eingefuchst. Zum Beispiel: du brauchst eine neue Regenjacke für das Wandern. Die muss zu 100 Prozent wasserdicht sein, und wenn ich sehe, wie du recherchierst, denke ich: Wie soll ich denn da mithalten? Du steigerst dich dann so in ein Thema rein.

MARTIN: Ist das negativ, wenn du sagst, ich steigere mich da rein?

CHARLOTTE: Nein, das ist nicht mal nur neutral, sondern sogar positiv. Du willst ja eine wasserdichte Regenjacke haben.

MARTIN: Eine Regenjacke hat doch in erster Linie den Zweck, wasserdicht zu sein. Da reichen doch nicht 97 Prozent.

CHARLOTTE: Aber offensichtlich sind ja die meisten Regenjacken nicht wasserdicht.

MARTIN: Ja, die haben da so einen ominösen Begriff eingeführt mit der Wassersäule, das ist sagenhaft. Das wird nach der Wassersäule gemessen. Alles ist nur relativ dicht. Entweder nur für eine gewisse Zeit oder nur für eine gewisse Menge. Aber ich bin sehr zufrieden mit meiner Regenjacke.

CHARLOTTE: Jedenfalls es ist schwer, dir was zu schenken. Und wenn du mir was schenkst, ist das auch sehr schwer, finde ich. Also zum Beispiel Kleidung. Wenn du mir früher Kleidung geschenkt hast, habe ich – ich weiß nicht, ob dir das aufgefallen ist – die Sachen nie angezogen.

MARTIN: Aber das Letzte, was ich dir geschenkt habe, war eine Sportleggings, und die hast du ausgepackt. Da hast du gedacht, dass die dir nie und nimmer passt. Der Klassiker: Der Mann kauft was, und das ist viel zu klein. Ich war richtig beleidigt darüber, weil du einfach nicht gecheckt hast, dass das Stretch ist. Und dass du da gemütlich reinpasst, gib es zu.

CHARLOTTE: Ja.

MARTIN: Ich bin nicht so schlecht mit den Frauengrößen. Aber warum hast du die anderen Sachen nicht angezogen?

CHARLOTTE: Das ist nicht mein Style, ganz einfach.

MARTIN: Hast du aber nie so gesagt.

CHARLOTTE: Nein, ich bin nicht so ein Typ, der in der Situation des Schenkens so was sagt. Das ist ja dann an einem besonderen Tag. Und die Person, die schenkt, hat so hohe Erwartungen und guckt einen ... Ich finde es Horror, ein Geschenk auszupacken und zu sagen: »Das gefällt mir nicht.«

MARTIN: Ich fände das viel besser, dann könnte man was daraus lernen. Das schlimmste und traurigste Geschenk, was ich dir je gemacht habe ... Da wäre ich so glücklich gewesen, wenn du gleich beim Auspacken gesagt hättest: »Das will ich nicht, das verschenke ich weiter.« Oder egal was. Weißt du, wovon ich rede?

CHARLOTTE: Ja klar, deswegen habe ich meinen Kopf gesenkt, deswegen gucke ich nach unten. Willst du das sagen oder muss ich das jetzt in den Mund nehmen?

MARTIN: Du kannst es ja singen.

CHARLOTTE: *I got a feeling, that tonight's gonna be a good night.*

MARTIN: Ja genau, ich habe dir Tickets zu den Black Eyed Peas geschenkt, weil du immer so ausgeflippt bist beim Tanzen, wenn die liefen. Da hab ich gedacht, das ist doch eine super Idee, gehen wir Konzert gucken. Und das war ein absolutes Desaster. Also nicht das Konzert an sich. Ich glaube, alle fanden es toll.

CHARLOTTE: Du meinst alle im Stadion.

MARTIN: Ja, außer du.

CHARLOTTE: Ich kann dir ja jetzt ganz ehrlich sagen, warum das eine Katastrophe war. Weil mich diese Band an den Typen erinnert hat von der Stadt Köln.

MARTIN: Aber das wäre gut gewesen, mir das alles zu sagen, statt mit mir dahin zu fahren, Parkplatz zu suchen, auszusteigen, da reinzugehen. Diesen Platz zu suchen, sich hinzusetzen, und dann kommen die. Und gefühlt nach 20 Minuten hast du gesagt, du hältst das nicht aus. Dann sind wir gegangen.

CHARLOTTE: Ja, aber das hatte alles mit Sachen zu tun, die ich nicht sagen konnte.

MARTIN: Ja, aber es wäre besser gewesen.

CHARLOTTE: Das kam mir so kindisch vor. Es tut mir leid, Martin, das war wirklich das schlimmste Geschenk. Mein schlimmstes Geschenk für dich war: Ich hatte Männer gesehen im Urlaub, die sahen aus wie Captain America unter Wasser. Die hatten einen schwarzen Neoprenanzug an und Neoprenhandschuhe und eine Neoprenhaube, die das Gesicht so zusammenquetscht. Und dann diese riesigen Flossen, die zwei Meter lang sind. Die sind in diesem nicht gerade durchsichtigen Ärmelkanal getaucht und hatten eine Schießharpune. Die sind dann zu solchen komischen Felsen hingetaucht. Und dann haben die mit Taucherbrille in Löcher reingeguckt von einem Riff. Und gewartet, bis ein riesiger Krebs oder Fisch rausguckt, und den mit der Harpune geschossen. Am Ende sind die mit so einem Riesenberg mit einer Schnur zusammengebundener Schätze aus dem Meer gekommen. Da habe ich gedacht: Das ist das perfekte Geschenk für Martin.

MARTIN: Das war eine Fantasie: Da kommt der Mann in diesem Kampfanzug mit der Beute aus dem Meer, so ähnlich wie Halle Berry bei *James Bond* aus dem Wasser kam.

CHARLOTTE: Ja, auch wie bei den Navy Seals, das hat doch so was Marinemäßiges. Und das habe ich dir geschenkt. Zwei Meter lange Flossen.

MARTIN: Die gar nicht in unser kleines Auto passten. Da ging es schon los. Aber ich habe das wirklich ausprobiert.

Mit der Harpune war das Problem, dass man das Gefühl hatte, die funktioniert über Druckluft. Man hatte die ganze Zeit Angst, sich selbst mit dieser Harpune totzuschießen. Jedenfalls habe ich dann nach vielen Jahren dieses komplette Equipment versucht zu verkaufen. Aber selbst das hat nicht geklappt.

CHARLOTTE: Wem steht eigentlich das Geld zu von so einem wertvollen, wirklich gut ausgedachten Geschenk? Kriege ich das Geld dann zurück, wenn du das verkauft hättest, oder du?

MARTIN: Also, ich glaube, geschenkt ist geschenkt.

Podcast 10

MARTIN: Offensichtlich ist es sehr viel leichter, sich an schiefgegangene, missratene und schlechte Geschenke zu erinnern als an gute.

CHARLOTTE: Sag mal ein gutes Geschenk, was ich dir gemacht habe. Wo du so wirklich dachtest: Wow, meine Alte.

MARTIN: Du hast mir eine sensationelle Männerunterhose geschenkt. Das klingt jetzt vielleicht doof.

CHARLOTTE: Ja, darf ich das erzählen? Nur den Anfang: Also, ich bin seit ein paar Monaten bei Instagram.

MARTIN: Ach, wo bist du?

CHARLOTTE: Fuck you, Martin, fuck you. Ich instagramme, und da wird man beballert mit Werbung, die irgendwie personalisiert ist. Das habe ich noch nicht durchschaut. Mir werden immer Männerunterhosen angeboten.

MARTIN: Warum?

CHARLOTTE: Was weiß ich, wegen den Sachen, die ich like, keine Ahnung.

MARTIN: Können wir das untersuchen, können wir da bitte jemanden beauftragen, der das rausfindet? Das ist ja dann das Ende der Geschichte.

CHARLOTTE: Also, du bist ein ziemlicher Rumfuchtler. Das kann man einfach so stehen lassen.

MARTIN: Zappelphilipp meinst du?

CHARLOTTE: Ja, vor allem in diesem Bereich, im Schritt. Dich fuckt oft das Material von der Unterhose total ab oder wie eng die am Bein ist oder weit. Du würdest nie eine Boxershorts anziehen, weil das in der Gegend rumflufft. Und bist immer auf der Suche nach einem vernünftigen Material, was nicht nach mehreren Wäschen ausleiert. Deswegen beschäftigst du dich viel damit und testest viele Marken. Du nimmst das alles sehr genau, so wie bei vielen Sachen. Wenn du dann was gefunden hast, was gut für dich ist, dann tust du alles andere weg und nimmst davon gleich ganz viel, damit du immer das gleiche Gute hast. Und diese Unterhose wurde damit beworben, dass man einerseits eine Unterhose hat, die ein bisschen eng am Bein ist, und dann vorne so einen Sack hat. Praktisch ein dünner, langer Sack, wo der Penis reinkommt. Und dann ist da noch ein anderer Sack, wo der Sack reinkommt, dass das stofflich alles getrennt voneinander ist. So kommt es zu weniger Feuchtigkeit, weniger Wärme und weniger Reibung. Ich habe das gesehen und gedacht: Das ist perfekt für Martin. Dann habe ich dir das erzählt, und du hast gesagt: »Das klingt total scheiße, Charlotte, was soll das? Warum denkst du das?«

MARTIN: Das klingt doch wie ein BH für Männer.

CHARLOTTE: Ja, genau.

MARTIN: Eine Unterhose mit zwei Behältnissen, wo die

zwei Dinge reinkommen, die sich bei einem Mann draußen befinden.

CHARLOTTE: Du fandest das richtig blöd. Aber ich war mir so sicher, und in diesem Fall habe ich einfach gesagt: Der Martin muss zu seinem Glück gezwungen werden. Das ist mir egal, was der sagt, ich kaufe diese Unterhose. Und gebe dir die, obwohl du sagst, dass das die größte Scheißidee ist, von der du je gehört hast. Und jetzt bist du wieder dran.

MARTIN: Ich habe dir natürlich in diesem Thema wenig Kompetenz zugestanden. Dann hast du mir das geschenkt, und ich war sehr skeptisch. Das hat sehr lange rumgelegen. Ich wollte das auch nicht wirklich ausprobieren. Aber dann habe ich es ausprobiert und ... Ich habe es ja schon gesagt: Das ist das beste Geschenk, was ich von dir je bekommen habe. Das ist *life-changing*.

CHARLOTTE: Das macht mich richtig stolz. Keine Reibung, keine Feuchtigkeit, kein Verkleben.

MARTIN: Total. Das ist einfach richtig schön geordnet.

CHARLOTTE: Total, bleibt den ganzen Tag so trocken, frisch.

MARTIN: Du weißt auch immer, wo es ist.

CHARLOTTE: Das beste Geschenk, was du mir jemals im Leben geschenkt hast, ist eine Reise. Die wir nicht einlösen werden, so sieht es aus.

MARTIN: Ich bin da nicht so negativ wie du. Ich glaube schon, dass wir die einlösen werden.

CHARLOTTE: Ich glaube nicht.

MARTIN: Dann ist das für immer ein Traum.

Podcast 6

CHARLOTTE: Was ich schon immer von dir wissen wollte, ist: Warum weinst du nie?

MARTIN: Wenn du mit dem Weinen meinst, dass einem die Tränen die Backen hinunterkullern.

CHARLOTTE: Eine Träne würde schon reichen.

MARTIN: Aber ich habe doch manchmal Tränen in einem Auge, das kriegst du auch mit.

CHARLOTTE: Ja, aber die kommen nicht raus. Deswegen gilt es nicht als Weinen.

MARTIN: Aber sobald ich ein Whitney-Houston-Lied höre, habe ich Tränen in den Augen.

CHARLOTTE: Genau, aber die kommen nicht raus, und das ist nicht die Definition. Ich glaube, man muss eine Träne rausdrücken können, um sagen zu können, man hat geweint.

MARTIN: Ich würde sagen, das war bei uns nicht vorgesehen. Es gibt kein Vorbild dafür. In der Generation, in der ich aufgewachsen bin, haben die Frauen geweint, und die Männer haben nicht geweint. Da haben die Männer sich auch nicht von der Arbeit freigenommen, wenn die Frau ein Kind bekommen hat. Es ist nicht so, dass ich nicht darüber reden will, sondern ich überlege, und mir fällt nicht so richtig was ein. Für mich ist das schon Weinen, wenn ich Tränen in den Augen habe. Das klingt so, als hätte ich keine Gefühle.

CHARLOTTE: Nein. Das klingt gar nicht so. Wer denkt denn, dass du keine Gefühle hast? Ich frage mich nur, ob die Tränen nicht innen schimmelig werden, wenn die nicht mal rausgespült werden. Es ist ja immer die gleiche Tränenflüssigkeit in dem Tränenkanal. Und du weißt doch, bei anderen Leuten, bei mir zum Beispiel, kommt richtig viel raus. Du weißt doch, dass manche Leute so lange weinen können, bis keine Tränen mehr da sind. Hast du das noch nie gemacht?

MARTIN: Nein, ich habe das wirklich noch nie gemacht.

CHARLOTTE: Auch nicht, als die Barbara vor vielen Barbaras dich verlassen hat und du richtig am Boden zerstört warst und total viel Scheiße gebaut hast? In der Zeit, hast du da nicht richtig viel geweint?

MARTIN: Nein, da habe ich sehr viel Schnaps getrunken. Aus Verzweiflung, aus Unglück.

CHARLOTTE: Kannst dich aber auch nicht erinnern, dass dir das abtrainiert wurde? Mit so Sätzen wie diesem mit der ganzen Indianerangelegenheit. Was nicht früher alles so gesagt wurde.

MARTIN: Natürlich war das so, natürlich haben Jungs nicht geweint. Man sollte ja auch nicht weinen, wenn einem körperlich was total wehgetan hat. Natürlich wollte man als Junge überhaupt nicht weinen. Man hat die Zähne zusammengebissen. Weinen war für Mädchen. Soll ich jetzt ein Seminar machen?

CHARLOTTE: Ja, genau das Gleiche habe ich gerade gedacht.

MARTIN: Ja, soll ich da hingehen?

CHARLOTTE: Ich habe überlegt, ob ich dir als Geschenk zum Geburtstag ein Urschrei-Seminar schenke.

MARTIN: Ist denn Urschrei mit Weinen?

CHARLOTTE: Nein, das ist nur Schreien.

MARTIN: Das ist, glaube ich, was anderes.

CHARLOTTE: Fehlt dir nicht was? Findest du nicht, dass es gut wäre für den inneren Seelenfrieden, schimmelige Tränen mal rauszuweinen? Oder absaugen zu lassen wenigstens?

MARTIN: Das klingt gut mit dem schimmelig, aber ich glaube, das ist nicht sehr wissenschaftlich.

CHARLOTTE: Aber seelisch im übertragenen Sinne.

MARTIN: Die verdunsten bei mir.

CHARLOTTE: Nein, aber ...

MARTIN: Als Erleichterung meinst du?

CHARLOTTE: Ja.

MARTIN: Bestimmt, aber da müssen wir wirklich mal gucken, wo die Experten auf diesem Gebiet sind. Ich will ja auch nicht zu irgendeinem Schamanen, einem Scharlatan gehen.

CHARLOTTE: Warte mal, Schamane ist nicht gleich Scharlatan.

MARTIN: Nein, Schamane/Scharlatan. Schrägstrich. Schrägstrich Wunderheiler. Schrägstrich Esoteriker. Alles getrennt voneinander, das muss schon was sein, was für mich fundiert ist. Da musst du was für mich finden. Ich warte jetzt darauf.

CHARLOTTE: Okay, ich google das wirklich. Würdest du das denn zum Beispiel auch machen, um dann nachher davon zu erzählen, wie das war? Hier?

MARTIN: Kann ich das danach entscheiden?

CHARLOTTE: Klar. Fandest du die Frage blöd?

MARTIN: Nein, ich fand die gar nicht blöd. Ich wünschte, dass ich mehr ... Die hat mich so erwischt. Du siehst ja, ich sitze hier so blank herum, und mir fällt nicht so richtig was ein. Ich merke, ich bin hierbei nicht besonders nahe bei mir. Da gibt es andere Sachen, die ich besser erklären könnte. Mit denen habe ich mich schon mehr befasst.

CHARLOTTE: Aber das sagt ja schon alles.

MARTIN: Ich kenne das manchmal auf Beerdigungen. Da ist

man so ergriffen, aber mehr von der Gesamtsituation. Und von den anderen. Da kommt man auch in so eine Stimmung. Aber das ist eher fremdbestimmt. Nicht, weil ich selber das in dem Moment so richtig fühle, sondern vielleicht ist das eine Erwartungshaltung, der man gerecht werden will. Dann drückt man ein Tränchen raus. Weißt du?

CHARLOTTE: Aber dass du ein Tränchen rausdrückst, heißt bei dir gar nicht, du drückst, bis wirklich eine Träne kommt, sondern du kneifst dein Gesicht, deine Augen sehr zusammen. Dann kommt aber nichts. Das ist ein bisschen so, als würde man masturbieren, aber dann kommt am Ende nichts.

Podcast 10

MARTIN: Du hast mich ja gefragt, warum ich nicht weine oder nie weine. Ich möchte dir das Angebot machen, dass ich tatsächlich versuche, das rauszufinden in einem Seminar. Es gibt Angebote für so was. Wo die Leute sagen: »Ist gar kein Problem, zack, ein Stündchen oder so, dann bist du das los.« Ich würde sagen, ich mache das einfach, ich probiere das aus.

CHARLOTTE: Und erzählst du mir dann davon?

MARTIN: Ja.

Dr. Amalfi

Kränkungen bleiben in einer Liebesbeziehung nicht aus. Allerdings gibt es Kränkungen, die vermeidbar sind. Und zwar jene, die mit enttäuschten Erwartungen zusammenhängen. Der Psychologe und Kabarettist Bernhard Ludwig hat vor einigen Jahren eine einleuchtende Formel für sexuelle Lustlosigkeit gefunden: »Sexuelle Lustlosigkeit ist Erwartetes, dividiert durch Erreichtes.« Je höher die Erwartungen, desto mickriger fällt das Erreichte aus, desto größer ist die Lustlosigkeit. Diese Formel ist nicht nur im Hinblick auf die Sexualität aufschlussreich, sondern kann auf alle Bereiche des Paarlebens angewandt werden. Zu hohe Erwartungen an den anderen können zu großen Enttäuschungen und Verletzungen führen. Oder konkreter: Nicht kommunizierte Erwartungen führen zu Kränkungen.

Es ist doch ein seltsames Phänomen: Während niemand von einer Kollegin, einem Freund oder den eigenen Eltern erwarten würde, dass sie auch ohne viele Worte wissen, was man sich wünscht oder was gerade in einem vorgeht, erwartet man genau dies von seinem Partner oder seiner Partnerin. »Wenn sie oder er mich wirklich liebt, muss sie oder er doch spüren, was ich möchte.« Dies führt nicht selten dazu, dass selbst wichtigste Dinge nicht zur Sprache kommen, weil sie in die Kategorie fallen: »Wenn ich meinen Wunsch erst äußern muss, ist es nichts mehr wert, wenn er erfüllt wird.«

Möglicherweise ist das Verschweigen von Wünschen eine Mitgift aus der Kindheit. Vielleicht haben die Eltern das Gespräch miteinander gemieden, vielleicht hat man als Kind gelernt, seine Gefühle für sich zu behalten, weil sich niemand dafür interessierte. Mit der Liebesbeziehung verbindet man dann die Hoffnung, dass der geliebte Mensch einen sozusagen stumm versteht. Doch kein noch so liebender Partner ist ein Zauberer, der Gedanken lesen kann. Stillschweigend vorauszusetzen, dass der andere einem ansieht, was man möchte, ist unfair – dem Partner und sich selbst gegenüber.

Streiten

> »Enttäuschung ist eine Überraschung,
> mit der man nicht umgehen kann.«

Dr. Amalfi

Es ist eines der letzten Tabus: Paare reden offenherzig über ihr Sexleben. Aber über ihre Streitigkeiten legen sie häufig den Mantel des Schweigens. So wissen Außenstehende in der Regel nicht, wie es bei einem Paar zu Hause wirklich zugeht. Auch beste Freunde erfahren meist nichts oder nichts Konkretes. Dementsprechend ranken sich um das Thema »Streit« einige Mythen. Obwohl man es aus seiner Erfahrung besser wissen müsste, glauben viele immer noch: Wahre Liebe kennt keinen Streit. Weshalb sie sich bemühen, möglichst wenig oder gar nicht zu streiten. Oder sie glauben, dass sich jedes Problem mit Vernunft aus der Welt schaffen lässt. Ein Paar, dem das nicht gelingt und bei dem ständig die Fetzen fliegen, fühlt sich dann wie Versager.

Wenn ein Paar aber von sich behauptet: »Wir streiten nie«, sollte man hellhörig werden. Denn wenn das wirklich stimmt, ist diese Aussage Anlass zur Sorge. Ein Paar, das keinen Streit kennt, verleugnet Unterschiede. Herrscht in einer Beziehung nur Harmonie, dann haben beide Partner ihre Individualität aufgegeben. Sie empfinden sich als eine Einheit, in der es nur

»unsere« Meinung, »unsere« Ansichten, »unser« Denken und Fühlen gibt. Die einzelne Person verschwindet im »Wir«.

Paare, die Meinungsverschiedenheiten vermeiden, sind meist konfliktscheu. Vielleicht haben sie in ihren Elternhäusern zu viele Konflikte erlebt und haben nun Angst vor jedem lauten Wort; vielleicht aber waren schon die Eltern Streitvermeider, und die Kinder konnten nicht lernen, dass man streiten darf und wie man das am besten tut, ohne Schaden anzurichten. Und dann gibt es natürlich noch jene Beziehungen, in denen ein Partner (oder beide) seine Emotionen nicht steuern und kontrollieren kann, was dazu führt, dass ganz normale Auseinandersetzungen regelmäßig eskalieren – und deshalb nach Möglichkeit vermieden werden. Kurzum: Paare, die niemals streiten, haben ein großes Problem. Ohne Streit kann sich eine Beziehung nicht weiterentwickeln, sie wird auf dem Status quo eingefroren. Entwicklung ist dann nicht möglich. Die Folge ist meist eine lähmende Langeweile und zunehmende Unzufriedenheit.

Auseinandersetzungen gehören zu einer Liebesbeziehung dazu. Schließlich ist jeder Partner ein Individuum, mit eigenen Ansichten, ganz spezifischen Erfahrungen, unterschiedlichen Wertvorstellungen und persönlichen Marotten. Dass ein Paar immer mal wieder aneinandergeraten muss, liegt eigentlich auf der Hand. Manchmal sind es nur kleine Scharmützel, die man miteinander austrägt, weil man vom Alltag gestresst und überfordert ist, manchmal lösen Missverständnisse einen Streit aus, und manchmal gibt es zu einem wichtigen, ernsten Problem zwei völlig konträre Ansichten. Ein handfester Streit kann die Fronten klären und Platz schaffen für Lösungen oder Kompromisse. Im konstruktiven Streit können Partner einander besser kennenlernen. Sie üben sich darin, Grenzen zu setzen, Veränderung bei sich und beim anderen anzustoßen und in manchen Fällen auch die wichtige Balance zwischen Nähe und Distanz wiederherzustellen. Ohne Übertreibung kann man sagen: Glückliche Paare können streiten.

Allerdings liegt die Streitkultur in vielen Partnerschaften im Argen. Die wenigsten Paare beherrschen die Kunst des Streitens, die wenigsten wissen: Nicht der Streit ist das Problem. Auf den Streitstil kommt es an. Wichtig ist zum Beispiel, dass das Paar auch in einer Auseinandersetzung emotional miteinander verbunden bleibt – durch leichte körperliche Berührungen (sie streift seine Hand, er legt spontan den Arm um sie), durch Blickkontakt und Humor. Ein Paar, das in der hitzigsten Auseinandersetzung auch mal einen Scherz machen kann, ist nicht gefährdet.

Podcast 1

CHARLOTTE: Ich wurde unfassbar viel auf eine Sache angesprochen, die du im *Spiegel* gesagt hast: Wie das so aussieht, wenn wir uns streiten. Da hast du das erzählt von diesem Tisch, den ich versucht habe, auf dich zu werfen. Wie viel hat der gewogen? Keine Ahnung.

MARTIN: Gefühlt waren das 300 Kilo, aber so viele waren es natürlich nicht. Es war ein sehr massiver, ein sehr, sehr schwerer, sehr dicker kanadischer Eichenwurzeltisch. Den dürfte es heute gar nicht mehr geben. Den hat ein Besatzungssoldat aus Kanada tatsächlich mit nach Europa gebracht. Über verschiedene Auktionshäuser ist der bei uns gelandet.

CHARLOTTE: Auf die Geschichte fahren alle total ab. Was ist da eigentlich passiert? Kannst du dich noch an den Auslöser erinnern? Warum habe ich versucht, dich mit diesem kanadischen Wurzeltisch zu erschlagen?

MARTIN: Ich würde sagen, das war eine Kleinigkeit. Ich glaube, es ging um Eifersucht. Das waren unsere heftigsten Streite.

CHARLOTTE: War das der gleiche Streit wie der, bei dem ich gerade Milch aufgeschäumt habe an der Kaffeemaschine und einen Metallbecher heiße Milch auf dich geworfen habe?

MARTIN: Nein. Die Wunden waren schon wieder verheilt.

CHARLOTTE: Ich habe gar nicht getroffen. Das muss man dazusagen: Ich bin ein superschlechter Werfer.

MARTIN: Den Tisch wolltest du werfen, hast den hochgewuchtet, und da hatte ich wirklich Angst. Gleichzeitig gab es diesen Teil in meinem Kopf, der total beeindruckt war. Ich hatte zwei Bilder: Das eine war Pippi Langstrumpf, die ihr eigenes Pferd hochhebt. Das zweite war aus einem alten Superman-Comic, wo der ein Auto hochhebt und ein kleines Kind rettet. Diese Filmbilder hatte ich im Kopf, während du versucht hast, mir diesen Tisch auf den Fuß zu werfen.

CHARLOTTE: Wenn du jetzt sagen müsstest, wie lange ich keinen Gegenstand mehr geworfen habe in einer vollkommenen Ausrastersituation, was würdest du sagen?

MARTIN: Mindestens fünf, eher sieben Jahre. Auf jeden Fall nicht mehr, seitdem du keinen Alkohol mehr trinkst. Das gilt nicht nur für dich, das gilt für mich genauso. Die schlimmsten Streite hingen auch immer damit zusammen, dass wir besoffen waren.

CHARLOTTE: Der Besoffene sagt ja immer wieder das Gleiche. Und bei unseren Besoffenenstreiten war das immer wieder Öl ins Feuer. Wir haben uns nicht mehr verstanden. Ich meine das im wörtlichen Sinne: Wir haben nicht mehr gecheckt, was der andere sagt.

MARTIN: Weil man sich bei so einem Streit in einem Tunnel befindet oder in einer Sprechschleife. Sodass man immer nur das Gleiche rausschreit. Und der andere schreit sein Immergleiches zurück.

Podcast 6

MARTIN: Mit die schlimmsten wiederkehrenden Streits hatten wir, als wir mit unseren kleinen Kindern Sagaland gespielt haben. Das ist, glaube ich, nicht so bekannt, dass jeder jetzt weiß, wie das funktioniert. Aber du bist ausgeflippt, weil man das taktisch gespielt hat. Man kann destruktiv spielen, indem man auf das Feld geht, wo die Karte getauscht wird. Das ist als Regel extra festgelegt, als destruktiver Spielzug. Und wenn ich das gemacht habe, während du die Karte kriegen wolltest, bist du ausgeflippt.

CHARLOTTE: Wenn man sich liebt ...

MARTIN: Aber doch nicht bei einem Brettspiel.

CHARLOTTE: Doch, gerade bei einem Brettspiel.

MARTIN: Nein, da ist man Feinde. Gegner.

CHARLOTTE: Wenn man sich liebt, lässt man diese Regel weg. Man gönnt dem anderen, dass der weiß, wo das Dingsbums ist.

MARTIN: Das ist demütigend. Wie wenn man jemanden beim Tischtennis gewinnen lässt, oder wenn dein Kind aufs Tor schießt und du den Ball extra durchlässt. »Oh, unhaltbar.« So geht Spielen nicht. So wird man doch auch nicht auf das Leben vorbereitet, Charlotte.

271

CHARLOTTE: Man kann eine gewisse Größe zeigen, indem man diese destruktive Sache weglässt, und das habe ich immer gemacht. Und dann war ich immer so enttäuscht von euch allen. Wir sitzen alle zu viert da und bekriegen uns so mit Spielen. Warum sind auch immer alle Spiele so, dass man anderen Sachen wegnehmen muss und so? Das ist richtig schlimm.

MARTIN: Ja.

CHARLOTTE: Ich war nicht richtig erwachsen.

MARTIN: Du warst selber wieder so ein Kind.

CHARLOTTE: Ein Kind geworden. Und du warst der Vater von uns allen. Auch, weil du so alt bist, dass du mein Vater sein könntest. Aber das hat jetzt aufgehört. Wir müssen nicht mehr spielen.

MARTIN: Ja, aber ...

CHARLOTTE: Deswegen bin ich auch ein bisschen gegen analoge Abende, ehrlich gesagt. Was das angeht, bin ich ein gebranntes Kind.

Podcast 12

CHARLOTTE: Gestern haben wir uns richtig, richtig schlimm gestritten. Grundsätzlich ist gerade die Stimmung im Keller, und es tut mir richtig leid, dass du das ausbaden musst. Ich liege im Bett rum, was ich sonst nie mache. Ich habe dir am Sonntag gesagt, dass ich mich jetzt drei Tage ins Bett lege und versuche, die Erschöpfung auszuschlafen. Gestern waren wir dann auf einer Kinopremiere. Dass dort der Mann sein könnte, den ich angezeigt habe wegen sexueller Belästigung, damit habe ich überhaupt nicht gerechnet. Der hatte mich zurückverklagt, aber verloren. Der hat sein ganzes Leben solche Sachen gemacht. Ich dachte, wenn er seinen Job dadurch verloren hat, dass er sich dann auch nicht mehr traut, in die Öffentlichkeit zu gehen, auf so eine Premiere. Und dann sitze ich da so, und dieser Typ kommt an. Ich dachte: Okay, ich raste jetzt aus. Mir sind viele Sachen eingefallen, die man hätte machen können, die ich gerne gemacht hätte.

MARTIN: Ich weiß. Auch ohne Titanhaken wärst du da über die Brüstung gesprungen.

CHARLOTTE: Der grüßt die Leute von der Filmstiftung und läuft rum, als wäre nichts gewesen. Ich könnte schwören, dass ich nicht die Einzige im Kinosaal war, die er sexuell belästigt hat. Ich wollte, dass der nicht da ist, dass der nicht da sein darf, dass der da nichts verloren hat. Als wir zurückgefahren sind, hab ich dir das gesagt, dass das total schrecklich war für mich. Nicht nur der Übergriff, sondern ein ganzes Jahr lang gegen den zu kämpfen in der Öffentlichkeit, gegen diese widerlichen Interviews, die der gegeben hat. Im Prinzip war das Allerschlimmste, was sein Anwalt über mich geschrieben und vor Gericht eingereicht hat. Der hat geschrieben, warum man mir nicht glauben kann und warum ich eine schlechte Zeugin bin. Das war so wahnsinnig erniedrigend. Ich hätte den gern am Ohr aus dem Saal rausgezogen. Und du hast dann im Auto gesagt, dass du findest, ich soll souveräner sein. Da bin ich komplett ausgetickt. Ich habe vergessen, dass wir ein Elektroauto haben. Wir haben vor unserem Haus geparkt, und die ganzen Nachbarn hatten die Fenster auf und hingen auf dem Balkon rum. Und ich habe das ganze Elektroauto zusammengeschrien, weil mich das so wütend gemacht hat. Das ist das erste Mal, dass ich den gesehen habe seit dem ganzen Gerichtsscheiß. Man muss aufstehen und eine Rede halten. Laut Buh rufen, sich mit allen Frauen im Saal zusammentun und den rausjagen.

MARTIN: Das war ein Musterbeispiel für schlechte verkürzte Kommunikation von meiner Seite. Ich finde den Satz »Du musst souveräner werden« immer noch total richtig, weil du ja nicht verhindern kannst, dass du diesem Mann begegnest – wo auch immer, wann auch immer. Ich hätte aber vorher sagen sollen, dass ich totales Verständnis für deine Gefühle und für deine Fantasien habe und die sogar teile. Ich hätte den auch am liebsten rausgeschleppt: nicht am Ohr, sondern ganz woanders. Aber es ist trotzdem richtig, dass du oder wir souverän mit so etwas umgehen müssen. Der ist bestraft. Vielleicht ist er aus deiner Sicht oder aus Sicht der vielen anderen Frauen nicht genug bestraft. Das kann gut sein. Aber das können wir nicht entscheiden und auch nicht beeinflussen.

CHARLOTTE: Ja, das war schwer. Ich kam mir total souverän vor, weil ich nichts gemacht habe. Ich saß ja nur da. Aber ich war so unglaublich wütend auf dich gestern.

MARTIN: Das sagen die einem auch nicht, wenn man ein Elektroauto fährt, dass das nicht gut geht: sich in dem Auto streiten, weil das die ganze Straße hört. Da müssen die mal dran arbeiten. Weil ja auch die meisten Streite im Auto stattfinden, würde ich fast sagen.

Dr. Amalfi

Worum geht es eigentlich? Warum streiten wir uns? So manches Paar fragt sich das während seiner Auseinandersetzung. Meist ohne diese Fragen wirklich zu klären. Dabei wäre das wichtig. Denn oft geht es nicht um das konkrete Streitobjekt, es geht nicht um die Kinder, den Haushalt oder die Unpünktlichkeit des anderen. Vielmehr steckt hinter so manchem heftigen Streit um ein scheinbar sachliches Problem der Wunsch nach Wertschätzung, nach Verständnis, nach Fürsorge oder Zärtlichkeit. Diese wahren Gründe und Bedürfnisse geben Paare, die sich in immer wiederkehrenden destruktiven Auseinandersetzungen verlieren, jedoch selten zu erkennen. Oftmals wissen sie selbst nicht, was sich hinter ihrer Aggression und Streitlust verbirgt.

Das Geheimnis richtigen Streitens liegt in dem Wissen, dass es in so manchen Streitsituationen neben der Oberfläche noch eine andere Ebene gibt: die der Emotionen. Ist ein Paar sich dessen bewusst, könnte so mancher Streit vermieden werden. Wer offen sagen kann, was ihn belastet, ärgert, enttäuscht oder was er oder sie vermisst, muss nicht über herumliegende Socken oder die berühmte Zahnpastatube streiten. Dann könnte idealerweise schon vor einer Auseinandersetzung geklärt werden: Willst du mit mir wirklich darüber streiten, dass ich nicht pünktlich zu Hause war? Oder geht es darum, dass du dir über meinen neuen Kollegen Sorgen machst? Streiten wir wirklich darüber, dass ich vergessen habe, Brot mitzubringen? Oder fühlst du dich vernachlässigt, weil ich zu erschöpft bin, um mit dir zu reden?

Es ist nicht leicht, die eigenen Streitmotive rechtzeitig zu erkennen. Aber es wäre im Sinne einer guten Streitkultur viel gewonnen, wenn ein Paar wenigstens nach dem Streit innehalten und sich über die wahren Gefühle und Bedürfnisse austauschen könnte. Das kann gelingen, wenn beide Partner bereit sind, ihr Visier zu öffnen und dem anderen einen Blick hinter die Kulissen zu gestatten.

Krisen

> »Das ist jetzt kurz Horror, aber dann
> wird es der Himmel auf Erden.«

Dr. Amalfi

Ernsthafte Krisen entstehen in einer Liebesbeziehung meist dann, wenn es zu viel Stress gibt. Das kann Beziehungsstress sein (ein Partner geht fremd), sehr viel häufiger aber ist es Druck von außen, der, wenn er länger anhält, die Qualität der Partnerschaft erheblich mindert. Die »äußeren« Stressoren können dabei ganz unterschiedlicher Art sein. Krankheit, Probleme im Job, Sorge um die Kinder oder die alten Eltern, finanzielle Sorgen. Nicht zu unterschätzen in ihrer Wirkung sind aber auch die kleinen Nadelstiche des Alltags: die lange To-do-Liste, die nie abgearbeitet werden kann; der Spagat zwischen Beruf und Familie; die Zeit, die nie reicht; die chronische Erschöpfung; die ständige Überforderung; die Selbstzweifel. Wie soll man mit all dem fertigwerden und optimistisch und zuversichtlich bleiben? Und was bleibt eigentlich noch für einen selbst? Es ist vor allem dieser Mikrostress, der sich über die Zeit hinweg zu einem massiven Energieräuber entwickeln kann. Das Nervenkostüm der Gestressten wird dann immer dünner, und Konflikte nehmen zu.

Stress schadet nicht nur dem oder der Betroffenen, er schadet auch der Beziehung. Denn wenn der Druck zu lange andauert, machen Paare oft fundamentale Fehler. Statt mehr reden sie nur das Nötigste miteinander, statt sich füreinander Zeit zu nehmen, ziehen sie sich voneinander zurück. Statt sich zu helfen, streiten sie. Statt geduldig miteinander zu sein, sind sie immer schneller gereizt. Die Distanz zwischen dem Paar wächst, man weiß irgendwann nicht mehr, wo der andere eigentlich steht. Die Zufriedenheit mit der Beziehung sinkt dramatisch. Stress verändert eine Partnerschaft. Finden Paare kein wirksames Mittel, um dem Stress die Stirn zu bieten, entstehen Krisen, die der Beziehung gefährlich werden können.

Gegen den Stress selbst ist man oft machtlos. Die meisten Stressquellen können nicht einfach abgeschaltet werden. Doch die oftmals verheerenden Auswirkungen auf die Partnerschaft sind nicht zwangsläufig. Sie ließen sich mindern, würde das Paar konstruktiver mit der Herausforderung umgehen.

Was erhofft sich ein Mensch, der im Stress ist? Natürlich: Unterstützung, vor allem emotionale Unterstützung. Die aber bleibt oftmals ausgerechnet vom Partner oder der Partnerin aus. Wenn überhaupt, bekommt man unerwünschte Ratschläge: »Mach das doch so« oder: »Ich an deiner Stelle würde …«. Oder man erhält wenig hilfreiche Kommentare wie: »Du siehst das zu pessimistisch, du machst dir zu viele Sorgen.« Und nicht selten ist der andere selbst so gestresst, dass er keinen Nerv hat, sich mit den Belastungen des Partners oder der Partnerin zu beschäftigen: »Das hast du mir doch schon x-mal erzählt. Ich habe jetzt andere Sorgen.« Solche Reaktionen helfen nicht weiter, im Gegenteil: Sich unverstanden und alleingelassen zu fühlen verursacht Ärger und Enttäuschung. Das wiederum erhöht den ohnehin vorhandenen Stress. Enttäuscht vom anderen, zieht sich dann jeder in sein Schneckenhaus zurück.

Natürlich ist derjenige, der unter Druck steht, für seinen Stress verantwortlich und muss nach Lösungen suchen. Das gelingt ihm jedoch umso besser, wenn der Partner signalisiert: »Dein Stress ist auch mein Stress« und emotionale Unterstützung anbietet. Das heißt: Er ist bereit zum Gespräch und versucht, die Situation des anderen zu verstehen. Er hört zu, ohne gleich Lösungen anzubieten. Er solidarisiert sich mit dem anderen und macht ihm Mut. Vermittelt der Partner, die Partnerin dem Gestressten »Du bist nicht allein, ich bin an deiner Seite«, wird er zu einem wertvollen Verbündeten. Nach dem Motto: »Gemeinsam sind wir stark.« Oder, wenn es gilt, Zumutungen zu begegnen: »Gemeinsam sind wir unausstehlich!«

Podcast 3
MARTIN: Die berühmte Frage: Liebst du mich noch?
CHARLOTTE: Das ist deine Frage?
MARTIN: Nee. Das ist die berühmte Beziehungstestfrage in Krisen, und wenn dann das Gegenüber nur eine Sekunde zu lange zögert, ist alles am Arsch.

Podcast 13
MARTIN: Ich habe schlecht geträumt heute Nacht.
CHARLOTTE: Erzähl!
MARTIN: Wir standen uns gegenüber und waren uns aber nicht nah, wir waren nicht verbunden. Ich habe gesagt: »Sag mal, kann das sein, dass du mich total doof findest?

Dass ich dir nur auf den Geist gehe? Dass ich dich richtig nerve? Und dass du mich sogar körperlich ekelhaft findest?«

CHARLOTTE: Das hast du mich im Traum ...?

MARTIN: Das habe ich dich im Traum gefragt. Es war ja mehr eine rhetorische Frage. Man fragt das, und dann erhofft oder erwartet man ein ganz schnelles empörtes Nein. Aber du hast mich nur angeguckt. Du hast mich einfach nur ganz lange schweigend angeguckt. Das war wie eine Bestätigung. Es war ein richtig unangenehmer Traum. Das war wie eine Warnung, so ein unruhiger Traum. Ich denke, irgendwas ist nicht in Ordnung bei uns. Ich weiß, dass das ein Traum war. Aber allein, dass ich diese Situation träume oder diese Frage stelle, heißt für mich, ich mache mir offenbar Sorgen.

CHARLOTTE: Also, ich finde wirklich, dass wir eine Krise haben.

MARTIN: Oh. Okay.

CHARLOTTE: Nicht? Ich empfinde nicht das, was du gesagt hast über deinen Traum, als Krise. Aber wir driften auseinander. Auf jeden Fall brauchen wir Hilfe. Wir verlieren uns. Wir verbringen nicht genug Zeit miteinander. Die wenige Zeit, die wir zusammen sind, ist tendenziell nervig. Es passieren in letzter Zeit ganz komische Sachen. Das ist einerseits lustig, das zu sehen. Psychologisch betrachtet, wenn es ohne Gefühle beobachtet wird, ist es lustig. Aber mit Gefühlen beobachtet ist das sehr, sehr traurig. In letzter Zeit ist es öfter passiert, dass du eine Rolle einnimmst, die früher meine war – aber eine schlechte. Du sagst mir oder ich beobachte, dass du dich veränderst und Sachen machst, die ich früher gemacht habe, als es mir schlecht ging. Ein harmloseres Beispiel war, als wir letztens mit dem Zug in den Urlaub gefahren sind und du Angst vor Leuten hattest, die im Zug waren. Die haben sich speziell benommen. Ich habe das überhaupt nicht bemerkt. Aber du hast mir das nachher erzählt. Und dann habe ich gedacht: Das ist genau meine Angst von früher. Und jetzt hast du die. Du hast das übernommen, was ja jetzt auch nicht *random* ist. Das hat mit uns zu tun. Wir machen doch immer solche Witze: Wenn es dem einen gut geht, geht es dem anderen schlecht. Nicht immer und nicht extrem, aber wenn es dir besonders gut geht im Leben, wenn alles total gut läuft, wenn du Oberwasser hast, dann geht es mir meistens schlecht. Man fängt dann ein bisschen an zu klammern und denkt, man ist nicht genügend. Dem anderen geht es so gut. Der kriegt viel Aufmerksamkeit und Liebe und hat so viel Erfolg oder ruht in sich oder hat seine verkackte Mitte gefunden. Das geht irgendwie nie gemeinsam. Das klingt jetzt superdramatisch. Aber du weißt ja, dass wir das oft sagen: Wenn der eine richtig steil geht, dann bleibt der andere ein bisschen emotional auf der Strecke. Man geht nie gemeinsam steil.

CHARLOTTE: Gestern Abend diese Essenssituation: Ich habe wirklich gedacht, ich kippe hintenüber. Es war wie so eine Filmszene. Polly und ich haben Essen mitgebracht. Wir haben gedacht, es ist ein bisschen spät zum Kochen, wir nehmen was mit. Und dann haben wir Süßkartoffelpommes mitgenommen, wo man obendrauf verschiedene Soßen und Salze macht. Wir haben das ausgepackt. Das sah voll schön aus. Dann gucke ich dein Gesicht an, und die Stimmung ist im Keller. Nicht nur: Ich mag das Essen nicht. Sondern: richtig dolle Verzweiflung.

MARTIN: So, wie du das gerade beschrieben hast, finde ich, klingt es, als wäre meine Verzweiflung durchaus gerechtfertigt gewesen.

CHARLOTTE: Das ist irre. Okay, wir haben jetzt nicht gefragt. Es ging natürlich um was anderes. Früher ging es mir genauso: Ich dachte, du siehst mich nicht. Du interessierst dich nicht und holst irgendwas, was du magst. Du hast damals immer wieder vergessen, dass ich etwas nicht mag. Ich habe früher eine Riesensache daraus gemacht. Wenn, dann richtig *go to hell*. Sodass man überhaupt nicht mehr die Kurve kriegt. Man will die ultimative Bestrafung. Genau das habe ich bei dir gestern beobachtet und dachte: Ach du Scheiße. Wenn man jemandem dabei zuguckt: Die Mundwinkel gehen nach unten, dann werden die Augen nass, und es kommt so ein Unterlippenschippchen. Wir haben dir dabei zugeguckt, wie du versucht hast, Pommes und Matsche zu trennen. Du wolltest nicht die Kurve kriegen, und es ging eben nicht ums Essen, sondern es geht um unsere Krise.

MARTIN: Wenn du sagst, das ist nie so, dass es beiden gleichzeitig gut geht, dann stimmt das nicht. Aber dafür müssen wir gemeinsam was machen. Miteinander Zeit verbringen. Wenn man die Zeit mit den normalen Dingen verbringt, also sozusagen mit den Standards, dann kann man 24 Stunden zusammenhocken, und trotzdem ändert das nichts. Ich glaube, wir müssen gemeinsam Sachen erleben, Dinge, die uns verbinden. Nicht Sachen, die automatisch laufen: also Alltag, Haushalt, Erziehung oder zusammen in einem Bett schlafen. Das reicht nicht, sondern es geht uns gut, wenn wir Sachen machen, die uns verbinden. In der letzten Zeit war das aber extrem, dass du für dich alleine deine Highs gehabt hast – Mega-highs.

CHARLOTTE: Meinst du E I S S oder I G H S?

MARTIN: Noch mal!

CHARLOTTE: Highs oder heiß. Deine Highs, deine Mega-highs?

MARTIN: Ja, high, also Hochs.

CHARLOTTE: Ah, okay.

MARTIN: Was gibt es denn sonst noch?

CHARLOTTE: Ich dachte, du meinst »heiß«.

MARTIN: Ach, »heiß«. Nein, nein, nein.

CHARLOTTE: War nur ein Witz, Entschuldigung. Ja, ich hatte die Highs allein.

MARTIN: Okay. Derjenige, der gerade in der zufriedenen und glücklichen Phase ist, hat es natürlich schwerer als der, der rausgeht und gerade draußen die Freiheit sucht. Wenn du sagst, wir haben eine Krise, finde ich das gar nicht so schlimm. Genauso finde ich meinen Traum gar nicht so schlimm. Ich finde nur, das ist ein Alarmsignal. Es wäre ja eher schlimm, wenn ich diesen Traum nicht hätte, weil ich das Besondere dann gar nicht bemerken würde oder weil mir das sowieso gleichgültig wäre. Was da gerade passiert, ist so grundlegend. In jeder Partner-schaft und Beziehung geht es ja immer darum, dass du auf der einen Seite die Sicherheit, das Andocken und deine Heimat suchst. Auf der anderen Seite hast du das totale Bedürfnis, rauszugehen, frei zu sein, vielleicht sogar ab-zuhauen oder dich an einer ganz langen Leine wegzube-wegen. Ich finde, das ist eine erwachsene Liebe, und die haben wir ja. Solch eine Liebe schafft das, dass beides geht, dass das irgendwie austariert ist. Alles das, was als stürmische Liebe oberromantisch in irgendwelchen Büchern und Filmen dargestellt wird, ist ja nicht austariert. Das ist entweder dieses totale Cocooning, Verschmelzung, und/ oder das totale Weg-weg-weg, Freiheit und zerrissenes Band. Ich finde, das ist eine Aufgabe, die man sich offenbar immer wieder neu erarbeiten muss. Ich glaube, du hast vielleicht sogar durch das, was wir hier machen, ein großes Bedürfnis nach draußen und nach Freiheit. Und bei mir ist es genau andersherum. Dadurch, dass wir hier alles besprechen, und durch die Erinnerungen und dieses Nachdenken über uns bin ich fast ein Heimchen am Herd. Das ist offenbar auch nicht gut.

Podcast 15

CHARLOTTE: Ich möchte dazu etwas sagen: Ich bin in ein altes, falsches Rollenbild gefallen. Das ist ein Rückfall in schlechte Zeiten, in denen ich dich wie einen Übervater Abraham behandelt habe.

MARTIN: Vater Abraham? Die Älteren kennen ihn noch ...

CHARLOTTE: Nicht der. Der aus der Bibel. Also, ich hatte einen Rückfall in alte, schlechte Zeiten. Alle wissen ja, wir haben eine Krise. Diese Krise dauert an und ist schlimmer geworden. Das liegt daran, dass ich einerseits viel weg war für die Arbeit und andererseits auch zu Hause sehr aufgeregt war und nur ein Thema kannte, nämlich die Arbeit. Ich bin so viel weg. Aber ich kann zu Hause auch nicht entspannen, weil zu Hause alle was von einem wollen. Das ist jetzt nicht böse gemeint, aber da ist ein Hund, da ist ein Mann, da ist ein Kind. Alle gucken einen erwartungsvoll an, und man will alles machen für die, wenn man zu

Hause ist. Aber man kann nicht. Deshalb gehe ich gerne auch mal weg am Wochenende mit Freunden zum richtigen Entspannen. Das war auch viel in letzter Zeit. Die Taschen stehen hier rum, und ich bin nur zum Wäschewaschen da. Das wird jetzt weniger. Ich will mehr zu Hause sein und ruhiger werden, also richtig runterkommen von der ganzen Aufregung, von der Arbeit. Stimmt's, letzte Woche hast du gedacht: Jetzt bleibt die endlich zu Hause. Das hatte ich schon so gefühlt, und dann dachte ich: Fuck, da ist noch eine kleine Reise mit Freundinnen geplant, die liegt superungünstig. Gefühlt war das vorgestern, weil seitdem so dermaßen der Haussegen schiefhängt. Du wusstest ja, dass ich noch einmal kurz fürs Wochenende wegfahre, aber du so: »Was?« Und dann brach die Welt zusammen. Das war so: Alle haben geschafft durchzuhalten, dass Mutter oder Frau so viel weg war. Das jetzt war das eine Mal zu viel. Deshalb herrscht jetzt ziemlich schlechte Stimmung: Ich will da hin, bin verabredet und habe ein Zimmer gebucht, aber du bist so traurig.

MARTIN: Das war so kryptisch im Kalender: »Barbara-WE«. So steht das im Kalender, und da kann ich das entschlüsseln oder decodieren. Das ist deine Botschaft an mich, dass du vier Tage weg bist.

CHARLOTTE: Nein, nein. Es geht um die Menge von Einzelaktivitäten davor und den Vortrag deines Vorhabens. Die Art des Vortrags war einfach denkbar schlecht.

MARTIN: Du hast die Krise ausgerufen oder du hast die erkannt. Aber dann passiert nichts. Vielleicht ist das eher das, was mich abfuckt oder was mich enttäuscht. Und dann sage ich: »Ich bin es jetzt leid.« Ich mache jetzt einen emotionalen Shutdown und sage: »Egal. Das ist nicht meine Krise, das ist deine Krise.«

CHARLOTTE: Seit wann sagst du das? Seit heute Morgen? Gestern Abend war es noch anders.

MARTIN: Gestern Abend habe ich gesagt: »Ich kann dich nicht ändern. Ich kann nur mich ändern.«

CHARLOTTE: Aber das klingt wie eine Drohung. Da denke ich: Oh mein Gott, was hat der vor?

MARTIN: Das ist keine Drohung.

CHARLOTTE: Ich werde mich ändern.

MARTIN: Das ist keine Drohung. Mit dem Ändern meine ich meine Haltung dazu. Mich kotzt meine eigene Haltung so an, weil ...

CHARLOTTE: Ich habe ja auch verkackt. Du spürst, dass ich am Rumeiern bin, und dann geht deine Fantasie sozusagen mit dir durch, weil du denkst, du verlierst mich. Ich benehme mich wie jemand, der fremdgeht, aber ich schwöre dir, das ist die Barbara, mit der ich mich treffe. Ich werde dir die ganze Zeit Bilder von der schicken.

MARTIN: Nee, musst du überhaupt nicht. Das ist überhaupt nicht der Punkt. Du musst *get your shit together*. Und ich muss einfach sagen: »Ich warte darauf, bis du deinen *shit together* hast, und höre auf, mich da weiter drüber aufzuregen, weil ich mein eigenes Gejammer nicht hören kann.« Das meine ich. Deshalb sage ich: »Da muss ich mich ändern, autonom und souverän werden.« Es hat mit mir nichts zu tun. Punkt.

CHARLOTTE: Ich muss echt sagen, das reißt mir das Herz raus, wenn du traurig bist oder enttäuscht. Ich gucke dich dann die ganze Zeit an und denke: Oh nein, der liebt mich nicht mehr. Dann denke ich: Oh, Martin.

Podcast 13

CHARLOTTE: Krise heißt für mich auch Warnung. Ich finde Krise nicht schlimm, weil wir viele Krisen bewältigt haben und diese auch bewältigen werden.

MARTIN: Das ist ein *Katwarn* für Liebesbeziehungen.

CHARLOTTE: Ich habe es übrigens letztens wieder eingerichtet – dieses NINA von der Bundesregierung und dann dieses freie Ding, *Katwarn*. Die beiden Apps, die einem immer sagen, wenn irgendwas passiert. Auch wenn es nur Geruchsbildung vom Bayer-Werk ist oder so was. Das finde ich richtig gut. Die Krise ist jetzt der *Katwarn* für uns, und jetzt müssen wir uns irgendwie am Riemen reißen und uns wieder besinnen. Es ist auch kein Zufall, dass die Auseinandersetzungen, die wir haben, häufiger und kleinlich werden.

MARTIN: Ich versuche, mich jetzt in dieser Situation zu entspannen, weil es nichts bringt. Ich mag mich selber nicht. Ich will nicht in dieser Rolle sein, dass ich sage: »Siehst du, habe ich dir doch gesagt.« Oder: »Habe ich dir schon hundertmal gesagt.« Das ist ein originaler Eltern- oder bei mir ein Mutter-Satz. Da geht es um Kontrolle oder um Respekt. Für mich ist das Disrespekt.

MARTIN: Ja, jeder Immer-Satz ist ein Killer der Beziehung.

CHARLOTTE: Immer und nie. Wobei beides nicht stimmt.

MARTIN: Es kann noch so wahr sein, und es kann noch so richtig und sogar gerechtfertigt und legitim sein. Und trotzdem will der, der es sich anhören muss, es natürlich nicht hören. Außerdem weiß er es ja selbst.

Podcast 14

CHARLOTTE: Da gibt es ein altes Ehepaar, die heißen Gottmann. Die ordnen das so therapeutisch ein. Die kommen von einer Therapeutenschule.

MARTIN: Das ist ein sehr guter Name.

CHARLOTTE: Nicht der eine heißt »Gott« und die andere »Mann«, sondern die heißen zusammen beide Gottmann.

MARTIN: Könntest du mich so ansprechen in Zukunft?

CHARLOTTE: Nein. Auf gar keinen Fall. Wenn, dann sind wir beide die Gottmanns. Die sind jedenfalls die Gottmanns, die ganz viele Theorien aufgebaut und Bilder gemalt haben über Paartherapie. Das kann man auch gerne im Internet nachgucken. Eine Sache hat mich fasziniert: Was der gesagt hat über die vier Reiter der Apokalypse. Die vier Sachen, die eine Beziehung zersetzen wie Säure. Wenn davon nur eine regelmäßig praktiziert wird, führt das automatisch zur Scheidung oder Trennung.

MARTIN: Eine reicht, um eine Beziehung zu zerstören.

CHARLOTTE: Wenn das regelmäßig gemacht wird von einer Person. Es müssen nicht beide zusammen machen. Es reicht ein Aggressor, der eine von diesen vier Sachen macht. Aber meistens sind die auch gemischt. *You wanna know?*

MARTIN: Du hast es ja offenbar live das erste Mal gehört. Und hast du gedacht: Oh Gott, oh Gott, oh Gott, wie mein Mann.

CHARLOTTE: Nein.

MARTIN: Du merkst, ich versuche, dir die Angst zu nehmen.

CHARLOTTE: Du hast Angst?

MARTIN: Ja, denn das klingt doch so, als ob auf jeden Fall einer dieser Reiter schon mitten im Wohnzimmer steht.

CHARLOTTE: Wir haben diese Sachen auch schon mal gehabt, aber immer nur kurz und dann wieder die Kurve bekommen, sonst wären wir nicht mehr zusammen. Deswegen ist es nicht so schlimm. Das eine ist Kritik in Du-Botschaften. Also nicht die Ich-Botschaft sagen: »Ich ... Mir geht es wegen dir schlecht.« Mir? Nein. Nein, nein. Das war auch falsch.

MARTIN: Moment: »Ich bin unglücklich, weil du die Küche nicht aufgeräumt hast.« Ist das jetzt eine Ich- oder eine Du-Botschaft?

CHARLOTTE: Die Ich-Botschaft muss sein: »Mir geht es nicht so gut, weil die Küche nicht aufgeräumt ist.« Ohne das »Du«. Dann kann der andere das besser annehmen. Kritik, wo man verbal den Partner attackiert, ist sehr persönlich und geht an den Charakter. Als würde man sagen: »Du bist faul.«

MARTIN: Und zwar noch mit dem Zusatz »immer«. Immer bist du so.

CHARLOTTE: Das Zweite ist Verachtung. Wenn man den Partner angreift und Sachen zu dem sagt, die dafür geeignet sind, den verbal zu missbrauchen oder zu erniedrigen oder zu beleidigen.

MARTIN: Da gebe ich ihm natürlich total recht, da würde ich auch denken: Dann ist alles zu spät. Das sehe ich manchmal an Paaren, die wir kennen. Es sind eher die Barbaras, die so eine resignative Verachtung für ihren Markus haben. Die die Augen verdrehen und ihren Mann doof oder kindisch finden.

CHARLOTTE: Die müssen zeigen, dass sie über dem sind. Das ist doch Verachtung, wenn man den anderen immer kleinmachen will. Im Englischen gibt es da einen Begriff:

defensiveness. Verteidigung? Abwehrhaltung? Man nimmt den anderen nicht an oder hört sich die andere Meinung nicht an, sondern stilisiert sich sofort zum Opfer. Dann lässt man nie etwas zu und bespricht nichts, sondern hält immer ein Schild hoch, an dem jeder Vorwurf abprallt.

MARTIN: Den Vorwurf nicht annehmen, die Schuld von sich weisen.

Podcast 13

MARTIN: Meinst du, wir kriegen das hin?

CHARLOTTE: Ja.

MARTIN: Und ich finde auch ...

CHARLOTTE: Weißt du, was auch ein Problem ist? Dass wir einfach auch zu wenig Sex haben. Wenn es uns nicht gut geht und wir sind in einer Krise, dann ist natürlich immer das Erste, was flöten geht, der Sex. Aber ich habe dich unterbrochen. Was wolltest du denn sagen?

MARTIN: Nichts. Jetzt bin ich sprachlos.

Podcast 14

CHARLOTTE: Ich muss aber noch eines sagen.

MARTIN: Ja. Aber ...

CHARLOTTE: Jetzt hast du wieder schon keinen Bock mehr, etwas zu lernen.

MARTIN: Ja, aber ...

CHARLOTTE: Der vierte apokalyptische Reiter ist *Stonewalling*. Das ist, wenn man jedem Konflikt aus dem Weg geht und immer in Distanz ist und getrennt. Das ist die komplette Resignation.

MARTIN: Also, man umgibt sich mit einer Mauer.

CHARLOTTE: Man antwortet nicht mehr, man geht auf nichts ein – egal, was der Partner macht. Es wird über nichts mehr gesprochen, weil einfach alles abperlt.

MARTIN: Ja. Die Gottmänner haben das jetzt in die Welt gesetzt. Und wie kommt man dann da wieder heraus?

CHARLOTTE: Das erzählen die auch. Kannst du ruhig gucken. Die haben Grafiken und Erklärungen von allem im Internet. Kannst du suchen: Gottmann. Dann sind da solche Bilder von Häusern: Wie man ein gutes, solides Liebeshaus baut. Das ist das Positive. Wir haben uns jetzt auf das Negative konzentriert. Auf die vier Sachen, die die Liebe zersetzen wie Säure. Das wollte ich mit dir teilen.

MARTIN: Denkst du, ich mache *Stonewalling* beim Bauen?

CHARLOTTE: Ja.

MARTIN: Ja, dann also ... Entschuldigung.

CHARLOTTE: Nein. Ich weiß. *Let's move on. Don't look back ...* Lass uns über was anderes reden.

MARTIN: Ja. Aber ich will das jetzt nicht so abtun. Denn das stimmt. Ich glaube, dass wir jeden dieser vier Punkte, auch wenn wir den nicht so genannt haben ... Außer vielleicht das *Stonewalling*, das haben wir nicht länger als fünf Minuten ausgehalten. Aber die anderen Sachen sind, glaube ich, etwas, wo man sehr schnell reinrutscht. Und das ist tatsächlich scheiße.

CHARLOTTE: Jeder kennt das vom Beobachten, wenn es mal die eigenen Eltern sind oder die Nachbarn. Manche von unseren Nachbarn, die machen das zum Beispiel in der Eigentümerversammlung mit ihren Partnern die ganze Zeit: alle vier Sachen, die da auf der Liste sind.

MARTIN: Also öffentlich, meinst du?

CHARLOTTE: Ja. Vor Leuten. Und dann denkt man: Wenn die schon in der Öffentlichkeit so sind, wie geht das dann zu Hause ab? Wenn sie sich in Sicherheit fühlen und nicht beobachtet werden? Das muss doch dann viel, viel, viel schlimmer sein.

MARTIN: Ich glaube, es gibt auch genau das umgekehrte Phänomen. Ich kenne Barbara und Markus, bei denen ich das Gefühl habe, die sind in der Öffentlichkeit, wenn andere dabei sind, viel schlimmer, gehässiger und ungeduldiger miteinander. Als ob die sich erst vor Publikum trauen, sich gegenseitig schlecht zu behandeln und fertigzumachen. Ich glaube, die sind nicht so, wenn die sich dann auf die Couch setzen.

CHARLOTTE: Ich glaube, dass du dir da etwas einredest, weil du gerne hättest, dass es da nicht schlimmer ist. Nein, ich denke, dass jedes Paar, das schlimm ist in der Öffentlichkeit, zu Hause viel schlimmer ist.

MARTIN: Hör auf, mich zu analysieren. Das fuckt mich richtig ab.

Podcast 13

CHARLOTTE: Wir sind in einer Krise. Ja, das sind wir. Mann, ist doch nicht schlimm. Wenn man es weiß, dann kann man ja auch rauskommen. Aber es ist ja kein Zufall, dass ich dich gerade heute danach frage. Weil das in die Zukunft gerichtet ist, auf die nächsten 30 Jahre. Als wären wir schon 30 Jahre zusammen. Noch mal so ein *fresh start*. Einander zu sagen: »Ja, ich will das immer noch.« Wir könnten mit den Kindern zusammen etwas Schönes anziehen und ein Ritual machen, um uns wiederzufinden.

Dr. Amalfi

In Krisenzeiten besteht die Kunst des Liebens darin, trotz allem Ärger und Groll im Gespräch zu bleiben. Das ist nicht einfach, denn gerade wenn es zwischen einem Paar »kracht«, kommt es zu verletzenden Kommunikationsfehlern: Respektlosigkeiten und Kränkungen nehmen zu. Das kann zu weiteren Konflikten führen. Und etwas Wichtiges geht verloren: das Vertrauen, dem anderen seine Gefühle und Gedanken ungeschützt zeigen zu können. Die Bereitschaft zur »Selbstöffnung«, wie die Psychologie es nennt, ist jedoch enorm wichtig; ohne sie kann eine Beziehung auf Dauer nicht funktionieren. Das Paar entfernt und entfremdet sich dann immer mehr voneinander. Diese Entfremdung kann unter Umständen das Ende einer Beziehung einleiten.

Bestes Mittel gegen diese gefährliche Entwicklung ist *emotional updating*. Der Begriff stammt von dem Schweizer Paarforscher Guy Bodenmann. Was ist damit gemeint? Wenn Partner sich emotional *updaten*, den anderen an ihren Erlebnissen, ihren Gefühlen und Gedanken teilhaben lassen. Regelmäßiges Auf-den-neuesten-Stand-Bringen verhindert, dass die Kommunikation eines Paares oberflächlich und unaufmerksam wird, und sorgt dafür, dass die Liebenden miteinander verbunden bleiben. *Emotional updating* ist grundsätzlich von großer Bedeutung für Partnerschaften, es sollte in jeder Partnerschaft einen festen Platz haben. In Stresszeiten aber ist es unerlässlich.

»Rede mit mir!« Diese Aufforderung sollte fester Bestandteil im Kommunikationsrepertoire eines jeden Paares sein. Und zwar nicht nur in Krisenzeiten. Ein fester Termin einmal in der

Woche, bei dem die Partner ungestört von Telefon, Kindern oder sonstigen Ablenkungen sich darüber austauschen, was gerade wichtig ist in ihrem Leben, ist das beste »Bindemittel« und zugleich eine hervorragende Antistressmethode. Kommt es dann zu Krisen, lassen sich diese sich schneller und effektiver bewältigen.

Nachwort

»Wie war es für dich?«

Podcast 15

CHARLOTTE: Martin, wir sind verlängert. Das klingt komisch – als würden wir länger gemacht. Von *Paardiologie* gibt es eine zweite Staffel.

MARTIN: Ich finde, man kann sogar sehen, wie du dich freust. Ich sehe das, aber ich habe das Gefühl, das kann man sogar hören.

CHARLOTTE: Ja, ich finde das richtig, richtig gut.

MARTIN: Also, wenn ich jetzt an diese Verlängerung denke, der wir zugestimmt haben, heißt das ja wohl, dass uns das ja auch guttut.

MARTIN: Ja, jetzt machen wir also nächste Woche weiter. Das heißt aber auch, dass du das Ziel, das du ausgegeben hattest zum Anfang von *Paardiologie*, offensichtlich verfehlt hast und entweder aufgegeben hast oder weiter daran arbeiten möchtest.

CHARLOTTE: In meinem Gehirn war *Paardiologie* so ganz viel Rumfrotzeln und Streiten und die Schwächen des anderen vorführen und viel sexueller. Eine Minute saßen wir dann in der ersten Folge, und das war so leise und so herzlich und heilig irgendwie. Und dann habe ich so gedacht: Hä, was habe ich denn in den Interviews vorher erzählt? Des-

295

wegen ich will jetzt von dir nicht auf diese offene Beziehungsscheiße angesprochen werden, die ich selber gesagt habe. Ich zitiere da Helmut Berger: »Was interessiert mich die Scheiße, die ich gestern gelabert habe?«

MARTIN: Sag mal, haben wir uns schon bedankt?

CHARLOTTE: Nee, sollten wir.

MARTIN: Bei den Paardiologen.

CHARLOTTE: Ja, Paardiolog*innen.

MARTIN: Bei den Paardiolog*innen: »Liebe Paardiolog*innen, ihr seid ganz toll, und vielen Dank, dass ihr das anders seht als mein Sohn.«

CHARLOTTE: Ja, danke. Ohne euch würde das jetzt nicht weitergehen. Es ist einfach so. Ich bin immer noch total geschockt, wie viele Leute sich melden und wie tief man mit unseren Gesprächen bei anderen im Leben ist. Es haben uns so viele Männer und Frauen geschrieben, dass die ihr Leben ändern, nachdem die uns gehört haben. Oder dass sie sich selber ernster nehmen in einer Beziehung oder selbstbewusster sind oder sich nicht mehr einsam fühlen. Die haben uns gehört und gedacht: Geht ja noch.

MARTIN: Ich finde mit am tollsten, dass das offensichtlich so ist, wie wir uns das am Anfang gewünscht haben, dass das nicht nur was ist für Paare oder für Paare, wie wir es sind, also für ein altes Ehepaar, sondern dass auch Leute zuhören, die viel jünger sind, die vielleicht Single sind, schwule Paare, lesbische Paare, alle möglichen Paare. Und das, finde ich, ist ein richtiges Kompliment. Also, es freut mich so, dass wir die offensichtlich nicht ausschließen müssen.

CHARLOTTE: Ja, danke. Und auch danke, Martin. *Thank you,*

dass du mitgemacht hast, weil ich war sicher, dass du einfach Nein sagst.

MARTIN: So, das war jetzt die letzte Folge. Also, die Schuld haben wir eingelöst, und so wie ich dich kenne, hast du noch richtig viel auf dem Zettel.

CHARLOTTE: Ja. Ich habe ganz, ganz, ganz viele Sachen aufgeschrieben als Ideen für die neue Staffel. Ich platze vor Ideen. *I'm platzing.*

Folgenverzeichnis

1.0: Du bist nicht verantwortlich
21.06.2019
55 Min.

2.0: Eine große Liebe sind zwei Menschen
28.06.2019
50 Min.

3.0: Ich bin emotional monogam
05.07.2019
48 Min.

4.0: Ich möchte da nie wieder hin
12.07.2019
60 Min.

5.0: The Affair
19.07.2019
56 Min.

6.0: Wir müssen nicht mehr spielen
26.07.2019
57 Min.

7.0: Wer hat's zuerst gesagt?
02.08.2019
1 Std. 2 Min.

8.0: Zuhause ist genau so schön
09.08.2019
1 Std. 3 Min.

9.0: Wie wär's mit Vorhängen?
16.08.2019
55 Min.

10.0: I got a Feeling
23.08.2019
60 Min.

11.0: Kleine Anekdoten der Eifersucht
30.08.2019
57 Min.

12.0: Das ist so romantisch, das hat einen Haken
06.09.2019
50 Min.

13.0: Wir driften auseinander
13.09.2019
56 Min.

14.0: Blut Christi
20.09.2019
1 Std. 3 Min.

15.0: Geschlossene Gesellschaft
27.09.2019
1 Std. 16 Min.

»Der Beginn einer neuen sexuellen Revolution.«

Stern

Hier reinlesen!

Charlotte Roche
Schoßgebete
Roman

Piper, 288 Seiten
€ 16,99 [D], € 17,50 [A]*
ISBN 978-3-492-05420-1

Sie liegt immer auf der Lauer, ist immer kontrolliert, immer aufs Schlimmste gefasst. Nur beim Sex ist Elizabeth Kiehl plötzlich frei, nichts ist ihr peinlich. Dann vergisst sie alle Pflichten und Probleme. Und hat nur ein Ziel vor Augen – mit der Liebe ihres Lebens für immer zusammenzubleiben.

»Schoßgebete« erzählt von Ehe und Familie wie kein Roman zuvor. Radikal offen, selbstbewusst und voller grimmigem Humor ist es die Geschichte einer so unerschrockenen wie verletzlichen jungen Frau.

Leseproben, E-Books und mehr unter **www.piper.de**

»Beißend zynisch, schonungslos und extrem kurzweilig«

dpa

Charlotte Roche
Mädchen für alles
Roman
Piper, 240 Seiten
€ 14,99 [D], € 15,50 [A]*
ISBN 978-3-492-05499-7

Christines Leben ist perfekt. Perfekt langweilig, perfekt einsam. Es muss sich was ändern, Hilfe muss her. Die Hilfe heißt Marie und ist Christines »Mädchen für alles«: Wäsche, Kochen, Baby. Ein Traum! Marie kann nicht nur alles, sie sieht sogar noch toll aus. Findet auch Christines Mann. Aber bevor der sie kriegt, nimmt Christine sie lieber selber und ist begeistert, wozu Marie offenbar alles bereit ist. Gemeinsam begeben sie sich auf eine unmoralische Reise mit einem gefährlichen Ziel.

PIPER

Leseproben, E-Books und mehr unter **www.piper.de**